Martine und Jürgen Liminski

Abenteuer Familie

Martine und Jürgen Liminski

Abenteuer Familie

Erfolgreich erziehen:
Liebe und was sonst
noch nötig ist

Mit einem Vorwort von Prof. Dr. Paul Kirchhof,
Bundesverfassungsrichter a. D.

SANKT
ULRICH
VERLAG
GmbH

Die Deutsche Bibliothek – CIP-Einheitsaufnahme

Liminski, Jürgen:
Abenteuer Familie : erfolgreich erziehen: Liebe und was sonst noch nötig ist /
Jürgen und Martine Liminski. Vorwort: Paul Kirchhof - Augsburg : Sankt Ulrich Verl., 2002
ISBN 3-929246-78-3

Vorwort: Paul Kirchhof
Umschlaggestaltung: UV Werbung, Mediengruppe Sankt Ulrich Verlag, Augsburg
Titelbild: MEV
Druck: Ludwig Auer GmbH, Donauwörth
Printed in Germany
ISBN 3-929246-78-3

Inhalt

Teil III: Geld und Gesellschaft

Teil IV: Ausblick

Vorwort

Wer das Glück sucht, findet die Familie. Glück bedeutet Anstrengung, Zuwendung und Begegnung, Gemeinschaft und Geborgenheit, Zugehörigkeit und Zusammenhalt, Sicherheit und Anerkennung in gemeinsamen Werten, vor allem aber Zukunft in den eigenen Kindern.

Die Liminski-Familie erlebt dieses Glück durch persönlichen Einsatz. Das „Abenteuer Familie" wird von den zehn Kindern herausgefordert und bestanden, gesucht, ertragen und genossen. Vater und Mutter beschreiben dieses Abenteuer und stellen sich dabei immer wieder die Frage, ob sie eher Lenker des Geschehens oder Gelenkte sind, Erzieher oder Erzogene, Handelnde oder Betroffene. Jedenfalls nehmen sie den Leser vorübergehend in ihre Familie auf, lassen ihn die Gemeinschaft der Geschwister, die wechselseitige Zuwendung von Eltern und Kindern erleben, gewähren auch ihm den Reichtum der Augenblicke und des in familiärer Spontaneität richtigen Wortes, beteiligen ihn an den Bewährungsproben schulischer Bedrängnis, finanzieller Enge, pubertärer Absonderung und alltäglichen Kinderstreits, erzählen ihm in fast freundschaftlichem Gespräch von Kinderdank, Elternstolz und verallgemeinerungsfähiger Erziehungserfahrung. Der Leser wird in die Familie als einem bevorzugten Ort des Glücks einbezogen, in dem der Mythos vom Familienglück zur Realität eines gelungenen Lebensentwurfes geworden ist.

Die Mutter macht in ihrer Familie Karriere, die nicht Macht, sondern Freundschaft verheißt, nicht Geld sondern Glück bringt. Ihr Beruf als Familienmanager fordert – jenseits des zweiten, des eher handwerklichen Auftrags – eine Präsenz des Herzens, einen Raum der Bedingungslosigkeit und des Humanum, eine Intimität als Grundmuster der Familie, ohne die eine Frau zwischenmenschliche Beziehungen nicht gestalten, Menschlichkeit nicht schenken kann. Die Mutter widmet ihren Kindern vor allem Zeit, gibt ihnen auf dieser Grundlage Zärtlichkeit, Zuwendung und ein Zuhause. Dieses Selbstbewußtsein eines Berufs, der unsere Kultur trägt und weitergibt, einen Schatz an Erfahrung, Wissen und sozialer Kompetenz hervorbringt, macht unempfindlich gegen gesellschaftliche Vorurteile und staatliche Ungerechtigkeit. Wenn die Mutter auf Gesellschaften und Empfängen nach ihrem Beruf gefragt wird, vermeidet sie anfangs die Antwort Hausfrau und Mutter, um nicht „wie eine Leprakranke" ausgegrenzt zu werden, antwortet vielmehr, daß sie mittelständische Unternehmerin sei. Bei dieser Antwort entwickelt sich leichter Hand ein Gespräch über Personal, Unternehmensführung, Motivationskraft, Mitbestimmung und Entscheidungsstrukturen. Die dann folgende Frage nach dem Produkt dieses Unternehmens erhält zur Antwort „Humanvermögen".

Auch der Vater sieht seine erste Verantwortung in seinem Familienberuf und erst dann in seinem Erwerbsberuf. Wenn Erziehungspflichten vernachlässigt werden, wirkt sich das auf Menschen aus; wenn Pflichten im Erwerbsberuf vernachlässigt werden, hat das meist nur Folgen für die Produktion. Diese Perspektive ist entwaffnend unökonomisch und rückt unsere fast ausschließlich vom Erwerbsstreben verrückte Welt wieder zurecht. Der Vater sichert den familiären Konsens und wacht über die Solidarität, entwickelt eine natürliche Autorität, die im nicht selten unbegrenzten Vertrauen in die Glaubwürdigkeit des Vaters auch an Überforderung grenzt, trägt mit der Mutter die Verantwortung, den Kindern Tugenden einzuprägen, zu denen auch die Freude gehört. Seine eigene Vatertugend wird vor allem von der klassischen Erfahrung bestimmt, daß es die Aufgabe der Mächtigen ist, die ihnen Anvertrauten zu schützen. Der Vater findet seine Identität, wenn er die ökonomischen Grundlagen der Familie beschafft und die Kinder in ihrer Zugehörigkeit zu Familie, Kirche, Staat und marktwirtschaftlicher Gemeinschaft erzieht.

Das Buch ist somit auch eine Kampfschrift gegen ökonomische Enge, ein Plädoyer für die Wiederentdeckung von Humanität, Menschenwürde und einer Kultur der Freiheit. Gerade in diesem idealistischen Anliegen erlebt die Familie aber die Realität des Ökonomischen als schroffe Benachteiligung und auch als Kränkung. Kinder sind heute in Deutschland das größte Armutsrisiko. Die Familienarbeit wird im Gegensatz zur Erwerbsarbeit nicht entlohnt. Erste Ansätze zur Anerkennung und damit zur Honorierung der Familienarbeit sind so bemessen, daß der Lohn zum Hohn wird. Das Gesellschafts- und Wirtschaftssystem ist fast ausschließlich auf eine Maximierung von Profit und Lust angelegt, sucht in einer gewaltigen Propaganda auch alle Frauen in sozialpflichtige Erwerbsarbeit zu drängen, vergißt dabei aber, daß Kapital nicht arbeitet, sondern nur Menschen mit Kapital arbeiten, daß ein Generationenvertrag ohne die nachfolgende Generation zusammenbricht, daß die Zukunft von Kulturgesellschaft und Wirtschaft in Deutschland durch Einwanderung nicht gesichert werden kann, weil selbst bei einer Einwanderung von jährlich fünfhunderttausend Menschen die Einwohnerzahl sinken und die Veralterung fortschreiten würde.

Dennoch stellen Staat und Wirtschaft sich gegenwärtig nicht energisch der Aufgabe der Verteilungsgerechtigkeit, die Familien finanziell besserstellen und dazu die Kinderlosen und die Wirtschaft heranziehen müßte. Wenn sich die Altersgruppe der Achtzehn- bis Fünfunddreißigjährigen in den nächsten zehn Jahren zu halbieren droht, wenn in den USA über fünfzig Prozent aller Ehen, in einigen Zentren von Wirtschaft und Wissenschaft fast hundert Prozent geschieden werden, zersetzt unser Erwerbs- und Wirtschaftssystem unsere Kultur, frißt die Menschen und zerstört unsere Zukunft. Hier öffnet uns das „Abenteuer Familie" die Augen für die Kernbedrohung unserer Gegenwart, für Fehlleistungen der Politik, für existenzgefährdende Gleichgültigkeit allgemeiner Erwerbsfaszination.

Das Buch weist, erfüllt vom gemeinsamen Erleben familiären Glücks, den Weg in eine bessere Zukunft, empfiehlt Alternativen zur gesellschaftlichen Selbstzerstörung. Wir lesen eine Familienerzählung, die unterhaltsam und heiter in eine Kultur des Menschlichen und der Humanität führt, die als Streitschrift aber auch energisch ökonomische Gerechtigkeit verlangt. Ein erstes Besserungssignal wäre ein Erziehungsgehalt, das den Familienberuf – ebenso wie den des Lehrers, der Kindergärtnerin oder Sozialpädagogin – als besondere Leistung erkennt und durch Honorierung anerkennt. Schauen wir noch weiter in die Zukunft, so dürfen wir vielleicht hoffen, daß wir eines Tages von Funk und Zeitungen nicht nur über die Entwicklung der Aktienkurse unterrichtet werden, sondern ebenso täglich die Zahl der Geburten in Deutschland erfahren. Mit dieser Botschaft könnte der Kameramann und der Fotograf unserer Gesellschaft das liebenswerte, zukunftsverheißende Gesicht zurückgeben, in das wir in dem Buch der Familie Liminski – ihren zehn jungen Menschen und ihren mit ihnen jung bleibenden Eltern – hineinschauen.

Paul Kirchhof

Teil I
Familienmanagement

Von Jürgen Liminski

Alles normal

Von Dienstplänen und gepflegter Streitkultur

*Wenn Sie sieben Krokodile oder sieben Löwen hätten,
das wäre originell. Aber sieben Kinder, nein danke.*

Ein deutscher Wohlstandsbürger

Die Zahl der Single-Haushalte in Deutschland steigt. Jeder dritte Haushalt besteht aus nur einer Person; in Nordrhein-Westfalen ist es sogar mehr als jeder zweite. Von den gut fünf Millionen Haushalten in diesem größten Bundesland sind rund 2,6 Millionen Singles, noch mal eine Million Zwei-Personen-Haushalte, eine weitere Million zählt drei bis fünf Personen – und wir gehören zum Rest.

Dennoch: Wir sind normal. Das müssen wir uns gelegentlich auch sagen – damit wir daran glauben. Denn in Wirklichkeit macht uns eine Zahl immer wieder einen Strich durch die Rechnung der Normalität. Wir sind nämlich Mutter, Vater und zehn Kinder.

Na und? Was ist denn schon dabei, wenn man zehn Kinder hat? Dann muß man pro Woche statt drei bis sechs Liter Milch eben wenigstens 25 kaufen und statt morgens vier Brötchen eben 15. Kurz vor Ladenschluß gehe ich dann zum Metzger und räume die Theke ab – zum Sonderpreis. Wurstenden oder Schinkenreste will heute keiner mehr. Wir nehmen sie mit und machen uns ein köstliches Omelett. So richtig mit Bratkartoffeln und vielen Extras. Wenn im Eifer des Küchengefechts mal die Pfefferdose aus der Hand fällt, heißt das dann Piraten-Omelett. Man muß es halt nur verkaufen können.

Manchmal freilich fällt es doch auf. Es war im Februar 1987, in der Universität Sabana von Bogota. Gemeinsam mit drei befreundeten Professoren aus dem Fach Kommunikations- und Informationswissenschaften der Universität von Navarra und einem Freund von der BBC saß ich auf einem Podium, vor uns gut 200 Studentinnen und Studenten, die Journalismus als Berufsziel hatten, und denen wir nun einige Erfahrungen und sonstiges Wissenswertes über Presse und Rundfunk in Europa und den USA vermitteln sollten. Wir waren recht ordentlich vorbereitet. Einer der Gelehrten stellte uns vor. Die Liste der wissenschaftlichen und beruflichen Leistungen der Kollegen war lang; die Erwartung wuchs. Dann war ich an der Reihe. Der Professor legte sich eine kleine Litanei zurecht. Zum Schluß sagte er: „Und trotz seiner sichtbaren, vom Bart nur oberflächlich verdeckten Jugend ist dieser Señor außerdem noch Vater von acht Kindern." Ein Raunen hob an, die Hälse reckten sich, der Saal summte, offene Ausrufe wie „Boh! Wauh! Was? Wo ist er?" erfüllten 60, 80 Sekunden lang den Hörsaal. Wir waren überrascht. So offen geäußertes, freudiges Erstaunen hatte keiner erwartet. Schamesröte schoß mir ins Gesicht. Es nutzte nichts zu beteuern, daß die Kinderzahl keine wissenschaftliche Qualifikation sei. Ich war fortan „el de los ocho" (der mit den acht), so wie man früher im wilden Texas oder in Mexiko vielleicht einen Mann mit acht Kerben im Revolver genannt haben mochte. El de los ocho. Der Aufmerksamkeitsgrad für meine Ausführungen war erheblich. Ich zweifle allerdings, ob trotz der anschließenden regen, ja fast fröhlichen Diskussion sehr viel mehr hängengeblieben ist als der Revolvername.

Von A wie Annabelle bis N wie Noemie

Also noch einmal, wir sind normal! Und zwar alle, auch Gwenael, der jetzt zwölf Jahre alt ist (der Name stammt wie Gwenaels Mutter aus der Bretagne; meine teutonischen Vorschläge wurden überstimmt), und auch Noemie, zehn Jahre, bei der sich auch das lateinische Temperament beim Namen durchsetzte. Und zwar gleich doppelt. Da wir uns bis zur Geburt nicht entscheiden konnten, ob es Noemie oder Laetitia sein sollte, wurde unmittelbar aus dem Kreißsaal per Telefon eine Umfrage zu Hause gestartet. Die markanteste Äußerung stammte von Tobias, der damals schon im zweiten Jahr der „toten Sprache" war: „Wenn ihr mit einem lateinischen Kind nach Hause kommt, wandere ich aus." Die Umfrage endete unentschieden und so kamen wir mit einer Noemie-Laetitia zurück. Das war wohl erträglich. Zumal die „kleine Hexe", wie ihre sieben Brüder sie nennen, sich selbst „Mimi" ruft.

Also alles normal. Das ein oder andere logistische Problem im „System Lim" ist gelöst, seit wir den Kleinbus, später den Van (französische Marke, schon aus Gründen der häuslichen Friedenssicherung) als Zweitwagen angeschafft haben sowie ein Haus, das de facto unserer Bank und der Lebensversicherung gehört. Der Rest ist eine Frage der Organisation. Etwa nach dem Motto: Normalität mal zehn.

Jeder hat zum Beispiel seinen Job. Thibaut (Jahrgang 77) machte lange Zeit den Mülldienst. Einem Besucher, der nach seinem Job fragte, sagte er in (für die Eltern) peinlicher Unbefangenheit: „Ich bin hier der Türke." Diese Anekdote sollte ich anfangs eigentlich nicht schreiben. Die meisten waren zunächst dagegen, als ich sie bei Tisch zum ersten Mal vor ein paar Jahren vorlas. Das vermittle einen falschen Eindruck – von uns und von den Türken. Gerade ich hätte doch viele türkische Freunde und müßte darauf bedacht sein, daß man beim Thema Türken in Deutschland gerecht bleibe und differenziere, bei der heutigen deutschen Aufgeregtheit um die Ausländer erst recht. Müllmann sei zudem kein schlechter Beruf, warf ein anderer ein, auch Thibaut mache seinen Job gern und gut (hier wäre einiges über den Arbeitseifer in der Pubertät anzufügen). Ja, aber die Vorurteile, solle man die denn mit solchen Bemerkungen noch unterstützen, fragte der dritte. Und der vierte gab zu bedenken, daß man ja auch die Wahrheit schreiben könne, so wie es jemand mal gesagt hat. Damit meinte er Leopold von Ranke, der ihm heute beim Geschichtsstudium wieder begegnet. Der Leser könne sich dann sein eigenes Urteil bilden. Diese Meinung fand eine Mehrheit.

Die Diskussion ging noch ein paar Runden weiter. Wir haben wenigstens eine gemeinsame Mahlzeit pro Tag, und dabei ergeben sich immer wieder interessante Diskussionen. Alle lernen davon, auch die Eltern und selbst die, die nur zuhören.

Tobias (Jahrgang 78) sollte eigentlich Lichtdienst machen, also dafür sorgen, daß wir zwar nicht gerade in einer Dunkelkammer leben, aber eben auch nicht wie auf der Bühne der Metropolitan. Gäbe es wie für das Fernsehen eine Fernbedienung, es würde klappen. Apropos Fernsehen: Seit Jahren haben wir ein Elektroschloß. Man gibt eine Zahlenkombination ein und ist alle Sorgen los. Fabelhaft. Wenn ich noch an die Kämpfe mit den alten Kästen denke ... Wie die Jungs sich Kabel nachgebastelt haben, weil die Eltern sie raffiniert versteckt oder ganz einfach unerreichbar in der Hosentasche hatten, und wie schnell das armselig-komplizierte Schloß des konventionellen Geräts demontiert, der Punkt gefunden war, auf den man in einer ruhigen Stunde – also wenn Mutter einkaufte oder Vater selbstvergessen vor dem Computer saß – mit einer Nadel drücken mußte, damit das Fenster in die flimmernde Welt aufging. Das waren anstrengende Zeiten. Heute besteht nur Glotzgefahr, wenn Vater eine Fernsehkritik schreiben muß und nachher einfach sitzen bleibt wie ein normaler Bürger. Einen Fernsehdienst müßte man noch einführen ...

Annabelle (Jahrgang 72) lebt und arbeitet jetzt in Barcelona und will irgendwann mal nach Amerika. Eine Zeitlang war sie in Kanada, also schon ziemlich dicht dran. Eigentlich kann sie überallhin mit ihren vier Sprachen. Selbst nach Deutschland. Aber dafür müßte sie noch ein bißchen deutsch üben, meint der Vater manchmal boshaft. Wenn sie da ist, freuen sich alle, auch der Vater. Dann bügelt sie wie früher einen kleinen Teil des Wäschebergs platt. Oder auch nicht. Jahrelang hatten Thibaut, Tobias und Vanessa (Jahrgang 76) eine Stunde bügeln pro Woche, genau eingeteilt nach Tag und Stunde, denn ohne genaue Konkretisierung passiert nichts. Davon profitieren sie noch heute. Ihre Freundinnen staunen, Schwiegersohn Javier ist glücklich über und mit Vanessa im allgemeinen und mit ihren Hausfrauenfähigkeiten im besonderen.

Thomas (Jahrgang 74) war der Boß in Sachen Garage und Handwerksarbeiten; das hat er von seinem Großvater, der immer kam, sah und reparierte. Damit war Thomas allerdings nicht voll ausgelastet. Zum Entsetzen mancher Lehrer wollte er Schülersprecher werden und las sich dann in politischer Literatur ein. Vielleicht hat ihn das davon abgehalten, sich politisch zu betätigen. Jedenfalls entschied er sich dann doch fürs „ehrliche Geldverdienen", wie er sagt. Nach ihm hat David (Jahrgang 80, und zwar am 14. Juli, dem Nationalfeiertag der Mutter) den Garagen-Job übernommen. Vanessa kümmerte sich viel um Gwenael und Noemie, die im Schatten der großen Diskussionen großartige Freiheiten genießen und im übrigen von den Geschwistern nicht nur sehr viel schneller sprechen, sondern auch kräftige Ausdrücke gelernt haben. David und Arnaud (Jahrgang 82) sollten früher im Spielzimmer für Ordnung sorgen. Heute ist Arnaud der EDV-Mann im Haus, also zuständig für alles, was leuchtet und blinkt. Und dann ist da auch Nathanael (Jahrgang 85), den alle Momo nennen. Er verdient die Prämie seiner

Lebensversicherung als Sekretär des Vaters und verwaltet nebenher noch die hausinterne Pery-Bank (von Père – Vater; s. S. 122–133), eine Bank mit sagenhaften Zinssätzen, wenn mal etwas auf dem Konto ist ...

Ordnungsmacht und Demokratie

Zur Erfüllung all dieser Dienste bedarf es meist der Ordnungsmacht. Das bin ich. Bei den Kleinen ist das unproblematisch, für sie ist Papa immer der Größte. Oder ist die Größe auch hier nur relativ? Als ich mich vor einiger Zeit mit erhobener Stimme im Spielzimmer um Ordnung bemühte, meinte David zu Arnaud: „Boh, kann der Papa schreien." Arnaud, der wie David mit dem Donnerwetter nichts zu tun hatte und sozusagen unbeteiligt im Auge des Taifuns saß, antwortete mit dem Wissen des damals immerhin Zehnjährigen: „Alle Papas können schreien." Darauf David: „Ja, aber unser Papa ist viel lauter als die anderen. Der ist sogar lauter als der Bundeskanzler Kohl." Mir verschlug es die Sprache. Und die Frage stand im Raum: Wie soll ich dem Jungen und seinen Brüdern die Demokratie mit Wechsel und Teilung der Gewalten erklären, sie kennen doch nur Kohl?

Für alle zusammen gilt der Küchendienstplan, ausgeklügelt nach Präsenz, Verpflichtungen außer Haus und Volumen. Da jeder irgendwann irgendwo irgendeine Beschäftigung hat, ist das wie beim Stundenplan einer mittleren Dorfschule. Aber es funktioniert. Und natürlich muß auch Vater eingesetzt werden, schon wegen der berühmten Beispielfunktion. Ihn hat es Samstag- und Sonntagmorgen erwischt, ausgerechnet dann, wenn alle oder viele da sind. Beispielgeben ist eben nicht umsonst. Am liebsten tobt er sich beim Geschirrspülmaschine-Einräumen aus. Da kann er Lücken entdecken, Messer zu Messer und Löffel zu Löffel packen, große Teller zu großen und kleine zu kleinen stellen, kurz: in aller Ruhe sinnvoll Ordnung schaffen ohne daß jemand widerspricht oder nach Begründungen fragt. Mittlerweile gehört auch dieser Dienst zum Alltag. Zum Alltag gehören auch bestimmte mißliche Kleinigkeiten, weil es uns eigentlich nicht gibt. Das fängt an bei Formularen, die beim dritten, höchstens fünften Kind aufhören. Danach gibt es keinen Platz mehr auf dem

Papier. Das geht weiter mit den anzüglichen Bemerkungen über das Kindergeld, von dem man ja so gut leben könne – es deckt, um in der materialistischen Kategorie zu bleiben, ein knappes Viertel der Unterhaltskosten für die Kinder –, ferner „Gebär-Orden", „Asozialite", und da sind dann noch ein paar typische Redewendungen, auf die einzugehen sich nicht lohnt.

Angenehm sind die ehrlichen Egoisten, die gleich sagen: „So viele Kinder mag ich nicht." Bis 1983 wohnten wir in einem hübschen Altbau mit Garten: preiswerte Miete, alles renoviert, Platz zum Spielen im Garten, aber wenige Zimmer im Haus. Als mit der Zeit die Kinder tatsächlich größer wurden, wuchs auch der Bedarf an Raum, schon um die berühmte Aggressivität abzubauen, die ja bekanntlich bei kinderreichen Familien zu unglaublichen Exzessen führen soll. Es ist für alles gesorgt, wenn man Geld oder Tiere hat und ein größeres Haus mieten will. Einer sagte: „Wenn Sie sieben Krokodile oder sieben Löwen hätten, das wäre originell. Aber sieben Kinder, nein danke." Ich bedankte mich auch. Selten habe ich einen schöneren Beweis per Vergleich dafür bekommen, daß wir normale Leute sind, nur eben ein paar mehr als sonst üblich. Die Sachlage war so, daß wir schließlich bauen mußten. Jetzt haben wir genug Platz für unseren „Zoo". Ja, eigentlich mehr als genug, wenigstens in der Woche. Denn mittlerweile sind schon fünf aus dem Haus. Aber am Wochenende kommt immer der eine oder andere, bringt noch einen Freund oder eine Freundin mit, für die dann ein Einzelzimmer freigestellt wird, so daß die anderen wieder zusammenrücken. Irgendwo findet sich immer ein Bett.

Spielzeuge lieben nicht

Immer wieder die Zahl. Wie oft werden wir gefragt, ob wir die alle gewollt haben. Natürlich haben wir sie gewollt, wenn auch nicht geplant. Das mag für manchen Sicherheitsapostel frevelhaft leichtsinnig klingen. Aber ohne die Bereitschaft, auch mal ein Stück menschliche Ungewißheit zu akzeptieren, ja manchmal auch ein Risiko einzugehen, wären die Deutschen um einen Amadeus Mozart oder Johann Sebastian Bach, um einen Richard Wagner oder Otto von Bismarck, um einen Freiherrn vom Stein, Immanuel Kant,

Franz Schubert, Carl Maria von Weber, Ludwig van Beethoven oder Georg Friedrich Händel ärmer. Denn all diese Menschen, denen man geniales Wirken und Talent nachsagt, wären in der heutigen deutschen Durchschnittsfamilie von 1,3 Kindern plus Haustier nicht geboren worden. Alle hatten sie wenigstens drei ältere Geschwister, Schubert, Weber, Bach, Händel, Wagner und Mozart sogar sechs. Sie selbst wären totgeplant gewesen, bevor sie überhaupt empfangen worden wären.

Damit will ich nicht sagen, daß wir unerkannt ein paar Genies unter dem Dach dieses Hauses hüten. Dafür gibt es leider noch keine Anzeichen, trotz angestrengter Beobachtung. Im Gegenteil, Zeugnistag ist meist wie ein mittlerer Börsenkrach. Sagen läßt sich aber dies: Geplant oder gewünscht ist nicht immer gleich geliebt. Ich widerspreche der Behauptung, eine erfolgreiche Erziehung sei nur bei einem gewissen materiellen Minimum und der also entsprechend kleinen Zahl von Kindern möglich. Materieller Wohlstand ist sicher wichtig und notwendig, aber letztlich nicht entscheidend für das Gelingen von Erziehung. Dafür bedarf es mehr. Für den besten Beitrag zur familiären Herzlichkeit und Wärme sorgen die Kinder oft selbst. Einmal kam Vanessa schneller vom Fechten nach Hause als gewöhnlich. Ihre Begründung: „Ich hatte so große Lust, mein kleines dickes Brüderchen zu sehen und mit ihm zu spielen." Das war damals Nathanael (Jahrgang 85), den alle Momo nennen. Dieses alltägliche, ganz normale Glücksgefühl kann kein noch so durchdachtes Spielzeug oder raffiniert eingerichtetes Kinderzimmer vermitteln. Spielzeuge lieben nicht.

Ein anderes alltägliches Glück erfuhr Annabelle ausgerechnet von einem Einzelkind, ihrer Freundin Silke. Von Silke eingeladen und kurz nach einem Streit mit Thibaut und Tobias wegen deren Imperialismus im Spielzimmer, freute sie sich über die Ruhe bei ihrer Freundin; Puppen- und Einkaufsladen, Puppenkleider, -wagen und -betten standen ihr allein zur Verfügung. Keiner machte ihr etwas streitig. Das sagte sie auch. Die Antwort ihrer Freundin – beide damals etwa zehn Jahre alt – war verblüffend: „Weißt du, Annabelle, ich habe zwar viele Spielsachen, und keiner bringt sie mir durcheinander. Aber was soll ich allein mit all den Sachen? Ich habe keinen, mit dem ich immer spielen kann. Du hast immer jemanden. Ich kann mit keinem teilen. Du kannst immer teilen. Ich bin so oft allein mit all meinen Sachen." Was für eine Lektion sozialen Handelns und Verhaltens aus Kindermund! Teilen lernen setzt teilen können voraus. Auch das muß gelernt werden.

Die Dienste oder Jobs sind tägliche Lehrstunden. Sie machen das „System Lim" interessant, spannend und manchmal auch richtig wohnlich und angenehm. Freilich erschöpft sich in ihnen nicht die Erziehung. Sie geben einen Rahmen, in dem das Familien-Management sich konkretisieren und bewähren, in dem es die Kräfte der Eltern und Kinder bündeln und kanalisieren kann, damit jedes Kind bekommt, was es trotz materieller Defizite für seine Persönlichkeitsentwicklung braucht. Das gelingt nicht immer. Ein Glück, denn sonst ginge die Rechnung mit der Normalität auch nicht mehr auf.

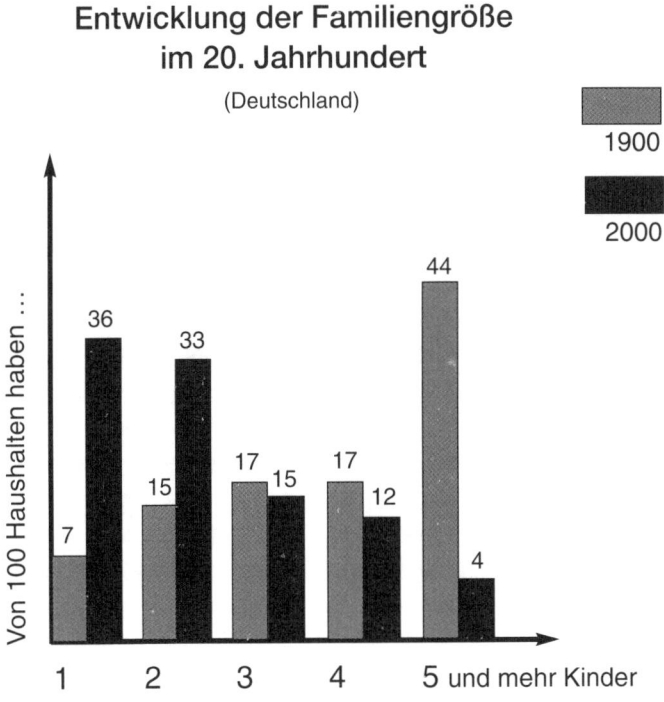

Entwicklung der Familiengröße im 20. Jahrhundert

(Deutschland)

1900

2000

Von 100 Haushalten haben …

1   2   3   4   5 und mehr Kinder

Vor 100 Jahren hatten 44 von 100 Haushalten in Deutschland 5 Kinder und mehr, heute sind es gerade mal 4. Die Ein-Personen-Haushalte stiegen hingegen von 7 auf 36 von 100.

Von Martine Liminski

„Erziehung mit Liebe ist immer ein Erfolg"

Humankapital und Familien-Management

Ohne daß wir es selbst merken, ist der Augenkontakt das wichtigste Mittel, unser Kind unsere Liebe spüren zu lassen. Ein Kind braucht den Blickkontakt mit den Eltern, um emotionell versorgt zu sein. Je häufiger Eltern ihre Liebe durch Blickkontakt ausdrücken können, umso zufriedener wird ein Kind sein und umso voller ist sein emotioneller Tank.

Ross Campbell

Der bekannte Pädagoge und Erziehungsforscher Heinrich Pestalozzi hat seine Erkenntnisse einmal in den drei großen Z, wie er sagte, zusammengefaßt. Sie lauten: Zärtlichkeit, Zuwendung, Zeit. In diesen drei „Z" steckt in der Tat eine kleine summa paedagogica. Sie bezeichnen eine Haltung des Engagements und der inneren wie äußeren Verfügbarkeit. Sie machen ein viertes Z aus, das Zuhause. Und sie bedingen einander. Wer keine Zeit für die Erziehung hat, der kann sich faktisch nicht dem Kind zuwenden und ihm auch nicht die Zärtlichkeit und Liebe schenken, die es braucht. Vielleicht ist die Zeit sogar heute die wichtigste Größe unter diesen drei. Sie fehlt am meisten. Sie ist der Mangelfaktor Nummer eins. Denn viele Eltern haben zwar den guten Willen, liebevoll zu sein und sich ihren Kindern zuzuwenden. Aber sie sind nicht da, oder sie lassen sich die Zeit stehlen, meistens von der Arbeit, manchmal auch vom Fernsehen.

Das Fernsehen im Haus, die große Zeitstehlmaschine unserer Tage (s. S. 154–172) und die Arbeit außer Haus absorbieren viel emotionale Kraft der Eltern. Sie be- oder verhindern die Umsetzung des guten Willens in die konkrete Tat der Zuwendung, des Hinhörens, des Beobachtens, kurz der sinnlichen Wahrnehmung der Entwicklung des Kindes und der damit verbundenen Möglichkeit, diese Entwicklung im Werden zu beeinflussen. Die Vorrangstellung der

Arbeitswelt behindert die menschliche Beziehung, genauer: die personale Beziehung. Diese Beziehungen zu gestalten und zu managen ist eine Leistung, die im sozialen Raum als selbstverständlich erachtet und gegenüber der Erwerbsarbeit außer Haus als geringer eingestuft wird. Dabei ist die personenbezogene Arbeit unendlich viel schwieriger als die sachbezogene Arbeit, bei der die Frau so wie der Mann in der Regel nur Träger von Funktionen in einem Produktionsprozeß sind. Das sind sie beim Familienmanagement zwar auch, aber darüber hinaus noch viel mehr, denn ihr „Produkt" ist Menschlichkeit.

Das wirkliche Erziehungsziel

Die gesellschaftliche Vorrangstellung der Erwerbsarbeit außer Haus ist kein Geheimnis. Sie hat damit zu tun, daß die eine Arbeit bezahlt wird, die andere nicht. Sie hat damit zu tun, daß man sich die eine Arbeit vorstellen kann, weil sie meist in meßbaren Funktionen und Produktionen geschieht, während man von der anderen nur eine blasse und meist falsche Vorstellung hat, weil man auch hier in Funktionen und Produktionen denken will, sprich Windelnwickeln, Wäschewaschen, Bügeln, Putzen, Kochen. An die weit wichtigeren Faktoren dieser Arbeit zuhause, nämlich die Gestaltung, Pflege und Entwicklung der personalen Beziehungen und überhaupt der Beziehungsfähigkeit, also das, was menschliche Erziehung ausmacht und deren „Produkt" erwachsene, verantwortungsbewußte und nicht nur saubere und satte Menschen sind, an dieses Ziel denkt man in unserer ökonomisierten und funktionalisierten Gesellschaft kaum. Der amerikanische Psychiater und Erfolgsautor Ross Campbell spricht in diesem Zusammenhang vom integren Menschen als Erziehungsziel und definiert das in seinem Buch „Bevor der Kragen platzt", so: „Ein integrer Mensch sagt immer die Wahrheit, hält stets, was er verspricht, übernimmt jederzeit die Verantwortung für sein Verhalten."
Das erscheint uns als Binsenweisheit. Aber wer viele Politiker und Geschäftsleute heute an dieser Elle mißt, der wird feststellen, daß der integre Mensch keine Selbstverständlichkeit mehr ist. Dennoch verlangt man von den Eltern ganz selbstverständlich, daß sie ihrer

Pflicht, wie das Grundgesetz in Deutschland sagt, nachkommen und die Kinder zu integren Menschen erziehen. Gleichzeitig versagt man ihnen, auch ganz selbstverständlich, die Anerkennung für ihre Arbeit und, schlimmer noch, stempelt sie gern als Versager ab. Mit Vorwürfen ist man schnell zur Hand, etwa bei Diskussionen über Gewalt an der Schule oder allgemein die Jugendkriminalität. Dann heißt es, die Eltern haben versagt, und man vergißt, daß schon lange zuvor die Gesellschaft und die Politik versagt haben.

Unternehmen Familie

Das hat eben mit der verzerrten Sicht, mit der Einäugigkeit zu tun, mit der die Haus- und Familienarbeit gesehen wird. Das ist im gewissen Sinne pervers. Denn wenn die Pflichten der Erziehung vernachlässigt werden, hat das meist Folgen für Personen; wenn die Pflichten im Beruf vernachlässigt werden, hat das meist nur Folgen für die Produktion. Jede Arbeit muß anerkannt werden, aber zuerst doch sicher die, in deren Mittelpunkt der Mensch steht.

Das ist heute leider nicht selbstverständlich. Das Denken ist doch stärker von den Begriffen der öffentlichen Meinung, vom Primat der Wirtschaft geprägt, als man als einfacher Bürger glauben will. Wie oft haben wir das erfahren, zum Beispiel auf Cocktailparties mit Geschäftsleuten und Diplomaten. Beim Kennenlernen fragt man nach dem Identitätsmerkmal Nummer eins: dem Beruf. Liebe Hausfrauen und Mütter, geben Sie sich einmal auf so einer Party der feinen Leute zu erkennen, indem Sie sagen, ich bin Hausfrau und Mutter. Das ist fast so, wie wenn Sie sagen würden, ich habe Lepra. Sie werden schnell erleben, wie einsam man in der Masse sein kann. Wir haben uns überlegt, daß das so nicht mehr weitergehen kann; und bei der nächsten Party wurde ich wieder gefragt: „Und Sie, was machen Sie? – „Ich bin mittelständische Unternehmerin." Es entspann sich ein interessiertes Gespräch. „Wieviele Mitarbeiter haben Sie?" – „Zehn, gerade noch überschaubar." – „Ach, interessant, als Frau. Da haben Sie doch sicher manchmal Probleme bei der Durchsetzung Ihrer Pläne?" – „Doch, gewiß, aber man muß eben auf jeden Mitarbeiter eingehen. Bei mir wird Mitbestimmung großgeschrieben. Das ist Management *by everybody*." – Sofort entwickelt sich ein Small-

talk, ein spannendes Gespräch über Unternehmensführung: Das Teilhaben, das Mitziehen, das Mittragen, das sollte jeden Mitarbeiter im
Betrieb angehen. Entscheidungen fällen und Entscheidungen übernehmen heiße auch Gefühl für Verantwortung entwickeln. Natürlich
jedem, wie er kann. Aber das gebe Motivation und fördere die Identifikation mit dem Unternehmen. Das schaffe Selbstwertgefühl und
forme die Persönlichkeit ... Was ich denn produziere, will man
schließlich wissen. Die Antwort: „Humanvermögen".
Die Verblüffung nach solch einem Gespräch ist erstaunlich. Dabei werden hier nur wirtschaftliche Begriffe auf eine Arbeit angewandt, die
man freilich als Privatsache betrachtet. Und hier ist der Webfehler im
heutigen sozialen Tuch, mit dem die Gesellschaft ihr Tischlein deckt.
Erziehung ist keineswegs nur eine Privatsache. Von ihren Folgen, von
der Erziehungsleistung, profitiert die Gesellschaft. Oder sie leidet darunter, wenn diese Arbeit nicht oder nur mangelhaft getan wird.

Die Präsenz – konstitutiv für die Erziehung

Bei jeder Arbeit kommt es darauf an, mit wieviel Engagement und
Gründlichkeit man sie verrichtet. Davon hängt ihre Qualität ab, übrigens auch bei mechanischen Arbeiten. Bei der Familien- und Hausarbeit ist dies noch wichtiger. Hier ist die konkrete Kraftarbeit – putzen, waschen, kochen – zwar auch die materielle Grundlage für Erziehungsarbeit. Aber die wirklichen Komponenten zur Bildung des
Humanvermögens sind schwer meßbar, weil es sich um persönliche
Beziehungen handelt, in die Nachdenken, Einstellungen und Vorstellungen, Vorlieben, Gefühle, Erfahrungen, Vertrauen und vieles mehr
einfließen, was sich in Elternherzen bewegt und was man eben
nicht in Zahlen und Statistiken ermessen kann. Bei der konkreten
Kraftarbeit können Eltern entlastet werden. Bei einer Voraussetzung
für die Erziehungsarbeit allerdings nicht: bei der Präsenz.
Die Präsenz zu Hause ist konstitutiv für die Erziehung. Ohne sie
geben wir die Erziehung ab, entweder an eine Erzieherin oder an die
sogenannten Miterzieher in den Medien oder auf der Straße. Das
kann im Einzelfall auch mal eine Lösung sein, prinzipiell aber kann
man sagen: Es gibt für Eltern keinen Ersatz. Das ist wie ein physikali-
sches Gesetz: Ein Vakuum ist nicht möglich. Die Lücke wird sofort

von anderen Elementen gefüllt. Früher gab es die Tanten, die Onkel, die Verwandten und Bekannten. Dieses Netz ist weitgehend verlorengegangen, die Kleinfamilie lebt heute, wie die Soziologen sagen, in einer insulären Situation. In dieser Situation ist sie einer scharfen Konkurrenz ausgesetzt. Das sind nicht nur die Medien. Das sind auch die neuen Freunde von Pokemón, die versprechen, daß sie das Kind nie verlassen werden – bezeichnenderweise sind solche Versprechungen auf Fastfood-Packungen zu lesen. Oder die „Tamagotchis", „Diddls" und etliche andere „Freunde" mehr. Diese ständigen Begleiter erziehen freilich nicht. Sie befriedigen momentan, sie besänftigen die Sehnsucht nach personaler Beziehung. Indem sie das Kind aber de facto auf sich selbst zurückwerfen, tragen sie dazu bei, die Bindungsfähigkeit und damit die soziale Kompetenz des Kindes zu schwächen.

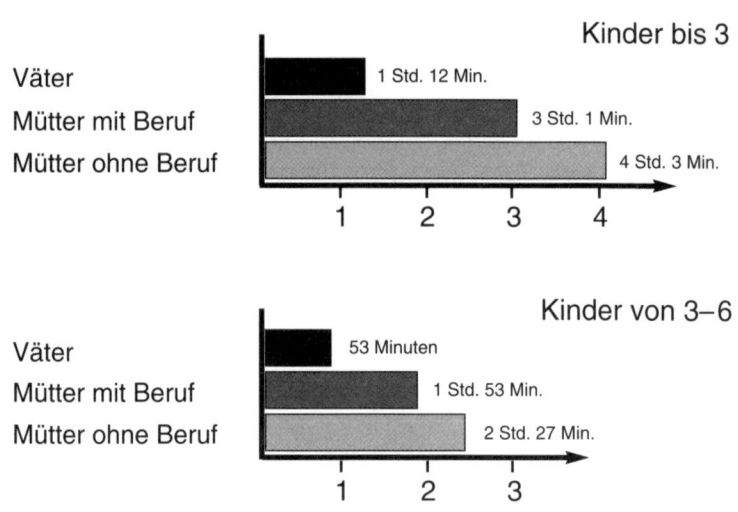

Zeit für Kinder?

(tägliche Zeit der Eltern mit ihren Kindern)

Kinder bis 3

Väter — 1 Std. 12 Min.
Mütter mit Beruf — 3 Std. 1 Min.
Mütter ohne Beruf — 4 Std. 3 Min.

1 2 3 4

Kinder von 3–6

Väter — 53 Minuten
Mütter mit Beruf — 1 Std. 53 Min.
Mütter ohne Beruf — 2 Std. 27 Min.

1 2 3

Erziehung geschieht zu großen und guten Teilen spontan. Natürlich sollte man ein pädagogisches Konzept, besser noch eine Lebensphilosophie haben, um die Spontanität richtig kanalisieren zu können. Aber zunächst muß man überhaupt präsent sein. Ohne physische Präsenz läuft die Spontaneität ins Leere. Wenn der vier- oder fünfjährigen Tochter beim Spielen eine Frage in den Sinn kommt, wird sie diese Frage stellen wollen und zwar in der Regel der ersten Bezugsperson, der Mutter. Ist die Mutter nicht da, wird das Kind kaum auf die Idee kommen, die Frage aufzuschreiben oder abzuspeichern, um sie erst am Abend zu stellen. Kinder stellen ihre Fragen aus der Situation heraus. Das können auch Bemerkungen oder Behauptungen oder auch Beschreibungen sein, die sie mitteilen wollen. Um diese Mitteilungen zu bestätigen, zu korrigieren oder auch zu kommentieren, müssen sie erst einmal wahrgenommen werden. Damit ist nicht nur die physische Präsenz gemeint, sondern auch die innere Hinwendung oder Präsenz des Herzens. Vanessa hat das mal einer Journalistin so gesagt: „Mama ist nicht da, wenn sie Zeit hat, sondern wenn ich sie brauche". Aus diesem Dialog, aus diesem ersten sozialen Umgang zu Hause erwächst mit den Jahren für das Kind die innere Selbstsicherheit und das Selbstbewußtsein, die es für die Fähigkeit zu sozialem Verhalten mit anderen Personen außer Haus braucht.

Ross Campbell konkretisiert das in seinem Bestseller mit dem Titel „Kinder sind wie ein Spiegel" am Augenkontakt. Er schreibt: „Wenn wir uns mit Kindern, beziehungsweise mit dem Eltern-Kind-Verhältnis beschäftigen oder einschlägige Untersuchungen studieren, wird uns klar, wie wesentlich der Augenkontakt ist. Er fördert nicht nur die Kommunikation mit dem Kind, sondern trägt auch zur Erfüllung seiner emotionellen Bedürfnisse bei. Ohne daß wir es selbst merken, ist der Augenkontakt das wichtigste Mittel, unser Kind unsere Liebe spüren zu lassen. Ein Kind braucht den Blickkontakt mit den Eltern, um emotionell versorgt zu sein. Je häufiger Eltern ihre Liebe durch Blickkontakt ausdrücken können, umso zufriedener wird ein Kind sein und umso voller ist sein emotioneller Tank." Und in einem anderen Buch, mit dem Titel „Teenager brauchen mehr Liebe" ergänzt er: „Angemessener und häufiger Augen-und Körperkontakt sind zwei der wertvollsten Gaben, die Sie Ihrem Kind schenken können. Sie sind, zusammen mit gezielter Aufmerksamkeit, die wirksamsten Mittel zum Aufladen der Seelenbatterie ihres Teenagers, und sie machen ihn fähig, sein Bestes zu tun."

Die Manager und die Bilanzen

Die Präsenz zu Hause zu stärken müßte demnach ein Ziel für all jene sein, denen an einer persönlichen, mithin auch gesellschaftlich relevanten Erziehungsleistung gelegen ist. Aber gerade daran mangelt es. Die Politik hat den Herd zum Feind der Frau erklärt. Abgesehen davon, daß diese allgemeine Haltung, die man vor allem bei politisch tätigen Frauen antrifft, nicht gerade von Weitblick zeugt, gibt es mittlerweile auch Stimmen, die darauf hinweisen, daß es sich hier nicht nur um ein Privatvergnügen handelt, sondern um ein eminentes Problem der heutigen Gesellschaft (s. S. 173–199). Der Sozialwissenschaftler und Familienforscher Heinz Lampert hat einmal vorgerechnet, daß 90 Prozent unseres Humanvermögens, also des Schatzes an Erfahrung, an Wissen, an sozialer Kompetenz etc. in den Familien erwirtschaftet werden. Ohne sie, also das Humanvermögen und die Familien, wird die Gesellschaft zum sterilen Marktfaktor im Internet, ohne Gesicht, ohne menschliche Wärme. Ohne sie wird auch die Wirtschaft erheblich ärmer. Wenn Firmen heute einstellen, fragen sie nicht nur nach fachlicher Kompetenz, sondern vor allem nach sozialer Kompetenz, nach emotionaler Intelligenz, nach Teamfähigkeit, eben nach diesem Humanvermögen. Das benutzen die Unternehmen dann als Produktionsfaktor, eben als Humankapital. Man darf sich fragen: Wer ist eigentlich stärker von wem abhängig, die Wirtschaft von der Familie oder die Familie von der Wirtschaft?

Die Familie ist der natürliche Ort der selbstlosen Liebe. Deshalb ist sie auch der gesunde Nährboden für die Sozialisierung der Person, der „geistige Schoß" (Thomas von Aquin) des Menschen für das Hineingeborenwerden und Hineinwachsen in die Gesellschaft. Es ist der Ort der Solidarität, eine Chiffre der Soziologen für die Liebe. Die Manager dieser Solidarität sind zuerst die Eltern. Es ist in diesem Zusammenhang bezeichnend, daß – folgt man der wissenschaftlichen Literatur – „die Erzeugung solidarischen Verhaltens" als ein Grund für den verfassungsrechtlichen Schutz der Familie genannt wird. Es sei eine Leistung, schreibt etwa Lampert, die in der Familie „in einer auf andere Weise nicht erreichbaren Effektivität und Qualität" erbracht werde.

Der Familienmanager, Mann oder Frau, Vater und Mutter, oder beide, sind Hauptpersonen im Unternehmen Familie. Sie sind es, die für das Produkt Humanvermögen zuerst verantwortlich sind, vor sich, vor den Kindern, vor der Gesellschaft. Aber es gibt nicht nur die Verantwortung, es gibt auch Erfolgserlebnisse. Zum Beispiel jene Botschaft, die uns ein Sohn neulich nach einer Geschäftsreise mailte: „Wollte euch nur kurz danken. Die verschiedenen Gespräche und Bestätigungen mit meinem Boß diese Woche haben mir wieder bewiesen, daß wir ‚Limi-Kinder' doch einen erheblichen Vorteil haben: wir sind eben keine Duckmäuser. Unser Erfolg ist der Erfolg Eurer Erziehung. Ich danke euch für alles und freue mich, auch weiterhin von euch lernen zu können. In Liebe.“

In dieser kleinen, frohen Botschaft wird jede Menge Humanvermögen transportiert. Das ist sicher auch ein Ergebnis von Erziehung, allerdings auch kein Grund, die Hände in den Schoß zu legen. Die Arbeit der Familienmanager ist nie beendet, sie ändert sich nur, weil die menschlichen Beziehungen nicht statisch und „fertig“ sind, sondern dynamisch und immer unterwegs. Das Endergebnis bilanzieren sowieso nicht die Manager der Familie, sondern die Träger oder Eigner des Humanvermögens selbst. Wichtig ist, daß sie die Fähigkeit entwickeln konnten und weiter daran arbeiten, ihre Situation perspektivisch zu sehen; daß sie wissen, woher sie kommen und wohin sie gehen. Kein Duckmäuser zu sein, zu sagen, was man denkt – über die Form läßt sich diskutieren – das ermöglicht sozialen Umgang, das setzt voraus, seine Intelligenz auch emotional richtig einzusetzen, das erlaubt Bestandsaufnahmen und Zukunftsplanung. Nur so können die Eigner des Humanvermögens in Momentaufnahmen eine Tiefendimension erkennen, die ihnen hilft, Probleme auch ohne die Eltern dauerhaft zu lösen, sprich selbständig und erwachsen zu sein, als integre Menschen. Das muß das Ziel, das Endprodukt des Familienmanagements sein.

Manchmal wird man von Erfolgen, auf die man jahrelang hinarbeitet, auch überrascht. Einmal hatten wir am Mittagstisch über kollektive Hysterien, Massendemos, die Mitläufer, die Unselbständigen und diejenigen gesprochen, die alles nachmachen, aber das Nachdenken verweigern. Der kleine Gwenael hörte zu und „verarbeitete“, wie die großen Brüder seine Art zu essen nennen. Da er in der Schule gute Noten hatte, wollte ich ihn am selben Nachmittag belohnen und kaufte ein Buch: „Harry Potter II“. Er schaute mich an, lachte schelmisch und sagte: „Du willst mich zum Mitläufer machen“.

Ich hatte einiges über diese modernen Märchen gehört. Gwenaels große Schwester, die im selben Sommer geheiratet hatte, erzählte zum Beispiel, daß Javier, ihr Mann, von einer Reise nach London ein paar Bände des Zauberjungen mitgebracht hätte und diese nun stundenlang wie fasziniert lese. Auch Gwenael selbst hatte von Potter-Gesprächen mit seinen Klassenkameraden berichtet. Es gab also Input, Rohmaterial genug, das Produkt Humanvermögen durch diese Facette zu bereichern, sprich Gwenael solch ein Buch zu schenken. Seine schelmische Bemerkung verbuche ich deshalb als Erfolg, weil sie eine gewisse Fähigkeit zur Beobachtung, zur Analyse und allgemeinen Folgerungen offenbart, Fähigkeiten, die ohne Selbstdistanz kaum möglich sind. Das ist ein unverzichtbarer Posten in der Bilanz. Denn ohne Selbstdistanz gibt es auch keine Chance für die Selbständigkeit, für die Entdeckung und Beurteilung des eigenen Ich.

Versuch einer Definition des Familienmanagements

Man könnte sagen, Gwenael ist eben ein schlaues Kerlchen und hat da gut kombiniert. Ja. Und er hat das Basiselement der Kombination an der Werkbank des Unternehmens Familie, am Mittagstisch, gehört und aufgenommen, beim „Verarbeiten". Und darin steckt ein Stück Erfolg des Familienmanagements, daß die einzelnen Mitarbeiter des Unternehmens die gebotenen Elemente, das vom Management gelieferte Rohmaterial, von sich aus aufnehmen und in ihre Situation übertragen. Zu diesem Rohmaterial gehört aber auch die Beobachtung der Konkurrenz, der Miterzieher in Schule, Medien und auf der Straße. Man muß die ganze Realität, in der das Kind aufwächst, im Auge haben, nicht nur die eigenen vier Wände. Aus all diesen Elementen ergibt sich eine Definition des Familienmanagements:
Familienmanagement ist die Fähigkeit, verschiedenste Forderungen und Ansprüche aus Haus und Umwelt zielgerichtet und personalbezogen zu bündeln, gedanklich zu verarbeiten, in Handlungsweisen zur Pflege von Beziehungen umzusetzen und dadurch Humanvermögen zu vermitteln und zu bilden.
Die Schlüsselworte lauten zielgerichtet und personalbezogen. Was bedeuten sie? Über das oder die Ziele der Erziehung sind Bibliotheken geschrieben worden. Ich halte es mit dem amerikanischen Psy-

chiater und Erfolgsautor Ross Campbell, der vom integren Menschen als Erziehungsziel spricht. Seine Definition ist es wert, wiederholt zu werden: „Ein integrer Mensch sagt immer die Wahrheit, hält stets, was er verspricht, übernimmt jederzeit die Verantwortung für sein Verhalten." Da steckt ein gerüttelt Maß an Humanvermögen drin, und man sieht, daß angeblich altmodische Begriffe wie Wahrheit, Aufrichtigkeit, Verantwortungsbewußtsein und Verantwortungsbereitschaft – früher nannte man solche Eigenschaften übrigens Tugenden – nicht durch Eintrichtern oder Oktroyieren in die menschliche Psyche oder Seele eingepflanzt werden, sondern an der Werkbank des Zuhause, im emotionalen Rahmen des Angenommen-Seins wie durch Osmose aufgesogen werden. Denn Erziehung ist Be-ziehung zwischen Personen, ist „Beschenken mit Menschlichkeit", wie Johannes Paul II. es in seinem *Brief an die Familien* formuliert und deshalb seien die Eltern „Lehrer ihrer Kinder in Menschlichkeit".

Der Familienrat, mehr als Betriebskontrolle

Die Forderungen und Ansprüche an die Familienmanager bewegen sich auf drei Ebenen. Einer emotionalen, einer handwerklichen und einer kognitiven. Man muß Beziehungen managen können, man muß kochen, putzen, waschen, bügeln und reparieren können und man muß, um die beiden vorherigen Ebenen sachgerecht im Griff zu haben, auch das entsprechende Know-how haben, man muß wissen, lernen und sich weiterbilden. Am wichtigsten sind meiner Meinung nach die emotionale und die kognitive Ebene. Sie sind personengebunden und können kaum delegiert werden. Die handwerkliche Ebene dagegen kann delegiert werden. Sie kann aber auch, und das wäre die Optimierung des Managements, als Instrument zur besseren Handhabung der beiden anderen Ebenen dienen. Kleine handwerkliche Dienste im Haus, Jobs oder Aufträge, sind Mittel der Erziehung. Über ihre Handhabung muß gesprochen werden. Wir haben dafür eine Institution eingerichtet, den Familienrat.

Eine Vorstufe dieses Rats ist die Werkbank, das Tischgespräch. Es ist eine Börse des Alltags, eine Schatzkammer der Erkenntnisse. Auf dieser Börse gibt es immer etwas zu gewinnen. Zum Beispiel können die Eltern meist en passant korrigierend ihre Meinung einbringen, ohne erhobenen Zeigefinger, einfach als Broker. Dieser tägliche Börsentermin ist für das Unternehmen Familie wichtig. Er stärkt die Einheit der Familie und gleicht Interessen aus, auch wenn der Kurs manchmal vom Oberbörsianer abschließend bestimmt wird. Fast wie im wirklichen Leben.

Im Familienrat selbst werden oft die kleinen Dienste und Jobs, die jeder einzelne Mitarbeiter im Unternehmen Familie hat und die zur zweiten Ebene gehören, besprochen. Diese Reflektion und Betriebskontrolle der Dienste und Jobs sind Betriebsratsstunden. Sie führen in der Regel zu Bemerkungen, bissigen und ironischen, lustigen und ärgerlichen, also Äußerungen der emotionalen Verfassung, die im Rat versachlicht werden. Das pflegt unsere Streitkultur. Nicht daß man ständig sticheln oder Streit suchen sollte. Nein, die gekonnte Auseinandersetzung mit den Gedanken und Interessen anderer ist in der pluralistischen Gesellschaft von heute wichtiger denn je. Woher, wenn nicht von zu Hause, sollen die Kinder zuerst Argumente und Kriterien bekommen, um Handeln und Denken in Schule, Beruf und Gesellschaft zu beurteilen? Und die beste Art und Weise, Argumente und Kriterien für diese künftige Selbständigkeit in der pluralistischen Welt zu vermitteln, ist das alte Konzept „to learn swim by swimming". Konkret: Indem jedes Kind kleinere und größere Aufgaben übernimmt, lernt es schrittweise, persönliche und soziale Verantwortung zu tragen und zu üben. Wer seine Aufgabe auf Kosten anderer vernachlässigt, muß im günstigen Fall im Familienrat dafür geradestehen, im ungünstigeren riskiert er den pädagogischen Rempler. Er muß verantworten, sprich argumentieren, sich einen kritisch-konstruktiven Geist aneignen. Das gehört zur Lebenstüchtigkeit, oder anders gesagt: Zur Ausstattung mit Humanvermögen.

Familienmanagement – ein Beruf

Das Managen von emotionalen, kognitiven und handwerklichen Aufgaben ist weit mehr als eine Beschäftigung. Es ist ein Beruf. Das bedeutet auch, daß der Manager ein Bewußtsein für seine eigene Funktion entwickelt und das heißt, daß er weiterlernt, sich weiterbildet, sich weiter entfaltet. Er kann nicht nur aus dem Bauch heraus entscheiden. Dafür sind die Verhältnisse heute zu komplex. Er muß mehr wissen. Er muß seinen eigenen Fundus an Humanvermögen vermehren, er muß aufstocken, seinen Börsenwert permanent steigern, indem er an sich selbst arbeitet und sich bewußt ist, daß er nicht nur eine Lebensphase mehr oder weniger gut hinter sich bringt, sondern daß er eine Aufgabe hat, eine Berufung zu diesem Beruf.

Das scheint mir ein zentraler Punkt zu sein. Denn die Selbsteinschätzung des Familienmanagers macht ihn immun gegenüber der ungerechten Bewertung seines Berufs durch Politik und Öffentlichkeit. Es ist evident, daß die Haus- und Familienarbeit gegenüber der Erwerbsarbeit außer Haus als geringer eingestuft wird. Das hat sicher auch damit zu tun, daß die eine Arbeit bezahlt wird, die andere nicht. Das liegt aber auch daran, daß die eine Arbeit in meßbaren Funktionen und Produktionen abläuft, die andere jedoch nicht, obwohl man auch hier in Funktion und Produktion denken will, also nur Putzen, Kochen, Windeln, Wäsche, Bügeln etc. vor Augen hat. Das jedoch betrifft nur die zweite, die handwerkliche Ebene. Die wirklich substantielle und unersetzliche Arbeit zu Hause aber ist die Gestaltung der zwischenmenschlichen Beziehungen, die Beschenkung mit Menschlichkeit. Sie erst macht die Erziehung aus, ihr „Produkt" sind erwachsene, verantwortungsbewußte und nicht nur satte und beschäftigte Menschen. Daran denkt man in Politik und Medien ebensowenig wie an die Weiter-und Fortbildung der Familienmanager selbst. Das sollten die Väter und Mütter nicht mitmachen. Sie sollten aus dem Bewußtsein heraus arbeiten, daß man auch in der Familie Karriere machen kann. Nur heißt hier Karriere nicht Macht, sondern Freundschaft, nicht Geld, sondern Glück.

Das Logo des Unternehmens Familie

Es gibt in diesem Sinn auch keinen Mißerfolg. Ein mit Liebe, mit Menschlichkeit beschenkter Mensch ist immer ein Erfolg. Es zählen nicht seine Leistung, seine Güter – „cold projects", könnte man mit Dahrendorf sagen – sondern seine Fähigkeit, Liebe weiterzugeben, Menschlichkeit weiterzuschenken, Hoffnung zu haben und zu verschenken, den Glauben an das Leben zu stärken, daran, daß es gut gehen kann, ohne naiv zu sein. Die personale Beziehung in der Familie ist immer auch eine Beziehung der Liebe, selbst in ihrer negativen Form als Mangel an Liebe. In der Gestaltung dieser Liebes-Beziehung, die über die diversen Phasen der Versorgung, Anleitung und Begleitung schließlich zu einer Freundschaft von selbständigen, freien und verantwortungsbewußten Personen führen soll, in der Gestaltung dieser Beziehung liegt die eigentliche Erziehungsleistung. Diese Beziehung trägt das Leben. Das wurde mir neulich bewußt, als ich im Buch der Fürbitten einer Kapelle in Bonn den Wunsch von Noemie las: „Für alle, die ich sehr lieb habe, so was wie die Mama, schenk ihnen Kraft zum Leben".

Kraft zum Leben schenken – das ist die Formel, das Logo des Unternehmens Familie. Die Soziologie und Psychologie lehrt uns, daß die Familie über große schöpferische Kräfte verfügt. Die Kunst des Familienmanagers besteht darin, diese Kräfte zu bündeln und zu kanalisieren, damit jedes Kind, jedes Mitglied im Unternehmen, bekommt, was es trotz materieller Defizite für seine Herzensbildung und Persönlichkeitsentwicklung braucht. Diese Leistung wird, glaube ich, immer noch erbracht. Aber die Kapitaldecke in Europa ist dünn geworden. Ohne Anerkennung des Berufs Familie durch die Gesellschaft, materiell und ideell, werden manche Unternehmen Konkurs anmelden. Nicht nur die Unternehmen Familie. Dann wird die Zerstörungskraft spürbar werden. Um das zu verhindern, müssen so bald wie möglich den Familienmanagern die Möglichkeiten gegeben werden, Menschlichkeit zu schenken. Sie brauchen dazu Zeit, Wissen und Engagement. Das sollte ihnen die Gesellschaft nicht nur gönnen, sie schuldet es ihnen.

Der Erziehungslohn – eine neue Idee für Europa

Diese Schuld hat einen Namen: Erziehungslohn. Jeder Beruf verdient seinen Lohn. Ein Beruf, der wie der des Familienmanagers auch gesellschaftliche Folgen hat, sollte von dieser Gesellschaft wenigstens die materiellen Kosten erstattet bekommen. Hier ist nicht der Platz, um umfassend darauf einzugehen (s. S. 173–199). Aber der Grundgedanke sei genannt: Es geht um Leistungsgerechtigkeit. Die Leistung der Eltern muß auch finanziell anerkannt werden. Und zwar nicht als Almosen von Vater Staat, das heißt als Sozialhilfe, sondern als gerechter Lohn für getane Arbeit. Ähnliche Arbeiten, allerdings mit dem Schwerpunkt *Betreuung,* also ohne die tieferpflügende *Erziehung,* werden, so argumentiert zu Recht der sächsische Sozialminister Geisler, selbstverständlich anerkannt und entlohnt, etwa bei Erzieherinnen oder Kindergärtnerinnen. Mütter, die die gleiche Arbeit oft viel besser tun, gingen leer aus. Vor allem in den ersten Lebensjahren des Kindes verlangt dieser Beruf vollen Einsatz und zwar mehr, als Kindergärtnerinnen faktisch leisten können. Kein Geringerer als Papst Johannes Paul II. weist in seinem Brief an die Familien vom 2. Februar 1994 darauf hin: „Die Mühen der Frau, die, nachdem sie ein Kind zur Welt gebracht hat, dieses nährt und pflegt und sich besonders in den ersten Jahren um seine Erziehung kümmert, sind so groß, daß sie den Vergleich mit keiner Berufsarbeit zu fürchten braucht. Das wird klar anerkannt und nicht weniger geltend gemacht als jedes andere mit der Arbeit verbundene Recht. Die Mutterschaft und all das, was sie an Mühen mit sich bringt, muß auch eine ökonomische Anerkennung erhalten, die wenigstens der anderer Arbeiten entspricht, von denen die Erhaltung der Familie in einer derart heiklen Phase ihrer Existenz abhängt."

Hinter diesen Sätzen verbirgt sich ein wirklich revolutionäres Programm. Ein finanzieller Erziehungslohn für Mütter, wofür der Papst hier eintritt, wäre ein Hebel, ein Instrument für eine wirkliche Strukturreform der Gesellschaft. Die Gerechtigkeitslücke zwischen Familien mit Kindern und den Kinderlosen würde halbwegs geschlossen, die Leistung der Mütter würde anerkannt, es gäbe Renten für eine Lebensleistung statt nur Rosen zum Muttertag. Ein Erziehungsgehalt hätte außerdem Folgen für den Arbeitsmarkt und es würde helfen, der Verwahrlosung so vieler Kinder und Jugendlicher gegenzusteuern, es würde helfen, die Gewaltbereitschaft unter den Jugendlichen zu reduzieren, es würde dazu beitragen, die Solidarität unter den Generationen zu beleben und zu festigen, es würde die Familien stärken und damit auch die Gesellschaft. Eine starke Nation, hat Johannes Paul II. 1995 vor der UNO gesagt, „eine starke Nation besteht immer aus starken Familien".

Kraft zum Leben schenken, das Logo des Familienmanagements gilt auch für die Gesellschaft in bezug auf die Familie. Ob Gerechtigkeit nun über einen Erziehungslohn oder über die Steuer oder auch andere Wege hergestellt wird, ist eine zweitrangige Frage. Sie wird europaweit debattiert. Wichtig ist, daß den Familien überhaupt Gerechtigkeit widerfährt. Familie ist eine Herzensangelegenheit, sie ist die Beziehungsgrundlage des Lebens, sie ist der Raum, in dem Liebe lebt. Solche und ähnliche – richtigen – Worte hört man am Muttertag zuhauf. Und am Montag danach gelten wieder die Vorbehalte der Steuerschätzung und die Vorurteile gegenüber dem Beruf der Hausfrau und Mutter. Man könnte sich fast daran gewöhnen. Aber: Die Politiker operieren hier am offenen Herzen – und sie wissen es nicht.

Mutter ist die Beste
– und die Billigste

Im Wohnzimmer des Humanum

Von Martine Liminski

Ziel der Emanzipation ist es, sich der Manipulation zu entziehen, nicht Produkt zu werden, sondern Original zu sein.

Jutta Burggraf

Ich bin eine sogenannte Nur-Hausfrau. Eine von rund zehn Millionen in dieser Republik. Das sind zehn Millionen Stimmen, denken die Politiker. Zehn Millionen Konsumenten plus Haushalt, rechnen die Kaufleute. Zehn Millionen Dummerchen, sagen sich die Werbefritzen. Zehn Millionen Mülltonnen, kalkulieren die Stadtkämmerer. Zehn Millionen Splitting-Faktoren, schreiben die Steuerbeamten mit spitzem Bleistift. Zehn Miilionen Leser, murmeln die Journalisten. Also immerhin die Anerkennung als Funktionsträger, als zehn Millionen Marktfaktoren.

Aber wer oder was bestimmt den Marktwert? Ausgerechnet die Zeitschrift ADAC-Motorwelt stellt diese Frage. Wieviel ist eine Mutter wert? Und sie berechnet anhand einer Universitätsstudie den Wert der deutschen Hausfrau: rund 1850 Euro im Monat, bei einer Wochenarbeitszeit von durchschnittlich 70 Stunden. Keine Spur von einer Vier-Tage-Woche. Mutter ist die Beste – und die Billigste. Ein Rechtsanwalt mit dem Spezialgebiet Hausfrauen-Unfälle meinte einmal zum Muttertag: „Eine Hausfrau ist im Schnitt 30 Prozent weniger wert als ein beliebiger Arbeitnehmer. Im Falle eines Unfalls wäre ich lieber ein Auto als eine Hausfrau. Das hat wenigstens einen Marktwert".

Das ist nicht sehr feinfühlig, aber es stimmt wohl. Hausfrauen und Mütter, die wirklichen Motoren der Gesellschaft, werden von den meisten Politikern und Journalisten geflissentlich übersehen. Sie stehen in der Regel nicht auf der Rampe, tummeln sich nicht in Talkshows. Sie gehören zu jener Grau- oder Dunkelzone, in der die Selbstverwirklichung angeblich nicht möglich ist und in der die Armut blüht, die materielle und die geistige. Aber wer so denkt, hat keine Ahnung. Vielleicht auch kein richtiges Zuhause. Jedenfalls keines, in dem man die Seele baumeln lassen kann, in dem man um seiner selbst willen geliebt wird, in dem es nicht darauf ankommt, was man hat, sondern daß man ist.

Intimität heißt das Schlüsselwort. Das paßt wirklich nicht zu unserer Bühnenwelt, in der immer neue Kulissen das Szenenbild verändern. Und dennoch: Intimität ist das Grundmuster der Familie. Intimität verdichtet und verwirklicht sich in dem Gefühl, geborgen, geschützt und existentiell in Sicherheit zu sein. Hier kann ich leben, hier kann ich sein, mit all meinen kleinen Fehlern. Einmal fand ich abends nach der Rückkehr vom Elternabend auf dem Bett einen Zettel von Mimi, gerade erste Klasse: „Lieba mama, ich frohie mich, wal du mich das Leben geschenk has." Vermutlich hat Arnaud, der an diesem Tag auf die Kleinen aufpaßte, ihr das erklärt und ich weiß nicht, worüber ich mich mehr gefreut habe, über die Spontaneität des Herzens mit den kleinen Fehlern oder über die Botschaft selbst. Es war eines jener Gänseblümchen für den permanenten Muttertag, es war ein Stück Zuhause.

Intimität – Grundmuster der Familie

Das Zuhause, Ort der Intimität, der Gefühlswelt und der Umarmung. Ort auch des Abladens. Wie oft kommen die Kinder nach Hause und legen erst einmal richtig los. Der ganze Frust, der ganze Ärger, Freude auch – all das muß mitgeteilt werden, mit und ohne Worte. Dafür braucht es die schützenden Wände vor der Öffentlichkeit, auch vor den Lehrern. Frust und Freude müssen aufgefangen, gerichtet und gewichtet, neu orientiert werden – damit der Gefühlspegel wieder im Lot ist. Das geht nur zwischen Personen, weil nur sie eine geistige, innere Beziehung zueinander entwickeln können. Und das setzt eben den Freiraum der Intimität voraus. Das ist ein Raum der Bedingungslosigkeit, in dem wir nicht danach bemessen werden, was wir leisten oder haben, sondern weil wir sind. Dieser Raum ist das Wohnzimmer des Humanum. In ihm lernen die Kinder – sollten sie jedenfalls – was lieben heißt.

Intimität ist Grundfolie des Seins, ist Voraussetzung für Identität. Und sie ist das Grundmuster der Familie. Nestwärme haben wir das früher genannt. Das ist es und noch viel mehr, nämlich Herzenswärme, Liebesnahrung, emotionale Sinnstiftung. Indem die Frau und Mutter familiäre Intimität zeugt, pflegt und bewahrt, bereitet sie den Boden für die Lebenswurzeln der einzelnen Familienmitglieder. Sie schenkt Mut zum Leben.

Es ist schon ein paar Jahre her. Momo, der auf seinem Taufschein, also in Wirklichkeit, Nathanael heißt, kränkelte, es gelang einfach nichts, er war verzweifelt. Seine für die Schule gebastelte Mühle war ziemlich mißlungen. Sie glich eher einer Kaserne. Wir brachten die Mühle in Ordnung, dann malte er mir einen Blumenstrauß und schrieb dazu: „Liebe Mama, danke, daß Du mir geholfen hast. Du hilfst mir immer, wenn ich krank bin. Du gibst mir Mut zum Leben. Auch Hoffnung. Du machst mich einfach stark. Und Du bist auch stark. Du gibst mir Hoffnung für meine Mühle."

Ich war gerührt. Er hatte genau das getroffen, wovon ich glaube, daß es die Aufgabe der Mütter ist: Die anderen stark machen, die anderen begleiten und ihnen Mut und Hoffnung geben, eine Atmosphäre des Vertrauens und der Liebe schaffen. Das gelingt am besten in einem Ambiente der Intimität.

Was ist nun Intimität im Kern? Es ist bezeichnend, daß der neue Brockhaus und auch andere große Lexika diesen Begriff fast nur in Verbindung sehen mit Intimsphäre, Sexualität. Aber es ist mehr. Intimität ist das Innerste, ist absolutes Vertrauen. Das ist der Ort, wo der Mensch sozusagen sich selbst begegnet, wo er sich auch als Geschöpf wahrnimmt. In diesem Raum kann man Hand in Hand vor Gott treten, wenn die eigene Existenz unauflöslich an die eines anderen gebunden ist, wenn man verheiratet ist. Intimität ist existentiell. Wenn man sie teilt, dann für immer.

Intimität ist vor allem eine geistige Dimension. Sie gehört zum Menschsein. In ihr wohnt das Ich. Sie ist der Mantel für die anthropologische Aussage, daß der Mensch nach dem Ebenbilde Gottes geschaffen ist. Der Frau ist es in besonderem Maß gegeben, diese großartige Natur des Menschen, seinen Drang zum höchsten Glück, zum absolut Guten in der Intimität des Herzens Leben zu verleihen. Sie ist guter Hoffnung, sagt man, wenn eine Frau ein Kind erwartet. Und: Sie trägt ein Kind unter ihrem Herzen. Sie schenkt Leben in einem existentiellen Sinn, der weit über das biologisch-materielle Wachsen hinausgeht.

Es ist auch die Frau, die den äußeren Raum der Intimität, das Zuhause, gestaltet. Jenen Raum, in dem die Emotionalität des Menschen, insbesondere des Kindes vom Anfang bis zum Erwachsenwerden, atmen und wachsen kann – behütet vor der kalten Komplexität und Reizüberflutung der Arbeitswelt. Das sind die Details, die eine eigene, familiäre Harmonie erzeugen, die Farben der Vorhänge, die Sauberkeit, die Komposition der Möbel, der Zugang zur Natur durch Blumen und Bilder. Die Harmonie zu Hause ist eine innere Tür ins Leben. Leben ist Begegnung, meinte Romano Guardini, die Begegnung als Öffnung, als Erweiterung der eigenen Persönlichkeit, indem ich den anderen teilhaben lasse an meiner Erfahrung, an meinem Denken, an meinem Fühlen. „Ich lasse ihn, die andere Person, in meinen Personalitätsraum ein", sagt der Philosoph Alfonso Lopez Quintas von der Königlichen Akademie der Geisteswissenschaften in Spanien. Aus der Begegnung zweier Personen entstehe Freundschaft, sofern beide ihren Personalitätsraum öffnen und sich so gegenseitig bereichern. Das setzt den Freiraum der Intimität voraus, den inneren Raum der bedingungslosen Annahme. In ihm lernen Kinder und Jugendliche, was lieben heißt, was Freundschaft ist. Er ist der Mutterboden für die Lebenswurzeln, der feste Boden für die Begegnung außer Haus. Und die letzte Begegnung, so Guardini, das Ende der Begegnungskette im Leben, ist das Treffen mit Gott.

Die Entwicklungspsychopathologie weiß heute, daß die Emotionalität diesen Raum braucht, wenn der Mensch innerlich stabil sein soll. Wenn das „Microsystem Familie" diese auch für die Erwachsenen Stabilität stiftende Funktion nicht erfüllt, weil es durch Trennung gesprengt ist oder weil es schlicht überfordert ist, dann kann die Menschwerdung im geistig-emotionalen Sinn kaum gelingen. Etliche Versuche haben bewiesen, daß der Mensch ohne diesen geistig-emotionalen Raum nicht leben kann. Das ist wie das Licht für die Pflanze. Ihm fehlt die Sonne der Liebe. Leider hinkt die Politik solchen Erkenntnissen hinterher oder traut sich nicht, meist aus ideologischen Gründen, der Frau das Mutter- und Frau-Sein zu ermöglichen.

Original oder Komplex als Nur-Hausfrau

Der radikale Feminismus hat das Frau-Sein auf eine archaisch-männliche Denkweise reduziert: Teilhabe und Gewinn von Macht. Über andere verfügen wollen, statt ihnen zu begegnen. Nicht umsonst steckt in dem Wort herrschen das Wort Herr. Der Feminismus kennt die Freundschaft nicht. Und er kennt auch nicht – hier ist er allen Ideologien gleich – den Menschen als Person, die sich der Verzweckung entzieht. Man ist nicht Frau, um irgendetwas zu tun, zu denken oder zu fühlen. Man ist zunächst Frau als Person, das heißt als Ebenbild Gottes. Und als Frau kann man denken, handeln, fühlen, wie Männer es so meistens nicht tun. Gott hat nicht das Paar als sein Ebenbild erschaffen, sondern Mann und Frau als einzelne Personen. Deshalb sind Mann und Frau gleichwertig, nicht gleichartig. Und deshalb ist es auch unsinnig, die Gleichartigkeit anzustreben oder von einer „Entmannung des Zeitalters" (Ernst Bloch) zu sprechen. Es geht bei der „Selbstbefreiung" der Frau „nicht um ein billiges Angleichen an den Mann", schreibt die Frauenforscherin Jutta Burggraf, „etwas viel Lohnenderes, aber auch Schwierigeres muß angestrebt werden: die Selbstannahme der Frau in ihrem Anderssein, in ihrem Einmaligsein als Frau. Ziel der Emanzipation ist es, sich der Manipulation zu entziehen, nicht Produkt zu werden, sondern Original zu sein".

Gerade das wird den Frauen, insbesondere den jungen Frauen und Mädchen heute sehr schwer gemacht. Überall prangt die Frau als Produkt von Plakaten, auf dem Fernsehschirm, in Prospekten. In den meisten Fällen wird sie auf erotische oder sexuelle Eigenschaften reduziert, was wiederum zeigt, daß die Welt der Arbeit und der Öffentlichkeit immer noch stark von Männern geprägt wird. Aber viele Frauen und vor allem solche, die in dieser Welt reussieren, passen sich an. Politikerinnen wehren sich mit Händen und Füßen dagegen, die Erziehungsarbeit aufzuwerten, etwa durch einen Erziehungslohn oder ein gerechtes Kindergeld. Das treibe die Frau zurück an den Herd, wird sofort argumentiert. Die gleichen sind es, die nun die Prostitution als Beruf anerkennen und die somit indirekt dafür eintreten, daß diese im Tiefsten entwürdigende Tätigkeit gesellschaftlich salonfähig gemacht wird. Für sie gilt unausgesprochen die Priorität, die ein Journalist auf diese Formel brachte: Lieber in den Puff als an den Herd.

Das ist perverses Denken. Die Reduktion der Frau auf einen Status als Objekt oder als Instrument impliziert die Verneinung der vollen Weiblichkeit. Das ist, wie seriöse Psychologen inzwischen nachweisen können, eine wichtige Ursache für seelische Krankheiten. Es ist kein Zufall, daß Magersucht und Freß-Sucht besonders häufig bei Mädchen vorkommen. Anorexie und Bulimie sind typische Krankheiten unserer Zeit. Mittlerweile leidet jedes neunte Mädchen an ihnen. Es wäre auch zu einfach, die Schuld dafür nur bei den Medien zu suchen. Gerade die öffentliche Verneinung der Weiblichkeit kann in einer Familie aufgefangen werden, indem die Mutter ihre Rolle voll bejaht. Wer freilich einem Komplex als „Nur-Hausfrau" unterliegt und sich so dem Zeitgeist unterwirft, kann kaum erwarten, daß ihre Tochter die eigene Weiblichkeit freudig annimmt und pflegt. Die Frau ist anders, als Politik, Werbung, Medien und der in ihnen zum Ausdruck kommende Zeitgeist es wollen – vielleicht ist es auch nur der Geist einiger weniger an den Schalthebeln von Politik, Wirtschaft und Gesellschaft.

„In besonderer Weise den Menschen anvertraut"

Intimität nun ist das Werk des guten Geistes zu Hause. Das ist kein Fluidum, das durch das Wohnzimmer wabert, sondern Gegenwart aus Fleisch und Blut. Es ist in der Regel vor allem die Mutter, die dieses Ambiente des Vertrauens und Schutzes schafft. Sie hat dazu besondere Anlagen, was auch die Ergebnisse der Hirnforschung in Amerika belegen. Wenn ein neugeborenes Kind seine Mutter erblickt, dann, so haben die amerikanischen Neurologen festgestellt, kommt Bewegung ins Hirn. Es ergeben sich Strömungen, die typisch sind für Glücksgefühle. Sie sagen: Das ist der Mensch, der mich neun Monate lang geborgen und getragen hat, dessen Gemütsveränderungen ich miterlebt habe, der sich über mich und auf mich gefreut hat, der mit mir gesprochen hat. Die Frau ist, mehr noch als der Mann, Trägerin des Lebens. Diese Fähigkeit, diese genetisch vorgegebene Naturkraft der Frau, Intimität und Geborgenheit zu schaffen, ist mehr als eine Funktion. Sie weist auch hin auf das So-Sein der Frau.
Kardinal Meisner drückt es so aus: „Die erste Aufgabe der Frau ist, wenn es ihr gegeben ist, das Muttersein. Aber das gilt in übertrage-

nem Sinn auch unabhängig von der Biologie und zwar für alle. Mutterschaft und Vaterschaft sind geistige Kategorien. Es gibt Kinder, die haben Erzeuger, aber keine Väter und Mütter, und es gibt wiederum Mütter und Väter, die das nicht biologisch sind, sondern im ureigenen Sinn des Wortes. Durch ihr Dasein können andere, jüngere Menschen in das wahre Leben hineinwachsen." Mutter Teresa war so eine Mutter. Es ist bezeichnend, daß sich die Frauen von prominenten Politikern oft Aufgaben widmen, die mit dem Schutz verlassener oder mißbrauchter Kinder, dem Kampf gegen schicksalhafte Krankheiten oder mit internationalen Kinderhilfswerken zu tun haben. Es sind Aufgaben, die Heil und Gesundheit schenken, ein Stück Geborgenheit stiften, die Leben wieder lebenswert machen. Manche mögen es nicht hören, aber das sind mütterliche Aufgaben. Es gibt typische Frauenberufe. In den Grundschulen sind oft mehr als 90 Prozent der Lehrkräfte Frauen, im Kindergarten ebenso. Es gibt Frauenärzte, aber von einer männlichen „Hebamme" hat man selten gehört. Bei der Pflege von Kranken verhält es sich wie in Grundschule und Kindergarten, es sind überwiegend Frauen, die diesen Dienst verrichten, und kaum jemand kommt auf die Idee zu behaupten, diese Arbeitsstellen müßten paritätisch besetzt werden. Auch die Haus- und Familienarbeit bleibt zu weit mehr als 90 Prozent den Frauen vorbehalten, selbst wenn sie zusätzlich noch einem anderen Beruf außer Haus nachgehen.

Erziehung von Kindern, Pflege von Kranken, Gestaltung des Zuhause – warum sind diese Aufgaben von Frauen in der Regel besser zu bewältigen als von Männern? Es gibt eine Fähigkeit der Frau, die dem Mann offensichtlich in geringerem Maß gegeben ist: Für Umstände zu sorgen, die mit der Emotionalität des Menschen zu tun haben. Die Frau und Mutter schafft ein Ambiente der Innerlichkeit, einen Raum für die Liebe. Wäre der Begriff in Deutschland nicht so einseitig belastet, könnte man auch sagen: Sie sorgt für Lebensraum.

Mit der Mutterschaft hat Gott der Frau „in einer besonderen Weise den Menschen anvertraut", formulierte Papst Johannes Paul II. in seinem Apostolischen Schreiben über die Würde der Frau, *Mulieris dignitatem,* bereits im August 1985 und er wird nicht müde zu wiederholen, daß es heute mehr denn je notwendig sei, das Bild der Mutterschaft aufzuwerten. Kein anderer Papst hat so viel und so tief über die Frau geschrieben. Bei einer Generalaudienz am 20. Juli 1994 sagte er: „So sehr man auch die Aufgaben der Frau vervielfachen und erweitern kann, alles in ihr – Physiologie, Psychologie, beinahe natürliche Gewohnheiten, moralisches, religiöses und sogar ästhetisches Empfinden – offenbart und betont ihre Veranlagung, Fähigkeit und Sendung, aus sich ein neues Menschenleben hervorzubringen. Viel mehr als der Mann neigt sie zur Zeugungsaufgabe. Durch die Schwangerschaft und Geburt ist sie mit dem Kind enger verbunden, seiner ganzen Entwicklung näher, für sein Wachstum direkter verantwortlich und hat stärker Anteil an seiner Freude, seinem Schmerz und seiner Gefährdung im Leben." Durch diese Nähe und Innigkeit fällt es der Frau manchmal leichter, manchmal vielleicht aber auch schwerer, wirklich selbstlos zu lieben, etwa im Sinne Dostojewskis, der diese Urkraft so umschrieb: „Einen Menschen lieben heißt, ihn so sehen, wie Gott ihn gemeint hat".

Das ist das Ziel: die Liebe. Der Papst sieht in der Veranlagung der Frau zur Mutterschaft mit Blick auf dieses Ziel Gabe und Aufgabe: „Wenn es auch stimmt, daß die Aufgabe der Mutter auf die Anwesenheit und Verantwortung des Vaters abgestimmt sein soll, ist es doch die Frau, die die bedeutendere Rolle zu Beginn des Lebens eines jeden Menschen spielt. In dieser Rolle wird ein wesentliches Merkmal der menschlichen Person sichtbar, die nicht dazu bestimmt ist, in sich selbst verschlossen zu bleiben, sondern die sich den anderen öffnen und schenken soll". Und deshalb hat Gott der Frau „den Menschen in einer besonderen Weise anvertraut".

Mutter – Berufung und Beruf

Es wundert nicht, daß dieser Papst dem Beruf der Mutter höchste Priorität einräumt. Es ist in gewissem Sinn der Beruf der Liebe, des Lebens pur. Bei einer Ansprache an Väter und Mütter in Irland sagte er schon zu Beginn seines Pontifikats: „Glaubt an eure Berufung, die schöne Berufung zur Ehe und Elternschaft, die Gott euch geschenkt hat. Glaubt, daß Gott bei euch ist ... Meint nicht, daß ihr Bedeutenderes in eurem Leben tun könntet als gute christliche Väter und Mütter zu sein. Mögen die Väter und Mütter, jungen Frauen und Mädchen nicht auf jene hören, die ihnen sagen, es sei

wichtiger in einem weltlichen Beruf zu arbeiten und dort Berufser-
folg zu haben als die Berufung Leben zu schenken und für dieses
Leben als Mutter zu sorgen. Die Zukunft der Kirche, die Zukunft
der Menschheit hängen großenteils von den Eltern und vom Familienleben ab, das sie in ihrem Heim entfalten". Die Familie, so der
Papst weiter, „ist das wahre Maß für die Größe einer Nation, so wie
die Würde des Menschen das wahre Maß der Zivilisation ist."
Junge Eltern brauchen solchen Zuspruch. Der Beruf und das mit ihm
verbundene Prestige sind in den letzten zwei Jahrhunderten zum do-
minierenden Gliederungsprinzip der Gesellschaft geworden und
manche progressiven Geister erklären die „insuläre" Lebensweise
der Kernfamilienmutter zur Dunkelzone, während die außerhäusli-
che Berufsarbeit der Frau gleichgesetzt wird mit ihrer persönlichen
Selbstentfaltung. Was für ein tragischer Irrtum! Soziologen nennen
das dramatische Streben der inzwischen politisch zum Mainstream
avancierten Emanzipationsbewegung nach dem Glück außer Haus
den Nora-Komplex in Anlehnung an Ibsens Drama „Nora oder das
Puppenheim".
Mit diesem Denken wird nicht nur die Natur der Frau und Mutter
negiert, sondern auch ein Selbstzerstörungsprozeß eingeleitet. Am
augenscheinlichsten ist dieser Prozeß am demographischen Wandel
zu beobachten. Es liegt auf der Hand, daß das Geburtendefizit durch
die Abtreibungsmentalität verschärft wird. Völker können aussterben
und tun es auch. Auch die Deutschen können eines Tages aussterben, die Welt kann auch ohne sie auskommen, meinte schon Werner Bergengruen vor über 50 Jahren. Dieser anti-natalistischen Haltung mag als Ursache das allgemeine Ich-Denken und der Individualismus zugrunde liegen, der von Politik und Wirtschaft außerdem
noch hofiert wird. Aber Abtreibung als Lösung zu sehen, wenn auch
aus einem Dilemma, fördert eine persönliche Geisteshaltung, die die
Frau unweigerlich in einen Identitätskonflikt führt. Das Post-Abor-
tion-Syndrom, die anhaltende Depression nach einer Abtreibung, ist
ein Phänomen, über das bezeichnenderweise höchst selten berichtet
wird. Es paßt nicht in die Emanzipationslyrik der Feministen und
Hedonisten. Aber es zeigt, daß die Frau tatsächlich anders ist, als
man uns täglich weiszumachen versucht.
Welch ein tragischer Irrtum! Er drückt sich aus in Sätzen wie:
„Man wird nicht als Frau geboren, man wird zur Frau gemacht" –

so die Lebensgefährtin Sartres, Simone de Beauvoir. Aber selbst der Milieu-Existenzialismus kommt an der Existenz der 24 Chromosomen und der Asymmetrie, besser der Komplementarität der Organe und Funktionen der beiden Geschlechter nicht vorbei. Auch er kann die biologischen Funktionen der Frau bei der Fortpflanzung der Art nicht ignorieren, und deshalb sagt Thierry Maulnier von der Académie Française auch zu Recht: „Der Kampf um die Gleichberechtigung ist legitim, der Kampf um die gleiche Identität hingegen vermessen."

Fülle des geglückten Familienalltags

Der Irrtum wird auch – im Einzelfall – erkannt. Zum Beispiel von einer Leserbrief-Schreiberin, eine jungen Mutter aus Hessen, die, wie sie schreibt, in drei Jahren drei sehr lebhafte Söhne bekommen hat und nach wie vor in ihrer Drei-Zimmer-Wohnung lebt. Sie fragt: Warum zeigt man nur immer, wie sehr die Mütter von ihren Kindern aufgebraucht werden? Ich selbst, so die junge Mutter, ich selbst habe erst nach dem dritten Kind erfahren, welch große und befriedigende Aufgabe es ist, Mutter zu sein. Aber erst als ich diese Aufgabe mit voller Zustimmung übernahm, wurde sie zum großen Erlebnis." Und sie fragt weiter: „Warum sagt man den Frauen nie, wieviel sie auch für die Gesellschaft leisten, wenn sie Kinder aufziehen? Warum zeigt man nicht, daß oft all dies, was sich die anderen leisten können, für diese oft nur eine Flucht vor der Leere des Alltags ist? Warum zeigt man dagegen nie die Fülle eines geglückten und gelungenen Familienalltags?"
Offensichtlich haben die Kinder dieser Frau geholfen, Aufgabe und Lebenssinn in der Mutterrolle zu entdecken. Der Erfahrungsbericht eines Universitätsprofessors und Chefarztes, der wegen einer Auslandsreise seiner Frau vorübergehend Heim und Familie versorgen mußte, legt nahe, daß Kinder auch bei Vätern solche Entdeckungen ans Tageslicht ziehen können. Unser Professor schreibt: „Zunächst stellte ich fest, daß Kochen, Wäschewaschen und Wohnungputzen sich nicht von selbst erledigen. Dann merkte ich, daß der Tag erst beendet war, wenn alle vier Kinder im Bett waren, tatsächlich schliefen und mir keiner mehr die Küche durcheinanderbringen

konnte. Bald war mir auch klar, daß die Freude jedes Tages weniger von der Höhe meines Gehalts abhing als von der Wirksamkeit meiner Frau. Die wichtigste Erkenntnis aber betrifft den Lohn der Hausfrau: Kein Patient dankte mir, wenn ich die Küche putzte, kein Auditorium applaudierte, wenn die Kinder sich endlich und pünktlich auf den Schulweg machten, kein Kollege lobte mich für das Wäschewaschen. Kurzum, der Lohn war meine innere Genugtuung, das Glück meiner Familie war meins. Sich so einzusetzen und nur so wenig äußere Anerkennung zu finden, sich so sehr mit den Erfolgen der anderen Familienmitglieder zu identifizieren und damit zufrieden zu sein, das ist," so der Professor abschließend, „ein Beweis von starker innerer Kraft und Persönlichkeit."

Es gibt wohl kaum einen Beruf, der solch vielfältige Chancen der Selbstverwirklichung bietet. Es ist die Chance, die Persönlichkeit als Frau zu entfalten, etwa durch das Einfühlungsvermögen in die jeweilige Situation des einzelnen „Mitarbeiters", manchmal ein Spagat zwischen zwei Jahrzehnten, wenn man zuerst die „Kleine" und dann einen „Großen" zu versorgen hat. Es ist die Chance, handwerkliche Fertigkeiten zu erlernen beim Streichen, Tapezieren, Reparieren, Gestalten. Es ist die Chance, ja der Zwang zur medizinischen Schnelldiagnose, leicht bei Platzwunden, schwieriger bei Fieberanfällen. Wo sonst kann man zur gleichen Zeit medizinische, handwerkliche, psychologische, organisatorische, innenarchitektonische und soziale Fähigkeiten lernen und ständig erweitern als in einer Familie mit Kindern? Gelegentlich gibt es auch ein Feedback. Annabelle, gerade zwei Monate an ihrer ersten Arbeitsstelle tätig, wo sie viel mit Jugendpsychologie zu tun hat, ruft an, um zu sagen, wie vertraut ihr die Erklärungen der Psychologen vorkommen. Als hätte sie Ähnliches schon öfter gehört, nur anders, lebensnaher, brauchbarer. Und daß sie insgeheim doch stolz sei auf ihre Mama. Kinder müssen das nicht sagen. Wichtiger war mir diese Erkenntnis: „Mama ist für einen Rat immer gut". Auch wenn die Kinder aus dem Haus sind. Und umgekehrt kann ich ja auch mal Rat bei den „Großen" einholen. Dagegen spricht eigentlich nur der „billige" Einwand mit der Telefonrechnung ...

Gleichwertig, nicht gleichartig

Vielleicht sollten die Hausfrauen öfter mal verreisen. Sicher ist: Die Erfüllung liegt in der Fähigkeit, ja zu sagen zu einer Dienstfunktion und darin Sinn und Sendung zu sehen. Ja zu sagen, zu seinem So-Sein, zu seiner Identität als Frau und die damit verbundenen Umstände voll anzunehmen, um sie zu meistern. Das Nachlaufen hinter einer anderen Identität führt früher oder später zum Scheitern. Die Würde der Frau besteht nämlich nicht in dieser oder jener Funktion, sondern in ihrem Sein. In seinem Apostolischen Schreiben *Mulieris Dignitatem* formuliert der Papst es so: „Gott schuf den Menschen als Mann und Frau. Beide sind Menschen, beide sind von gleicher Würde und gleichem Wert, aber sie sind je anders. Sie sind jeweils ein anderes Ich im gemeinsamen Menschsein". Es sei falsch, im Namen der Gleichheit die Vermännlichung der Frauen anzustreben oder zu wünschen. Frauen sollten nicht schwächere Männer werden, sondern Frauen bleiben. Falsch sei auch der Kampf der Geschlechter. Mann und Frau gehörten zusammen. Die in der Genesis gemeinte „Hilfe" für den Mann beziehe sich nicht auf Hausarbeit – schließe das allerdings auch nicht aus –, sondern sei Hilfe gegen die Einsamkeit, und zwar gegenseitige Hilfe. Mann und Frau sind Hilfe füreinander, weil und sofern sie da sind. Sie sind eben gleichwertig, nicht gleichartig.
Die Dichtung aller Völker hat diese sich ergänzende Ur-Dualität des Menschen schon immer besungen. Der deutsche Dichterfürst Goethe etwa sagte: „Ein edler Mann wird durch ein gutes Wort der Frauen weit geführt". Und natürlich sind die Sprüche jener Legion, die gerade diese Dualität in einem Macho-Sinne lächerlich machen wollen. Bei ihren Urhebern handelt es sich meist um, wie man umgangssprachlich sagen würde, zwar berühmte, aber verkrachte Existenzen. Zum Beispiel Charles Baudelaire, Drogenkonsument, Außenseiter und genialer Virtuose der französischen Sprache. Er meinte: „Die Männer, die mit Frauen am besten auskommen, sind meist diejenigen, die auch wissen, wie man ohne sie auskommt". Das sind Platitüden, wie man sie meistens zu Karneval in Büttenreden hört und die in der Regel um das Thema Sexualität kreisen. Und die diese Dualität nicht in ihrem positiven, also einander ergänzendem Sinn sehen, sondern in einem negativen Sinn, der die Frau

oder den Mann instrumentalisiert bzw. das Verhältnis nur als Macht- und Herrschaftsverhältnis definiert.

Tut das nicht auch die Bibel, könnte man fragen. Die Unterordnung der Frau, oder das „Haupt"-Sein des Mannes, immerhin Begriffe, die der Völkerapostel Paulus benutzt, sind, wie Andreas Laun richtig sagt, „nicht als biblisch legitimierte Haustyrannei oder Macho- und Männerherrschaft auszulegen", sondern, nach einem weiteren Wort von Paulus, zu verstehen als eine Unterordnung „im Herrn" (Kolosserbrief 3,18), „in der gemeinsamen Ehrfurcht vor Christus" und, wie er im Epheserbrief sagt, „einer ordne sich dem anderen unter". Es handelt sich also um eine gegenseitige Unterordnung. Oder eben auch um eine Ergänzung. Auf neudeutsch: Es handelt sich um eine Partnerschaft, in der jeder seinen Job tut.

Dies entspricht auch der radikalen Gleichheit der Christen und der „Ur-Dualität", aus der die Männlichkeit und die Weiblichkeit der einzelnen Individuen hervorgehen. Gleichwertig, nicht gleichartig, heißt auch hier die Lebensformel. Nicht das was wir tun macht die Würde aus, sondern ob das, was wir tun, auch unserem Wesen entspricht. Der Papst ist da unmißverständlich. „Die Rollen von Männern und Frauen haben nicht nur funktionale Bedeutung, sondern sind vielmehr in der christlichen Anthropologie und Sakramentenlehre verwurzelt. Die Unterscheidung der Rollen fördert in keiner Weise die Überlegenheit einiger über andere. Die einzig höhere Gnadengabe, nach der wir uns sehnen können und müssen, ist die Liebe."

Worin besteht nun dieses Anderssein der Frau? Jutta Burggraf führt aus: „Mann und Frau unterscheiden sich natürlich nicht nach dem Rang ihrer intellektuellen oder moralischen Qualitäten, wohl aber in einer weitaus grundsätzlicheren, mehr ontologischen Hinsicht: nämlich in der Möglichkeit, Vater oder Mutter zu sein, und in den sich daraus ergebenden spezifischen Fähigkeiten". In seelisch geistiger Hinsicht sind wohl alle Frauen berufen, auf irgendeine Weise Mutter zu sein, nicht nur biologisch. Und was heißt das anderes, fragt Jutta Burggraf, „als die Anonymität zu durchbrechen, den Mitmenschen ein offenes Ohr zu schenken, ihre Anliegen mitzutragen – und sie für die Gnade Gottes empfänglich zu machen?" Die Frau habe eine besondere Liebesfähigkeit, eine besondere Begabung, in der Masse den einzelnen zu erblicken und zu fördern und das konkrete Leben zur Entfaltung zu bringen.

Was Liebe ist und bringt

Es ist diese besondere Fähigkeit der personalen Begegnung, der liebevollen Antwort auf den Anruf Gottes in uns. Schließlich ist Liebe letztlich ein Geschenk, widerfahrene Gnade, erinnert Joseph Kardinal Ratzinger. „Man entschließt sich nicht einfach zu ihr. Sie hat den Charakter der Antwort und ist daher zuerst dem verdankt, das von der anderen Person her auf mich zukommt, in mich eindringt und mich öffnet, Du zu sagen und so wahrhaft Ich zu werden. Sie ist mir eigentlich vom anderen geschenkt und doch bin ich daran tiefer und umfassender beteiligt als an irgendeinem Werk, das aus meinem eigenen Entschluß hervorgeht." Noch einmal Johannes Paul II.: „Wer großmütig ist, weiß ganz selbstlos Liebe, Verständnis, materielle Hilfe zu geben. Er gibt und vergißt, was er gegeben hat, und darin liegt sein ganzer Reichtum. Er hat entdeckt, daß Geben seliger ist als Nehmen, hat entdeckt, daß Lieben wesentlich bedeutet, sich für andere hinzugeben. Denn weit davon entfernt, eine gefühlsmäßige Neigung zu sein, ist Liebe vielmehr eine bewußte Willensentscheidung, auf andere zuzugehen. Um wahrhaft lieben zu können, muß man von allem anderen, besonders aber von sich selbst absehen und großzügig geben können. Dieser Verzicht auf persönlichen Besitz macht uns ausgeglichen, und das ist das Geheimnis innerer Zufriedenheit."

Diese Liebe muß sich konkret materialisieren, auch im Haushalt. Noch heute werde ich auf eine Fernsehsendung über unsere Familie – Tendenz: Chaos mal zehn – angesprochen, in der die älteste Tochter beim Thema Organisation des Haushalts mit der provokanten These konfrontiert wird, die Verteilung der Aufgaben sei nur eine Art Lohndumping, die Kinder billige Arbeitskräfte. Ihre Antwort: „Wir werden mit Liebe bezahlt". Liebe ist nicht meßbar, ich weiß nie, ob es genug ist. Aber die Kinder wissen es oft besser. Einmal sagte ich zu Arnaud, es tue mir leid, daß ich im Moment in Gedanken so viel bei einem der Geschwister bin, das gerade so viele Probleme hat, daß ich mich deshalb nur wenig um ihn kümmern könne. Er brummte eine Antwort, die nicht tröstlicher hätte sein können: „Macht nichts. Es beruhigt mich, daß du so handelst. Das gibt mir die Gewißheit, daß, wenn es mir mal schlecht gehen sollte, ihr auch um mich kämpfen würdet." Liebe ist in der Tat ein wundersames Elixier, ein Allheilmittel, eine Ware ohne Preis, ein Glückstaler, der sich vermehrt, wenn man ihn ausgibt.

Noch einmal: Es geht um die Wiederentdeckung eines wohlverstandenen Feminismus. Das ist dringlich, heute mehr noch als gestern, weil die Grenzen zwischen Würde und Funktion im Bewußtsein moderner Massenmenschen verschwimmen. Die Würde ist grundsätzlich gleich und dennoch spezifisch, ihr entspricht auch eine bestimmte Funktion. Die Würde der Frau gewinnt Gestalt in der Weitergabe des Lebens, zunächst auf biologische Weise und dann aber auch durch die Erziehung oder Schaffung des Humanvermögens auf geistige Weise, der nicht unbedingt die biologische vorausgehen muß. Kurz: Die Würde der Frau wurzelt in ihrem Mutter-Sein.

Mangelware im Wohlfahrtsstaat

Die hl. Edith Stein sagte einmal bei einer Diskussion im Jahre 1930: „Als die weibliche Seelengestalt herausgestellt habe ich die Mütterlichkeit. Sie ist nicht an die leibliche Mutterschaft gebunden. Wir dürfen nicht von dieser Mütterlichkeit loskommen, wo immer wir stehen. Die Krankheit der Zeit ist darauf zurückzuführen, daß nicht mehr Mütterlichkeit da ist." Ein wesentliches Element dieses Mutterseins besteht im Dienen. Dienen, das hört sich antiquiert an, ist aber zeitlos, mithin auch modern. Synonyme könnten sein: selbstlos handeln, lieben, für andere da sein. Wir stehen mit diesem Gedanken unvermittelt in einem Kernproblem unserer Wohlstandsgesellschaft. Der Wille zum Dienen, das ist Mangelware im heutigen Wohlfahrtsstaat. Dienen ist ein Schlüsselwort der Zukunft. Dabei geht es freilich nicht um Servilität oder Fron. Es geht um ein Dienen als Akt und Haltung aus der Entscheidungsmitte des Menschen. Dienen aus Liebe – der eigenverantwortliche, persönliche Einsatz zum Wohl der anderen, sei es zum materiellen, geistigen oder geistlichen Wohl, dieser Einsatz macht jede Handlung zur Premiere, verleiht jedem Moment eine Perspektive über den Tag hinaus. Und es verleiht der dienenden Person eine innere Souveränität, die Persönlichkeit dessen, der sich für diese Dienstleistung am Menschen entschieden hat. Das tut die Mutter par excellence. Aber das muß nicht nur in der Familie sein. Es ist, wie der Papst in seinem Brief an die Frauen ausführt, auch wünschenswert, daß die Frau ihre Eigenschaften in die Gesellschaft einbringt.

Wo lernt der Mensch solches Dienen? Die erste und wichtigste Schule zwischenmenschlicher Beziehungen, mithin der Liebe und des Dienens, ist die Familie. Das Dienenlernen und Dienenlehren verleiht der Familie ursprünglichen und prioritären Charakter. Wer diese natürliche Aufgabe und den Status der Familie verkennt, für den ist Familie freilich nur eine Organisationsform der Gesellschaft, veränderbar und den Zeitläufen und Trends unterworfen. Der sieht auch nicht das Normale des Alltags, die unbekannten und zahllosen Einzelschicksale, die Menschenmassen in den Häusern, Hütten, Hallen, Wolkenkratzern und Fabriken. Diesen Massenmenschen ein Zuhause, jedem ein Gesicht und einen Namen zu geben, ihrer Einzigartigkeit als Person Gestalt und Leben zu geben, das geschieht zuerst durch die Frau und Mutter.

Übrigens, auch bei der Familie Liminski geht es nicht um eine definitive Alternative zwischen zu Hause oder draußen, zwischen Erwerbsberuf außer Haus und Familienarbeit im Haus. Es geht bei der Entscheidung für das Zuhause mit Kindern um einen bestimmten Lebensabschnitt, nämlich die Jahre, in denen die Kleinkinder, manchmal auch die größeren, den natürlichen Kommunikationspartner für ihre Herzensangelegenheiten brauchen. Freilich ist Familie ein Unternehmen, das weiterlebt und expandiert. Die Größenordnungen ändern sich. Die Erfahrung bleibt. Diesen Schatz auch weiterhin zu nutzen, in anderen Umständen, in einem anderen Rahmen, neben anderen Aktivitäten, das gehört auch zur Wirklichkeit. Wenn die Hausfrauen nicht so bescheiden wären, würden sie sagen: zur Bereicherung der eigenen Wirklichkeit.

Die Rückkehr
des verlorenen Vaters

Von der Autorität des „Alten"

Von Jürgen Liminski

Du bist nicht ihr Herr, sondern ihr Mann; sie ist dir nicht zur Sklavin gegeben, sondern zur Gattin ... erwidere ihre Aufmerksamkeiten für dich und sei ihr dankbar für ihre Liebe.

Hl. Ambrosius, Kirchenlehrer

„Schon immer hat sich die Funktion des Vaters von der der Mutter stark unterschieden", schreibt Christa Meves in „Erpressen lernen". Der ursprüngliche Titel des Buches ist unter den dicken schwarzen Filzstrichen nicht mehr erkennbar, aus der Erinnerung weiß der Vater noch, daß es „Erziehen lernen" hieß, und daß einer der heranwachsenden Söhne die Erziehungsmethoden irgendwie anders beurteilte.

„Wenn du nicht ..., dann ..." oder: „Erst wenn du ..., dann ..." Ist erpressen eine Form der Erziehung, vielleicht sogar von Autorität? Womöglich sogar der Autorität des Familienoberhaupts? Ratlosigkeit. Wie immer in solchen Situationen schreitet der Vater zur ersten Maßnahme der Konsensfindung: Die Erforschung der geheimen Meinung. Eine kurze Feldumfrage unter den Jugendlichen im Hause Liminski zu diesem Thema mit einer Abstufung zwischen „pädagogisches Fingerspitzengefühl" bis hinunter zu „Pascha-Allüren" ergibt erstaunliche Werte und Antworten.

Annabelle, damals mit 20 Jahren Majordomina von zehn Geschwistern, stößt sich am Wort „Oberhaupt", nicht am Begriff Autorität. Diese sei notwendig, „schließlich hat der Alte eine Verantwortung für uns und uns gegenüber", Oberhaupt sei er aber „nur zusammen mit der Mama, denn die Verantwortung tragen beide zusammen" (seit wir den Film „Das Boot" gesehen haben, ist die Bezeichnung „der Alte" wohnzimmerfähig, in den Kinderzimmern war sie schon lange üblich). Thomas, damals 18 Jahre und der älteste von sieben Jungen, meint: „Väterliche Autorität – wir müssen schon Respekt haben, das gehört auch zur Freundschaft. Das darf aber nicht übertrieben werden. Ich würde sagen, wir dürfen keine Angst haben". Wie sich das denn konkret äußere, will der „Alte" wissen. Thomas: „Man muß immer alles fragen dürfen".

Der „Alte" war damit zufrieden. Diese Definitionselemente hielt er nicht nur für zutreffend, sie waren auch konsensfähig. Zum einen erwarten die Kinder offensichtlich vom Vater, daß er nach innen und nach außen seine Autorität und die damit verbundene Macht gebraucht und zwar im Sinne Pascals: „Das Eigentliche jeder Macht ist, daß sie schützt". Hier ist das Proprium, das Wesentliche, die Urfunktion des Vaters. Er ist Garant des familiären Konsenses. Vieles kann er mit der Mutter oder mit den Kindern oder mit allen gemeinsam tun. Die Rückversicherung für das Miteinander-Auskommen, der Schutz für die Intimität der Familie, der Mantel über Verfehlungen, der die Blößen der Person bedeckt – all das geht über die Zeugungstat hinaus, die er ja auch nicht allein vollbringen kann. Der Vater ist der Garant des konsensualen Lebens in der Familie, der Wächter der Solidarität.

Der Gedanke – nicht vom Autor erdacht, sondern bewußt geworden bei einem Vortrag auf einem Familienkongreß im Herbst 2000 in Rom – verdient eine kleine Vertiefung. Das Ja-Wort von Braut und Bräutigam bedeutet die Bejahung der gemeinsamen Zukunft. In der partnerschaftlichen Ehe, die als dominierendes Modell des Zusammenlebens in der westlichen Gesellschaftsform das patriarchalische Modell im Lauf der ersten Hälfte des vergangenen Jahrhunderts abgelöst hat, wird dieses Ja zur Lebensmethode. Ja zum Du, zum Alltag mit Dir. In diesem Alltag muß das Ja mit dem des Partners abgestimmt werden. Der gemeinsam gefundene Wille, das gemeinsame Denken und Fühlen, der Konsens, wird umgesetzt in Handlungen.

Magisches Wort Solertia – Zuhören-Können

Konsens setzt Kommunikation voraus. Deshalb ist es so wichtig, daß man miteinander redet, sich achtet, die Meinung des Partners hört und versteht. Apropos: Immer wieder erntet der pater familias ungläubig-staunende Blicke, wenn er während einer der gewohnt lebendigen bis heftigen Diskussionen am Mittagstisch einwirft, daß die solertia, die Tugend des Zuhören-Könnens, zur Kardinaltugend der Klugheit gehört. Das Wort hat magische Kräfte: Es konzentriert, ist wie ein erhobener Zeigefinger. Dabei ist der Sachverhalt eigentlich selbstverständlich: Wer nicht zuhört, manchmal sogar die Zwischentöne heraushört, der kann nicht nur die rationalen und emotionalen Tatbestände eines Argumentes nicht wirklich wahrnehmen, er wird auch zum „verbretterten" Oberlehrer, mit dem es sich nicht lohnt zu diskutieren. Kaum etwas kann im Bemühen um Erziehung schlimmer sein als dieser Vorwurf: Der hört gar nicht zu, meine Befindlichkeit interessiert ihn nicht, mit dem ist ein Gedankenaustausch gar nicht möglich. Denn das würgt die Beziehung ab und kann sie sogar ersticken. Das Hinhören ist wie die Aufnahme des Sauerstoffs. Erst Luftholen, dann reden.

Der zugängliche Vater, meint der amerikanische Schriftsteller Norman H. Wright, „hört nicht nur mit seinen Ohren, sondern auch mit seinen Augen und seinem Herzen. Er praktiziert den Spruch der Weisheit 18,13: ‚Wer antwortet, ehe er hört, dem ist's eine Torheit und Schande'." Ein anderer Amerikaner, Gordon MacDonald, fügt dem Zuhören-Können noch eine weitere Tugend oder Fähigkeit hinzu. In seinem Buch „The effective Father" nennt er es „flexible response", flexible Antwort oder Flexibilität zur sofortigen Bereitschaft. Man solle die Kinder nicht unnötig auf die Folter spannen oder in der Warteschleife hängen lassen. Ein Beispiel aus seiner eigenen Erfahrung: „Es war mitten in der Nacht, als Kris mich rief. Ich hörte ihr ‚Papa' sofort, sprang aus meinem Bett und lief in ihr Zimmer. Sie war ganz aufgewühlt. Sie hatte einen schlechten Traum gehabt und hatte Schwierigkeiten, herauszufinden, was Wirklichkeit war und was zum Traum gehörte. Warum hatte sie ihren Vater gerufen? Weil ihr Instinkt ihr irgendwie sagte, daß Väter ein bedrohtes Gleichgewicht wiederherstellen können, daß sie schwierige Lagen ins Lot bringen, verdrehte Situationen wieder zurechtbiegen können."

„Nur zusammen mit der Mama"

Der Vater als Garant des Konsenses und Wächter der Solidarität hat eine spezifische Aufgabe zu erfüllen. Er sollte Gespräche nicht nur in der Lautstärke „einpegeln", also darauf achten, daß sie nicht übersteuert werden. Er sollte auch, um im Bild zu bleiben, dafür sorgen, daß die Aufnahme in stereo erfolgt. Wenn der Ton immer nur aus einer Ecke kommt, dann wird es mono. Spätestens in der Präpubertät, also bei Jungs ab zwölf, bei Mädchen etwas früher, erregt das Mißtöne auf dem Seelenklavier oder gleich eine Blockade. In beiden Fällen kommt der Austausch von Gedanken und Gefühlen aus dem Rhythmus. Man tritt sich auf die Füße und versteht sich nicht mehr.

Der permanente Austausch im Beziehungsprozeß, lehrt Pedro Juan Viladrich, Direktor des Familienforschungsinstituts der Universität von Navarra, muß beschützt und freigehalten werden von den Einflüssen der Außenwelt. Er muß garantiert werden. Das ist vor allem die Aufgabe des Ehemannes und Vaters. Deshalb galt und gilt er noch weithin als „Familienoberhaupt". Viladrich: „Oberhaupt bedeutet keineswegs eine Art von Herrschaft des männlichen Elementes aufgrund einer körperlichen Überlegenheit. Es bedeutet, daß es jemanden geben muß, der die gegenseitige Achtung, die gleichberechtigte und wahre Teilnahme am Meinungsaustausch zwischen Mann und Frau und in der Familie als Dienst an der gemeinsamen Lebensgestaltung wahrnimmt, deckt und rückversichert. Diese Aufgabe kommt in erster Linie dem Mann und Vater zu. Er trägt hier besondere Verantwortung für die Eintracht in der Familie, für den Schutz der liebevollen Atmosphäre. Das heißt es, ein Mann zu sein." Oberhaupt als Dienstfunktion.

Als Annabelle sich am Begriff Oberhaupt stieß und ihn nur in funktionalem Zusammenhang mit der Autorität und vor allem der gemeinsamen Verantwortung der Eltern gelten lassen wollte („Oberhaupt nur zusammen mit der Mama"), hat sie unbewußt und instinktiv genau diese Aufgabe erahnt: Garant zu sein für den Konsens und für die Solidarität, die diese gemeinsame Verantwortung ermöglichen.

«Je suis Robespierre»

Der Vater sorgt mit seiner Präsenz allein schon für ein Ambiente der Sicherheit, eines der wichtigsten Bedürfnisse des Menschen. Wenn der „Alte" mal unterwegs ist, dann herrscht Unruhe im Boot. Die einen wollen ganz genau wissen und auf der Landkarte gezeigt bekommen, wo der Papa gerade ist. Die anderen kriechen nachts neben Mama in das leere Bett, das gegen Morgen mit vier oder fünf schlafenden Passagieren bisweilen schon erhebliche Schlagseite bekam. Und wenn tagsüber der Geräuschpegel ins Schmerzhafte steigt, dann kann es schon genügen, daß sich der Türrahmen füllt. Irgendwie garantiert die natürliche Autorität auch angenehme Seiten.

Heute wird weniger geschrieen als früher. Man reibt sich anders an der väterlichen Autorität. Damit beim Oberhaupt die Macht nicht in Terror ausartet, hat Sohn David dem Vater eine Botschaft ins Handy programmiert. Jedesmal, wenn das Gerät eingeschaltet wird, erscheint vor der Funktionsfähigkeit statt des eigenen Namens der Satz: «Je suis Robespierre». Brutal wurde die Ahnungslosigkeit der technisch weitgehend unbeholfenen Autoritätsperson ausgenutzt. Die rächt sich, indem sie gelegentlich Daten aus dem Leben des Terror-Revolutionärs erfragt. Wie immer, Autorität ist ein gutes Thema für jedes Gespräch. Bis jetzt hat der Vater immer Punkte gemacht, wenn er dafür offen war.

Hinter der Anerkennung der Autorität steht nicht selten ein unbegrenztes Vertrauen. Das macht den „Job" manchmal etwas heikel. Denn die nahezu universale Antwortkompetenz wird dem „Alten" nicht nur aufgrund der natürlichen Autorität zugeordnet, sondern, schwieriger noch, auch abverlangt. Er ist die Person, die die Welt auf das handliche Maß der Familie reduziert, die weiß, wie und warum die Menschen auf den Mond fahren, warum der Tidenhub im Norden der Bretagne der größte der Welt ist, wohin die Erde sich dreht, und die sogar weiß, warum man trotzdem in die Schule muß, obwohl man auch zu Hause alles lernen könnte. Das in den Vater (vielleicht mehr noch in die Mutter) gesetzte Vertrauen ist riesig, die Verantwortung auch. Tugenden wie Treue, Stärke, Gerechtigkeit, Gehorsam, Tapferkeit, Mut und Freude – um nur ein paar zu nennen, die freilich nicht exklusiv väterlich sind – können so schon eingeprägt sein, noch bevor das Kind sich bewußt um sie bemüht.

Hatte Schiller es besser?

Heikel wird es dann, wenn Konkurrenz auftritt. Das kann ein Lehrer sein, der etwas besser weiß (kommt ziemlich häufig vor). Das kann der Freund sein, der Besitzansprüche auf eine Hand der Tochter und – unausgesprochen – natürlich auch auf alles andere anmeldet, obwohl man über die Beziehung nicht glücklich ist. Das kann ein Studium sein, zu dem man immer geraten hat, das aber plötzlich auch Geld kostet. Das kann der Führerschein sein, den man versprochen hat, falls bis zum 18. Lebensjahr nicht geraucht wird, und plötzlich ist der Geburtstag da und das Anmeldeformular mit den entsprechenden Gebührenforderungen auf dem Tisch. Das Vertrauen in die Glaubwürdigkeit der väterlichen Autorität grenzt manchmal schon an Überforderung. Es zählt das gesprochene Wort im Kreis der Familie. Ausflüchte von wegen Beruf und Arbeit zählen nicht. Da droht Gesichtsverlust und, schlimmer noch, das Platzen pädagogischer Weisheiten und Ratschläge.

Das war früher wohl einfacher. Schiller konnte noch unwidersprochen schreiben:

Der Mann muß hinaus, ins feindliche Leben,
muß wirken und streben,
und pflanzen und schaffen,
erlisten, erraffen,
muß wetten und wagen, das Glück zu erjagen.

Und er hat in seiner „Glocke" auch den Lohn dieser Tätigkeit beschrieben:

Da strömet herbei die unendliche Gabe,
es füllt sich der Speicher mit köstlicher Habe,
die Räume wachsen, es dehnt sich das Haus.

Man merkt: Schiller kannte die familiäre Demokratie und vor allem das moderne Finanzamt nicht. Bei den heutigen Familien füllt sich kein Speicher, dehnt sich kein Haus, der Strom der unendlichen Gabe wird direkt umgeleitet in die Staatskassen, aus denen den Familien nur ein kleiner Bruchteil als Lastenausgleich zurückgegeben wird, zu wenig, um, wie das Bundesverfassungsgericht schon häufig festgestellt hat, das Attribut „gerecht" zu verdienen. Wer Kinder hat in dieser Republik, ist materiell arm dran. Deshalb müssen oft Vater und Mutter beide außerhalb des Hauses arbeiten. Die Zeiten sind vorbei, als der Dichter weiter schwärmte:

Und drinnen waltet die züchtige Hausfrau,
die Mutter der Kinder
und herrschet weise
im häuslichen Kreise,
und lehret die Mädchen
und wehret den Knaben,
und reget ohn Ende
die fleißigen Hände
und mehrt den Gewinn
mit ordnendem Sinn
… und füget zum Guten den Glanz und den Schimmer
und ruhet nimmer.

Flucht aus der Vaterrolle

Kaum eine Familie kann es sich heute leisten, im häuslichen Kreise Mädchen und Knaben, also mindestens vier Kinder zu erziehen und das mit einem Gehalt zu finanzieren (s. S. 122–133, Groschen des Staats und Groschen des Glücks). Aber unabhängig von den Finanzen kommt in diesen Versen auch ein Rollenverständnis zum Ausdruck, über das hier nicht zu richten oder zu urteilen ist. Es entspricht Schillers Zeit, die noch vorwiegend bäuerlich, feudalistisch geprägt war. Sie war ganz anders als heute. Die Arbeitsteilung hat in den letzten Jahrhunderten eine negative Wirkung auf die Familie ausgeübt. Der Prozeß der gesellschaftlichen Atomisierung, der mit der Industrialisierung begann und den Arbeitsplatz und vielfach auch den Arbeitsort von der Familie entfernte, ja entfremdete, hat vor allem die Vaterrolle in ihrer Jagd- und Beschaffungsfunktion gestärkt aber in ihrer Erziehungsfunktion geschwächt. Letztere aber ist im wahrsten Sinn des Wortes prägend.

Alexander Mitscherlich hat die Spannung zwischen Erziehungs- und Beschaffungsfunktion psychologisch untersucht. In seinem bekannten Buch „Auf dem Weg zur vaterlosen Gesellschaft" spricht er von der „Entleerung der Autorität". Die „Arbeitsfragmentierung" und der damit zusammenhängende „Übergang vom selbständigen Produzenten in den Stand des Arbeiters und Angestellten, der Lohn empfängt und Konsumgüter verbraucht, hat unaufhörlich zur Entleerung der auctoritas und zur Verringerung der innerfamiliären wie überfamiliären potestas des Vaters beigetragen". Der klassenlose Massenmensch habe den Vater sowohl als Vorbild wie als Quelle der Autorität verworfen. Es fehle „die verbindliche, anschauliche väterliche Unterweisung im tätigen Leben", die „verläßliche Tradition" entfalle, weshalb man sich mehr am Verhalten der Altersgenossen orientiere. „Die peer group wird zur Richtschnur des Verhaltens". Das habe gravierende Folgen für den Strukturaufbau der Gesellschaft.

Mitscherlichs Beobachtungen sind fast 40 Jahre alt und in der Zwischenzeit vielfach bestätigt worden. Aber es gibt Hoffnung. Der amerikanische Soziologe Dodson sieht die Beschaffungsfunktion wegen der noch weiter fortgeschrittenen Arbeitsteilung heute über den Zenit gekommen und auf einem absteigenden Ast. „Vor 25 Jahren noch" (zur Zeit Mitscherlichs), schreibt er, „bereiteten die Väter ihre Söhne auf ein Leben als Erwachsene vor, das dem ihren sehr ähnlich war. Unsere Kultur aber ändert sich mit solch einer Geschwindigkeit, daß dies nicht mehr möglich ist. Was bleibt ist die Beziehung – oder ihr Fehlen. Telearbeit, Teilzeitarbeit, mehr Flexibilität in der Arbeitswelt könnten die familiären Beziehungen wieder stärker ins Bewußtsein rücken. Wenn die Väter nur wollten und ihre Bedeutung erkennen würden!

Väter braucht das Land

Und dennoch: In den an Zahl rasch wachsenden Büchern über Familie, Erziehung und ihre Defizite fehlt selten oder nie das Kapitel über die neue Begeisterung der Väter – und ihre Abwesenheit. Das Autorenehepaar Petra Gerster und Christian Nürnberger „Der Erziehungsnotstand" sehen das Problem aus dem Gesichtswinkel der Kinder. „Kindern sind pflichtvergessene, abwesende, treulose Väter immer noch lieber als gar kein Vater. Der Vater mag ein Taugenichts, ein Hallodri, ein unnahbarer Kühlschrank sein – egal, die Kinder lieben ihn. Sie wollen, daß es ihn gibt, und sei es auch nur, um anderen Kindern zu erzählen, daß sie einen Vater haben. Und aus den

Untersuchungen mit geschändeten oder geprügelten Kindern weiß man, daß oft sogar diese, trotz allem, ihre Väter nicht verlieren wollen: Selbst der böse Vater soll nicht ins Gefängnis". Sie zitieren als Beleg amerikanische Studien, die zu dem knappen Befund kommen: „Fast zwei Drittel aller Vergewaltiger, drei Viertel der jugendlichen Mörder und ein ähnlich hoher Prozentsatz junger Gefängnisinsassen sind ohne Vater groß geworden". Ihnen fehlte eine Identifikationsperson, ein Teil des Beziehungsdreiecks vom Kind zu den Eltern, das für die Ich-Findung notwendig ist.

Der Psychologe Horst Schetelig beschreibt das gleichwertige Beziehungsdreieck, die so genannte „Triangulation" in einem Kapitel seines Büchleins „Entscheidend sind die ersten Lebensjahre" so: „Der Vater verkörpert ein anderes Leitbild als die Mutter. Das allmähliche Kennenlernen und Aufwachsen zwischen den beiden Polen des väterlichen und mütterlichen Prinzips bereitet bereits in den ersten Lebensjahren auf die spätere Identität vor. Die Verschiedenheit und nicht die Gleichheit von Vater und Mutter erleichtert die Ich-Findung und Identifikation mit dem eigenen Geschlecht. Die Tatsache, daß Vater und Mutter geschlechtlich unterschiedliche Wesen sind, hat für die Erziehung der Kindere insofern eine Bedeutung, als sie Vorbild und Identifikation ermöglichen. Denn sowohl der kleine Sohn als auch die kleine Tochter identifizieren sich bereits im Kleinkindalter mit dem gleichgeschlechtlichen Elternteil. Darüber hinaus erhält der gegengeschlechtliche Elternteil Vorbildfunktion für die spätere Partnerwahl".

Väter braucht das Land und zwar solche, die ihre Aufgabe ernst nehmen. Die Präsenz des Vaters ist heute umso wichtiger, als die Medien, insbesondere das Fernsehen, die Identifikations- und Vorbildfunktion erheblich erschweren. Fast immer sieht man die Männer als monströs kämpfende Helden oder als Versager, als Liebhaber oder als Verbrecher, höchst selten aber als liebende Väter, schon gar nicht als solche, die Windeln wechseln oder beim Hausputz helfen. Hinzu kommt, daß auch im Kindergarten und in der Grundschule es keine oder kaum Erzieher gibt. In den ersten zehn Jahren haben die Kinder es fast ausschließlich mit Frauen zu tun, als Mutter, Erzieherin, Lehrerin. Da sollten die Väter wenigstens in der Familie präsent sein. Noch einmal Schetelig: „Nicht dasselbe tun wie die Mütter heißt Vater sein, sondern als männliches Vorbild in gütiger Liebe die geisti-

ge und reale Orientierung der Familie zu schaffen und zu erhalten
… Nicht der unbarmherzige, nach Fehlern suchende Inquisitor erzeugt Achtung und Liebe, sondern der verständnisvolle und seiner
Verantwortung bewußte Vater, der sich dennoch nicht um den Finger wickeln lässt. Sowohl die geopferte und gemeinsam mit den Kindern verbrachte Zeit ist entscheidend als auch die nicht nachlässige
Führung der Familie ohne Machtanmaßung".

Kräftemessen – solange es noch geht

Zur väterlichen Präsenz gehört gelegentlich auch das Kräftemessen
mit den Jungs – solange es noch geht. Also solange man beim Fuß-
ball schneller laufen und besser rempeln kann. Das pädagogische Ge-
winnenlassen war nie unsere Spezialität. Dafür können wir heute
auch alle besser verlieren. Und besser kämpfen. Nicht nur beim Fuß-
ball oder beim Monopoly und anderen Gesellschaftsübungen. Auch
das ausgelassene Balgen gehört dazu. Wenn es der Mutter mal zuviel
wird und sie über den größten Kindskopp klagt, muß der „Alte" eine
pädagogische Begründung parat halten. Zum Beispiel diese: „Ein ausschließlich von der Mutter erzogenes Kind," schreibt die Psychologin
Ursula Lehr, immerhin auch mal Familienministerin in Bonn, „kann
Entwicklungsstörungen erleiden. Es wird eher scheu und zurückge-
zogen sein, wenn es mit anderen Kindern oder Erwachsenen zu-
sammenkommt. Amerikanische Studien zeigen: Mütter sind in ihrem
Erziehungsverhalten meist darauf bedacht, Risiken zu vermeiden,
das Kind abzusichern, was oft zu Scheu und Ängstlichkeit führt.
Väter hingegen sind erfindungsreicher im Spiel und nicht so sehr auf
Sicherheit bedacht. Sie fordern das Kind eher zur Risikobereitschaft
heraus, sie trauen ihm mehr zu. Das Kind bekommt das Gefühl: Ich
kann schon! Für die spätere Entwicklung seiner Persönlichkeit ist das
sehr bedeutsam. Auch für den Vater selbst ist eine frühe Beziehung
zu dem Kind gut. Das Kleinkind ist für ihn kein Fremdkörper mehr.
Er nimmt Anteil an seiner Entwicklung, er versteht sein Kind besser.
Auch auf die Beziehung zu seiner Frau wirkt sich seine aktive An-
teilnahme an der Entwicklung des Kindes positiv aus."
Das Zitat ist zu lang, um nur eine Ausrede zu sein. Damit ist der
„Alte" glaubwürdig, auch wenn er sich mal wie ein „Kindskopp"

benimmt. Und wenn es nicht reicht, dann kann man aus Erpressen bzw. „Erziehen lernen" von Christa Meves weiter zitieren: „Es ist nach wie vor so, daß die dem Vater gemäßeren Aufgaben vor allem bei dem größeren Kind eine Vorrangstellung in der Erziehung bekommen, dann wenn die Verstandeskräfte, die Abschätzung von Wert und Unwert, wenn Überlegung, Planung und Verzicht als geistige Formkräfte sich im Kind zu bilden beginnen." Das reicht dann.

Der harte Kern: Die Ehe

Keinen Spaß versteht der „Alte", wenn die Kinder es an Respekt vor ihrer Mutter mangeln lassen. Das ist ein Angriff auf seine Aufgabe als Garant oder Ordnungsmacht. Da ist er ganz schnell aus seinem „Bunker" (Arbeitszimmer im Familienjargon) heraus. Nicht daß die Mutter sich nicht wehren könnte, sie ist sogar ziemlich schlagfertig, hier ist das lateinische Temperament mit der komplizierten deutschen Sprache mit den Jahren eine Symbiose eingegangen, die selbst die großen Jungs nicht selten zum Verstummen bringt. Aber sie läßt den älteren Kindern gern, verständnisvoll, etwas mehr Leine. Nicht so der „Alte". „Das ist typisch", meinte Vanessa einmal dazu. Der „Alte" habe da Grundsätze, über die er zwar rede, auch noch gern rede, die er aber nicht zur Disposition stelle. Das gebe der Einheit der Eltern so etwas wie einen „harten Kern".

Das Bild ist schön. Was ist die Frucht ohne den Kern, was der Kern ohne die Frucht? Frucht und Kern gehören zusammen, sie ergänzen sich, sind nicht austauschbar. Ohne Einheit in der Ehe verliert die Vaterschaft den Boden. Das immer zahlreicher werdende Phänomen des elterlichen Torsos ist für die meisten Beteiligten tragisch, am tragischsten für die Kinder. Der Kinderpsychologe Professor Z. Matejcek drückt es so aus: „Schon früh bemerkt das Kind eine dreifache Bindung: ich-Mama, ich-Papa und Mama-Papa. Falls in der Familie ein Elternteil fehlt, verschwinden gleich automatisch zwei dieser Beziehungen, was das Kind tief zeichnen", ja traumatisieren und bindungsunfähig machen könne. Darauf haben auch Meves, Schetelig und viele andere hingewiesen, nicht zuletzt Alexander Mitscherlich in seinem bekannten Buch „Auf dem Weg zur vaterlosen Gesellschaft". Das ist natürlich nicht zwingend, aber für alle ist klar: Intelligenz und Begabung allein genügen nicht für die Persönlichkeitsentwicklung. Der Mensch braucht auch die sogenannte emotionale Intelligenz und diese erwächst vorwiegend aus der positiven Wechselbeziehung beider Eltern und aus der Qualität der Beziehungen zuhause. Es mag zynisch klingen ist aber logisch: Scheidungsweisen haben bessere Chancen, das Trauma der amputierten Beziehung zu überwinden, wenn sie Geschwister haben, als wenn sie alleine mit dem Restelternteil sind.

Gute Onkels

Sicher, manchen Menschen macht eine Trennung nicht viel aus. Diese Menschen leben wie sie fernsehen: sie zappen sich durch. Ihre Lebensgeschichte ist entsprechend, sie besteht aus unzusammenhängenden Momentaufnahmen, verwirrend und zufällig. Aber, diese Einschätzung sei erlaubt, sehr viele, die meisten Menschen suchen Sinn, in der Familie finden sie einen. Und das muß nicht immer die traditionelle Familie sein. Die große Krise kommt immer dann, wenn ein Vater oder eine Mutter seine/ihre Identität verkennt, verdrängt oder vor ihr flieht. Das ist bei Vätern ganz offenkundig häufiger der Fall als bei Müttern.

In diesem Zusammenhang darf man auch mal von einem Erfolgserlebnis berichten, jedenfalls haben wir das so empfunden. Als die kleine Gwenn, das erste Enkelkind, im vergangenen September geboren wurde, da waren die frischgebackenen Großeltern erstaunt, mit welcher Herzlichkeit, mit welchem Stolz und mit welcher Fürsorge für die junge Familie – Schwester, Schwager, Nichte – dieses Ereignis verfolgt und mit welch gelassener Freude es schließlich gefeiert wurde. Das waren gute Onkels. In der Art der Aufnahme schimmerte das Verständnis von der Vaterschaft durch und damit auch das Verständnis eigener Zukunftsfähigkeit, in sich ruhender Identität. Die sieben Onkel verbanden Vaterschaft ganz natürlich mit Ehe und Liebe. Das Staunen und die Freude vor dem neuen Leben, der ersten Fortsetzung der familiären Linie waren echt und tief empfunden. Einiges war also doch angekommen, die vielen Diskussionen und Einzelgespräche waren nicht vergeblich. Auch wenn die Eltern manchmal gerade dieses Gefühl umschlich. Die Hoffnung ist berechtigt, daß diese Onkels auch in Zeiten von Beziehungskrisen ihren Mann stehen. Für Eltern ist das schon die halbe Miete.

Väterfressende Arbeit

In Amerika geht man dem Phänomen der Familienflucht und dem verzappten Leben schon länger nach. Publikationen vom Typ „Abwesende Väter – verlorene Söhne" oder „Die Abfallgeneration", „Das Syndrom des verstoßenen Elternteils" oder gar „Vaterloses Amerika" mehren sich. Die Verdrängung der Vaterrolle wird vielfach für das größte soziale Problem gehalten. An dieser Verdrängung tragen Wirtschaft und Politik ein gerüttelt Maß Mitschuld. Für manche Politiker zählt vor allem die Erwerbskraft des Menschen, ganz gleich welchen Geschlechts er ist. Der 1998 gestorbene Münsteraner Philosoph Josef Pieper sprach schon in den fünfziger Jahren in diesem Sinn vom „Totalitarismus der Arbeitswelt", die den Menschen aufzusaugen und seine Beziehungswelt zu zerstören drohe.

Das ist keine plumpe Kapitalismuskritik. Tatsachen belegen diesen Trend. Die Zerstörung sozialer Bindungen ist übrigens ein Grund für das Unbehagen an der weltweiten Ökonomisierung der Gesellschaft, sprich an der Globalisierung. Familie, Gemeinde, Staat und Gesellschaft werden oft nur noch als Faktor und Masse für die Inanspruchnahme eigener Wünsche gesehen, das Konkurrenzdenken durchdringt den sozialen und auch privaten Raum. Der homo oeconomicus ersetzt den homo sapiens. Schon der Moralphilosoph und Begründer der modernen Wirtschaftswissenschaft Adam Smith warnte vor der Versuchung des Reichtums: Die kommerzielle Gesinnung enge den Geist des Menschen ein „und die heroische Gesinnung erstickt". Wie erstickend der Kapitalismus sein kann, zeigt Edward Luttwak, Autor des Bestsellers „Der Turbo-Kapitalismus" auf. Immer schneller drehe sich die Maschine der Fusionen und Spekulationen. Der Einzelne könne in diesem System nicht sicher sein, daß er seine berufliche und finanzielle Position lange hält. „Die fehlende wirtschaftliche Stabilität produziert Angst, und diese trägt Spannungen in die Familien und bringt die Gesellschaft durcheinander. Inzwischen enden über 50 Prozent aller Ehen in den USA in Scheidung – landesweit. Wo der Turbo-Kapitalismus voll funktioniert, an der Wall Street oder in Silicon Valley, beträgt die Scheidungsrate fast hundert Prozent. Dort verlangt das System so viel Energie und Zeit von den Leistungsträgern, daß sie sich nicht mehr um Beziehungen kümmern". Der Turbo-Kapitalismus zersetzt Beziehungen, er frißt die Väter.

Ein Mann für alle Fälle, besonders für die Vitalbindung

Heute kehrt der verlorene Vater zurück in das Zuhause. Er verrichtet Dienste, an die er selber vorher nicht dachte. Und zwar freiwillig, ohne gesetzlichen Zwang. Diesen Zwang sieht de facto eine Gesetzesinitiative der Grünen über partnerschaftliche Haushaltsführung vor. Nein, die neuen Väter haben das nicht nötig. Eine Studie aus dem Jahr 1996 der Universität Bamberg belegt, daß sich junge Väter heute stärker an der Kinderbetreuung beteiligen als noch vor einigen Jahren. Sie wünschen sich auch immer öfter, mehr Zeit mit ihren Kindern zu verbringen. Demnach hat sich auch herumgesprochen, daß die Abwesenheit des Vaters nicht nur einen passiven Mangel bedeutet, sondern vielfach auch eine aktive Störung der Persönlichkeitsentwicklung des Kindes. Der amerikanische Psychoanalytiker Donald Winnicott machte schon Ende der 80er Jahre in seinen Schriften darauf aufmerksam, daß der allzu häufig abwesende Vater durch seine Abwesenheit die Leistungen der Mutter behindert. Es gehöre zur ersten und wichtigsten Aufgabe eines Vaters, so Winnicott, das „emotionale Wohlbefinden seiner Partnerin zu stärken" um damit ihre Mutterschaft zu unterstützen. Das Wohlbefinden des Kindes sei von dem der Mutter nicht zu trennen, weil sich das Kind mit dem Schicksal der Mutter identifiziere. Ferner hänge die Fähigkeit der Mutter, ihren Aufgaben nachzukommen, stark von ihrem emotionalen Befinden ab. Hier ist sie wieder, die Garanten- und Schutzfunktion des Vaters.
Zwischen diesen beiden Polen, der Beschaffungsfunktion und der Erziehungsfunktion, muß der Vater von heute seine Identität finden. Man kann auch in der Familie Karriere machen. Das geht wohl am

besten in einem partnerschaftlichen Verhältnis, das die Ehe in Europa heute ja auch auszeichnet. Übrigens schon in frühen Zeiten des Christentums ausgezeichnet hat. „Du bist nicht ihr Herr", schrieb Ambrosius im vierten Jahrhundert, „sondern ihr Mann; sie ist dir nicht zur Sklavin gegeben, sondern zur Gattin ... erwidere ihre Aufmerksamkeiten für dich und sei ihr dankbar für ihre Liebe". Die Ehe ist eben eine singuläre, „eine ganz besondere Form personaler Freundschaft" (Paul VI., *Humanae vitae*).

Auf solche anthropologischen Erkenntnisse weist auch Johannes Paul II. in seiner Familienenzyklika hin, wenn er „die Liebe des Vaters zu seiner Frau und die Liebe zu den Kindern" als den „natürlichen Weg" bezeichnet, um „die Vaterschaft zu begreifen und zu verwirklichen" in dem Bewußtsein, daß „sein Platz und seine Aufgabe in der Familie und für sie von einzigartiger und unersetzlicher Bedeutung sind". Und im *Codex des kanonischen Rechts* wird als eine der zwei Hauptaufgaben der Ehe „das Wohl der Ehegatten" definiert. Die Gegenwart des Vaters ist sicherheitsstiftend, auch wenn er sich beim Wickeln der Windeln oder in der Küche ungeschickt anstellen sollte. Seine Präsenz spendet Geborgenheit, sie ist wie die Luft, unsichtbar, nicht zu fassen, aber unverzichtbar. Sie ist vital.

Der Wiener Psychotherapeut und Priester Johannes Torello erklärt in seinem Buch „Wer ist Wer in der Familie" diese vitale Bedeutung durch die Komplementarität von Mann und Frau, so wie man sie seit je her in unserem Kulturkreis sah: „Ich (also Torello) halte die Aussage des Dekretes *Gaudium et Spes* des Zweiten Vatikanischen Konzils über die Erziehung der Kinder in ihrer Nüchternheit für vernünftig. Dort heißt es: ‚Dazu trägt die anteilnehmende Gegenwart des Vaters viel bei'. Anteilnehmen – von Eingriff ist keine Rede! Und doch wird der Ruf nach dem Vater in letzter Zeit immer lauter. Vor allem weil die Frauen unter dem Kulturdiktat sogenannter Emanzipation neue Ansprüche erheben. Sie möchten auch Spezialisten werden, sie fühlen sich eingeschlossen und ausgeschlossen, sie kapitulieren vor dem Mann und geben ihm Recht, daß das Wichtigste die Werkstätte, der Sportplatz, die Bierschenke, das Parlament ist. Die Männer haben immer gewußt, daß es nicht so ist, und erwarteten immer, daß die Frauen es ihnen sagten ... Daß der Vater notwendig ist, ergibt sich aus der Notwendigkeit beider Geschlechter, um Kinder in die Welt zu setzen, und mehr noch, wenn man erkennt, daß das Geschlecht nicht nur die Leiblichkeit des Menschen, sondern die ganze Personalität von Mann und Frau betrifft. Worin aber die personale Männlichkeit eigentlich besteht, wird im Laufe der Kulturgeschichte immer wieder auf ein Schema zurückgeführt: Rationalität und Spezialisierung wären typisch für den Mann, während Weiblichkeit Lebenssinn und Lebenseinheit bedeuten soll. Gewiß braucht das Kind beides. Das Kleinkind braucht vor allem Vitalität und den gesunden Menschenverstand der Frau. Genügen sollte, daß die Eltern gemeinsam und erfinderisch wirken, sich mehr oder weniger bewußt ergänzen und daß weder der Vater noch die Mutter sich durch den Partner ersetzen lassen ... Man sollte hinzufügen, daß sowohl realer Streß als auch immer noch nachwirkende patriarchalische Vorstellungen die ‚anteilnehmende Gegenwart' des Vaters häufig auf ein paar Spielchen mit den Kindern vor dem Schlafengehen oder auf die Erscheinung der Autoritätsgestalt am Ende des Tages – Garant der Ordnung – reduzieren. Und der Rest heißt dann: Hercules ist müde und wirft sich in den Sessel vor die Glotzkiste. So aber kann keine Vitalbindung entstehen, jene einzig unentbehrliche Bindung, auf deren Grundlage sich Erziehung zu entwickeln vermag."

Kurzum: Die Position des Paschas ist passé. Es ist ein verlorener Posten, seine modernen Kennzeichen sind Pantoffel, Bierflasche und Fernsehen. Wer seine Präsenz auf solche Statussymbole eines bürgerlich heimischen Daseins begrenzt, der wird bald feststellen, daß bei der Lösung familiärer Probleme eigentlich niemand mehr mit ihm rechnet. Dann ist sein Zug schon abgefahren und die Geschichte entwickelt sich wie im Fernsehen: Der Vater als pädagogischer Gelegenheitsarbeiter oder im Beruf aufgehender Wochenendpapi – das ist kein Mann für alle Fälle. Mit Sicherheit keiner, der der Tochter oder dem Sohn die Brücke von der Intimität der Familie zur Welt hinaus baut. Eine Volksweisheit besagt, die Mutter führe das Kind zum Menschen, der Vater zu den Leuten. Dafür muß man sich Zeit und das Kind an die Hand nehmen. Nicht nur am „Vatertag".

Teil II
Werte, Feste, Beziehungen

Von Martine und Jürgen Liminski

„Das krieg' ich schon raus"

Über Voraussetzungen guter Freundschaften

Freundschaft ist das Nötigste im Leben.

Aristoteles

Arnaud ist der Gute. So nennen wir ihn, weil er den Führerschein ohne Stolpern, auf dem kürzestmöglichen, d. h. auch billigsten Weg gemacht hat. Kurz nachdem Arnaud der Gute den „Lappen" also triumphierend nach Hause gebracht hatte, passierte ihm mit Vaters Auto ein kleines Malheur. Der fand am Abend folgendes Briefchen auf seinem Schreibtisch: „Um Aufregung und Streit zu vermeiden, schreibe ich. Vorneweg: Ich zahle und sorge dafür, daß es repariert wird! Zur Sache: Beim Einparken hab ich aus Versehen ein kleines Loch in das Rücklicht gemacht. Entschuldige bitte. Wir können darüber reden, wenn Ruhe im Karton ist. Dein Arnaud." Typisch Arnaud, dachte der Vater. Verantwortungsbewußt, ruhig, diplomatisch, zuverlässig und immer mit einem auflockernden linguistischen Schnörkel. Der Umgang mit Arnaud dem Guten ist einfach angenehm. Auf gute Freundschaft legt er viel wert und es wundert nicht, daß er mehrere gute Freunde hat.

Auch die anderen haben gute Freunde, mancher hatte auch schon weniger gute. Aber was ist gut? Was schlecht? Wir haben immer versucht, Person und Handlungen voneinander zu unterscheiden. Das ist nicht einfach und es ist auch nicht immer gelungen. Die Sorge um guten Einfluß, besonders in der Pubertät, verleitet zu manchem Vorurteil. Vorurteile über das Denken der Freunde aber provozieren Solidarität, sei der Freund zu Recht oder zu Unrecht beurteilt. Um das Denken geht es, besser: das Nicht-Denken, die Gedankenlosigkeit der anderen oder der eigenen Kinder, das Sich-Treiben-Lassen, das Träumen und Phantasieren. Das ist es ja, was manchen Eltern Sorgenfalten in die Stirn gräbt oder die Adern schwellen läßt.

Dabei baden wir oft unbemerkt selber in solcher Gedankenlosigkeit. In Werbespots und Interviews werden Vater, Mutter, Sohn und Tochter heute regelmäßig entführt. Die Wirklichkeit wird ausgeschaltet, er sieht und hört vor allem dies: Das Traumhafte. Da ist die Rede vom Traumjob, vom Traumhaus, von der Traumfigur, vom Traumauto, vom Traumschiff, vom Traumurlaub, der Traumliebe, vom Traummann und von der Traumfrau. So viele Träume blenden. Die Bilder im Fernsehen und ihre gesellschaftlichen Maßstäbe sind tückisch. Sie lassen sich mit der Wirklichkeit des Alltags und den eigenen Vorstellungen nicht in Einklang bringen. Sie üben sogar Druck auf das eigene Denken aus, so daß viele Menschen nicht mehr an sich und ihre Ideale glauben. Mehr noch: Sie glauben, um glücklich zu sein, müsse man sich einfach aufgeben und die Ideale der Traumwelten in Talkshows und Billigfilmen übernehmen.

Beziehungsfragen sind immer aktuell

Aber diese Traumwelten sind Trugbilder in doppelter Hinsicht. Sie schalten nicht nur das Denken aus, sie führen auch dazu, daß Beziehungen auf Gefühle und körperliches Empfinden reduziert werden. Das ist besonders fatal für junge Menschen, weil sie von Natur aus nach Idealen streben, die den ganzen Menschen umfassen, vor allem nach der Liebe. Leider wurde schon früher, noch vor dem Überfall der medialen Traumwelten auf unser Denken, gerade beim Thema Liebe ein Reduktionismus geübt, der die Liebesfähigkeit nicht selten an der vollen Entfaltung hinderte. Das ist etwa der Fall, wenn die Vorbereitung auf Liebesbeziehungen sich auf die sogenannte sexuelle Aufklärung beschränkt. Es ist in diesem Haus gelungen, mehr als die Hälfte aufzuklären. Die anderen wußten schon irgendwie Bescheid. Immerhin. Heute werden nur noch die Hälfte der Söhne zu Hause von den Eltern aufgeklärt, bei den Mädchen sind es noch gut zwei Drittel. Aber es geht nicht um die nackte Information, dafür reicht auch ein Biologie-Buch. Es geht um das vertraute Gespräch, um die Basis des Nachdenkens über Freundschaft. Gesprochen wurde in diesem Sinn mit allen und man ist auch weiter im Gespräch. Freundschaft, Sexualität, Beziehungsfragen sind immer aktuelle Fragen.
Das umso mehr, als die Qualität einer solcherart umfassenden Aufklärung Zweifel aufkommen läßt. Nur fünf bis zehn Prozent der Jugend-

lichen gehen jungfräulich in die Ehe. Nach neuesten Studien von Sexualwissenschaftlern der Universität Koblenz und des Münchener Klinikums Großhadern erleben deutsche Mädchen und Jungen ihren ersten Geschlechtsverkehr im Schnitt gegen Ende des 15. Lebensjahres, vor zwanzig Jahren war dies erst nach dem 17. Lebensjahr der Fall. Auch hier ist der Druck der permissiven Lebenshaltung in der Gesellschaft und im eigenen sozialen Umfeld oft enorm stark. Das Pauschalurteil ist schnell gefällt: Wer die Pille oder sonstige Verhütungsmethoden ablehnt und nicht mit seinem Freund/seiner Freundin schläft, der ist naiv, altmodisch und läßt sich von seinen Eltern bevormunden. Ein Vorurteil, das als Argument nur Umfragen, aber keine Fragen nach der Richtigkeit anführen kann. Dennoch, die Demoskopie im kleinen, in der Gruppe oder Clique, erzeugt schlicht Druck. Es gehört schon eine ziemliche Portion Persönlichkeit dazu, diesem Druck zu widerstehen.

Vor diesem gesellschaftlichen Hintergrund müssen Jugendliche, auch junge Christen, ihr privates Leben aufbauen. Das ist eine permanente Herausforderung. Hinzu kommt das Scheidungsphänomen (das Jahr 2000 war mit 194.410 Scheidungen ein Rekordjahr), immer häufiger auch die wechselnden sexuellen Beziehungen der Eltern, von Freunden oder der eigenen. Norbert Kluge, Leiter des Landauer Instituts für Sexualwissenschaft, sieht ein Hauptproblem heute darin, daß „die Kluft zwischen geistig-psychischer und körperlicher Sexualreife immer größer wird."

Die Problematik der Herausforderung wird auch nicht dadurch gemildert, daß die Eltern versuchen, die Beziehungen ihrer Kinder in das Familienleben voll zu integrieren. Das kann den elementaren und notwendigen Ablösungsprozeß der Kinder von den Eltern stark beeinträchtigen und auch eine Beziehung unnötig belasten. Hier wird von den Eltern viel Feingefühl und auch analytisches Denken gefordert, um der jeweiligen Situation gerecht zu werden. Mit instinktiver Ablehnung oder resignativer Annahme läßt sich diese heikle Phase jedenfalls nicht meistern. Eltern müssen, wenn sie in dieser Phase helfen wollen, mehr wissen und mehr nachdenken, um die Situation besser analysieren zu können. Gerardo Castillo, Professor für Erziehungstheorien am Institut für Familienwissenschaften der Universität von Navarra, weist in diesem Zusammenhang darauf hin, daß Jugendliche ihre Persönlichkeit nicht entfalten können, wenn sie ihren Willen und ihre Verantwortung nicht selbständig gebrauchen. Das geschehe etwa dann, wenn ihnen alles erlaubt werde, wenn sie auf keinerlei Widerstände für ihre Wünsche stießen, gegen die sie argumentieren müssen, um sich durchzusetzen. „Die erzieherische Permissivität verhindert die Entwicklung der Persönlichkeit."

Gegenseitige Achtung der Freiheit

Auf alle Eltern kommt früher oder später die Frage zu: Soll der Freund/die Freundin bei uns übernachten und wenn ja, wo? Und wenn das geklärt ist, folgt noch die Frage: Wie, allein oder mit unserem Sohn/unserer Tochter? Hier ist Feinfühligkeit gefordert und Flexibilität. Das Argument, den kleinen Geschwistern ein Beispiel sein, zieht nicht. Ist auch nur die halbe Wahrheit. Wenn Eltern davon überzeugt sind, daß vorehelicher Geschlechtsverkehr für eine Beziehung nicht gut ist und ihr sogar schadet, dann sollten sie das sagen und begründen. Wir haben, als die Frage einmal in der Urlaubszeit akut war, das in einem Brief „an alle, die es angeht" nach ein paar Einleitungssätzen so erklärt:

„… Nun ist es kein Geheimnis geblieben, daß wir in unserem Zuhause auch unsere Vorstellungen von Leben, Liebe, Ehe und Familie versuchen zu verwirklichen. Das gelingt nicht immer, leider auch nicht immer öfter, aber immerhin, wir bemühen uns. Wir wollen ein Leben führen, das sich an Werten orientiert, weil wir überzeugt sind, daß nur so das große Glück zu erreichen ist. Wir haben über diese Werte eine Menge Zeit nachgedacht. Wir glauben und hoffen, daß auch Ihr davon profitiert habt.

Zu diesen Vorstellungen gehört die Achtung der Freiheit. Eurer Freiheit und unserer Freiheit. Freiheit ist ja keine Einbahnstraße für den, der das dickere Auto hat, eher ein Highway, auf dem jeder auf den anderen achten muß, damit es nicht zu einer Massenkarambolage kommt. Diese gegenseitige Achtung bezieht sich auch auf unser Zuhause. Deshalb glauben wir, hier konsequent sein zu dürfen. Das drückt sich zum Beispiel darin aus, daß Paare, die nicht verheiratet sind, in getrennten Zimmern schlafen. Oder daß wir das Haus nur an verheiratete Paare vergeben. Es ist doch ein Unterschied, wo, d. h. in welchem Zuhause man schläft.

Wir sind sicher, daß Ihr uns versteht. Freiheit als Kraft zur Entscheidung für das Gute und das Glück, nicht als Freibrief zu einem Laissez-faire, Laissez-aller. Man ist nur frei, wenn man sein Tun in eine Harmonie, in eine in sich schlüssige Weltanschauung einordnet. Das wünschen wir uns für Euch – bei allem Respekt vor Eurer Freiheit. In diesem Sinn und aus Liebe zu Euch haben wir diesen Brief geschrieben. Niemand sollte sich ausgeschlossen, jeder sollte sich geachtet fühlen, so wie er ist und ganz gleich, wie seine Umstände sind. In diesem Geist hoffen wir, bald gemeinsam wieder einen Abend zu verplaudern. Immer Eure ..."

Damit ist die Frage geklärt, zu Hause ist immer ein Zimmer frei, wenn jemand in Begleitung kommt. Und sie kommen oft. Manchmal herrscht richtig Bahnhofsstimmung, seit fünf der zehn während der Woche außer Haus sind (Studium, Bundeswehr, Beruf, Leben). Am Wochenende ist dann „Beziehungsstreß", wie ein Junge die vielen Gespräche nennt, die die Eltern mit den Rat (meistens auch Geld) oder auch einfach nur Geselligkeit suchenden Kindern pflegen.

Apropos Geld: Es gibt sie, die Szene vom verlorenen Sohn, der zurückkehrt, und seinem Bruder, der skeptisch die allwochenendlichen Wiedersehensszenen betrachtet. Es hat sich der Begriff vom „Ausländerkind" eingebürgert, das „alles bekommt, nur weil es nicht zu Hause wohnt". Aber da hilft immer die kölsche Weisheit: „Man muß auch jönne könne" – auf gut deutsch: Gönnen ist gut. Wenn dann ein Bruder aus der Heimat „ins Ausland geht" – und sei es nur zum Studium in eine nahegelegene deutsche Stadt, dann kann es schnell zu Telefonnotrufen wie diesem kommen: „Könnt Ihr mir etwas vorstrecken, ich will auch mal Ausländer sein". Im Klartext: Könnt Ihr mir etwas überweisen, „à fonds perdu" sozusagen, ich bin pleite wie der verlorene Sohn und käme gern zurück an die Fleischtöpfe in meines Vaters Haus.

Aufrichtigkeit und Vertrauen

Nun wird nicht jedes Wochenende ein Mastkalb geschlachtet. Aber lang ist die Tafel schon und die Gespräche auch. Sie sind auch offen. Mancher Besucher war darüber schon erstaunt. Aber die Offenheit und die Gegensätze der Meinungen tun der gegenseitigen Achtung nicht nur keinen Abbruch, sie sind auch nötig. Gerade bei heiklen Themen. Sie ermöglichen eine Aufrichtigkeit, ohne die ein vertrauliches, weitertragendes Gespräch nicht auskommt. Und solche Gespräche sind die Grundlage einer Freundschaft, die den anderen ernst nimmt, auch in seiner anderen Lebensweise. Ein großer Anwalt der selbstlosen Freundschaft, der Priester und Gründer des Opus Dei, der sel. Josemaría Escrivá de Balaguer, formulierte das so: „Der wahre Freund kann nicht zwei Gesichter für seinen Freund haben; Freundschaft verlangt, wenn sie echt und aufrichtig ist, Verzicht, lautere Absicht, gegenseitige Gefälligkeiten, edle und gebotene Dienste. Ein Freund ist in dem Maße stark und aufrichtig, in dem er ... hochherzig an die anderen denkt, mit persönlicher Bereitschaft zu Opfer und Hingabe. Vom Freund erwartet man, daß er dem Klima des Vertrauens entspricht, das bei der wahren Freundschaft entsteht, man erwartet die Anerkennung seiner selbst und, wenn nötig, auch die Verteidigung des Freundes, klar und ohne Abstriche."

Solche Freundschaft ist in der heutigen individualisierten Welt, in der Ich-Gesellschaft eher selten. Aber sie entspricht den Wunschvorstellungen der Jugendlichen (sicher auch der vieler Erwachsener). Denn immer noch sind den meisten Jugendlichen nach Angaben der Data-Concept-Studie „Jugendtrends 2000" Werte wie Treue (70 Prozent), Zuverlässigkeit, Vertrauen (71 Prozent), Verständnis und Hilfe in Lebensfragen wichtig, Sexualität halten nur 18 Prozent für unverzichtbar oder am wichtigsten für eine glückliche Beziehung. Auch die Sehnsucht nach Familie und emotionaler Harmonie ist ungebrochen. Heute träumen nach einer Umfrage des Focus (Nummer 12/2000) zweimal so viel 20jährige von einer glücklichen Familie als noch zwei Jahre zuvor. Sich auf verbindliche, tragfähige Beziehungen einzulassen, das scheint eines der großen Abenteuer des neuen Jahrtausends zu sein.

Die große Diskrepanz zwischen den klar formulierten Wünschen und Zielen der Jugendlichen einerseits und dem tatsächlichen Leben andererseits wirft die Frage auf, warum der Lebensentwurf nicht gelingt. Darauf gibt es wohl ein ganzes Bündel von Antworten.

Zum Beispiel: Jugendliche haben heute kaum die Chance, den Lebensstil einzuüben, der ihren Zielen und Wünschen entspricht und dient. Die heutige Kultur des „anything goes", des Alles-ist-erlaubt-

und-möglich, sowie der fehlenden Autoritäten – allgemein anerkannt ist nur noch die Straßenverkehrsordnung –, ferner die ständigen Einflüsterungen der Medien und einer Politik ohne Moral machen es außerordentlich schwierig, einen geradlinigen Kurs auf der
Straße des Lebens einzuhalten. Oft kommen Enttäuschungen und
das Scheitern oder gar der Bruch im engsten Umkreis der Familie
hinzu. Solche Erlebnisse schlagen Wunden, die nur schwer vernar-
ben. Angesichts dessen ist es eigentlich verwunderlich, daß die Jugendlichen von heute, wie Christa Meves auch konstatiert, eben
nicht muttersatt geworden sind, sondern in der familiären Mütterlichkeit und den damit verbundenen Tugenden immer noch ein
hohes Ideal sehen und entsprechend hohe Ansprüche an Freundschaft, Familie und Liebesbeziehung stellen.

Aber wie muß diese Liebe beschaffen sein, die das alles schenken
und spenden kann? Wie entdecken Jugendliche diese Liebe und wie
können sie sie bewahren? Was verstehen Jugendliche unter Ideal,
was unter Freundschaft? Wie gehen sie in eine Begegnung mit dem
anderen, mit potentiellen Lebens-partnern? Mehrere Begriffe sind
hier neu zu entdecken und zu untersuchen, ohne Anspruch auf Voll-
ständigkeit oder Exklusivität zu erheben. Schließlich ist das Thema
bibliothekenträchtig und schon die Alten haben sich tiefe Gedanken
über diese Begriffe des menschlichen Miteinanders gemacht. Aristoteles schrieb den lapidaren Satz in seiner Ethik für Nikomachus:
„Freundschaft ist das Nötigste im Leben".

Einige Stichworte seien genannt. Zunächst Freundschaft. Sie ist sicher das Ergebnis einer wahren Begegnung von Personen. Ohne solche Begegnungen ist ein sinnvolles und fruchtbares Leben nicht
denkbar. Freundschaft setzt Liebe voraus und was ist Ehe anderes
als eine tiefe und alle Aspekte der Menschlichkeit, also auch die Sexualität umfassende Freundschaft zwischen Mann und Frau? Schon
Papst Leo XIII. bezeichnete die Ehe als „die höchste Gemeinschaft
und Freundschaft" (Enzyklika *Quamquam pluries,* 1889) und
Paul VI. nannte sie in der Enzyklika *Humanae Vitae* eine „besondere Form personaler Freundschaft".

Liebe macht frei

Dann die Liebe (s. S. 48 ff., Was Liebe ist und bringt). Beim Gespräch mit den Jugendlichen haben wir zuerst immer den Medienmüll beiseite räumen müssen: Sie ist kein plötzliches Gefühl, keine romantische Illusion; sie hat mit Arbeit an sich selbst, mit Schleifen am Charakter, mit Nachdenken, mit Belastungsfähigkeit und mit Beharrlichkeit zu tun; sie entsteht nicht von selbst als Nebenprodukt eines Verliebtseins; sie bedeutet Ausgewogenheit in Geben und Nehmen, sie erfordert ein Mindestmaß an Gesprächsfähigkeit, also auch den Willen, sich selber mitzuteilen und sich in den anderen hineinzuversetzen, sich in eine andere Situation einzufinden. Kurzum: Liebe muß gelernt werden. Liebe lernt man in den seltensten Fällen in der Schule, es gibt kein Lehrfach für diese größte und wichtigste Fähigkeit des Menschen. Es gibt aber eine Schule des Lebens, die Familie. Das ist der Ort, wo der Mensch diese Fähigkeit sozusagen mit der Muttermilch einsaugt und durch das Beispiel (der Eltern, Geschwister, Verwandten, Freunde) wie durch Osmose verinnerlicht. Hier lernt er lieben – oder auch nicht.

Dann die Vorzüge: Liebe ermöglicht Freiheit. Sie läßt den anderen so sein, wie er ist. Das kann durchaus auch mal ganz anders sein, als man es erwartet. Auf jeden Fall läßt die Liebe dem anderen Zeit, sich zu entfalten. Sie will ihm zwar helfen, aber ihn weder modellieren noch manipulieren. Sie will nicht über ihn verfügen, sondern ihn achten und ehren, wie es zum Beispiel bei der Trauung heißt, ein Text, den sich immer wieder mal lohnt nachzulesen, auch und gerade nach vielen Jahren Ehe. „Einen Menschen lieben heißt, ihn so sehen, wie Gott ihn gemeint hat", sagt Dostojewski.

Liebe macht auch selber frei. Sie „bewährt sich in der Treue und vollendet sich in der Vergebung," schreibt Werner Bergengruen in seiner märchenhaften Novelle „Der spanische Rosenstock". Denn Liebe heißt auch, Begrenzungen auszuhalten, die eigenen und die des anderen. Dafür muß man seine eigenen Defizite erst kennenlernen, um den Willen zu entwickeln, eigene Stärken zu entfalten und Schwächen abzubauen. Das alles geht nicht von heute auf morgen. Die Beziehungsfähigkeit hängt auch von der Erziehung ab, sie muß überlegt und geübt sein, bevor man sich auf die große Beziehung und Freundschaft des Lebens einläßt. Auch das geschieht zunächst und sozusagen risikolos in der Familie. Hier findet die Vorbereitung auf die große Begegnung statt. Die erste Zuneigung außer Haus, die Attraktion und das Verliebtsein haben schon einen Vorlauf, ein seelisches Gepäck, die Wegzehrung von zu Hause, mit deren Hilfe man sich auf eine Begegnung einlassen kann. Das Sich-auf-den-anderen-Einlassen, jenseits der bloßen Zuneigung, bedeutet schon eine graduelle Festlegung und damit die Verpflichtung, Verantwortung zu übernehmen für diese Begegnung zweier Personen mit ihren Vorstellungen und Idealen.

Für die neunjährige Mimi ist die Sache klar. Zwei Tage vor der Hochzeit ihrer großen Schwester kommt es zu einem Gespräch mit drei älteren Brüdern. Die Jungs wollen sich einen Spaß machen und fragen sie: „Mimi, wie muß dein Freund sein, damit du ihn heiratest?" Die spontane Antwort: „Er muß mich für immer lieben und Kinder haben wollen". – „Und wenn er keine Kinder haben will?" – „Dann heirate ich ihn nicht". – „Und wenn er es vorher nicht sagt?" – „Dann frage ich ihn einfach. Das krieg ich schon raus."

Wenn eine Begegnung dauerhaft sein soll, müssen die Ideale miteinander abgestimmt werden. Jeder Mensch braucht ein Ideal, ein Ziel für sein Leben. Das Ideal ist die leitende Idee, die viele Werte zusammenfaßt. Sie muß so stark sein, daß man ein Leben lang Kraft aus ihr schöpft und sich die Persönlichkeit in ihrem Wachstum an ihr mißt. Es versteht sich von selbst, daß solch ein Ideal Herz und Verstand engagiert und immer wieder zu Entscheidungen drängt oder aufruft. In diesem Um- und Zustand liegt unsere Freiheit: Ja oder nein zu sagen zu dem Appell, zu dem Ideal, das wir einmal gesehen oder uns selber gesetzt haben.

Es gibt Menschen ohne Ideale, zweifellos. Sie sind wie Blätter im Wind, wie Boote ohne Ruder im reißenden Strom. Sie lassen sich vom Instinkt leiten oder von Trends der Gesellschaft. Wer als Person, als Mensch mit freiem Willen und Verstand, leben und reifen will, der allerdings hält die Instinkte, die in sich gut sind, im Zaum. Er nutzt sie, ordnet sie ein in die Dynamik der Hinwendung zu seinem Ziel und auf diese Weise bleibt er offen für die Begegnung mit anderen Personen. Der Körper ist auch kein Gegner, den es zu besiegen gilt. Johannes Paul II. sagt es so: „Wir haben nicht nur einen Körper, wir sind Körper". Die Einheit von Geist und Körper ist eine Realität, die Rivalität zwischen ihnen ein Relikt leibfeindlichen Denkens.

Gewohnheit des Gesprächs schaffen

Die Fähigkeit zur Begegnung ist vital. Familie und Schule können das Wachstum einer Persönlichkeit fördern. Sie sind Orte auch der menschlichen Bildung, wenn sie dazu beitragen, dem Menschen Möglichkeiten zu echten Begegnungen zu eröffnen. Dabei geht es natürlich nicht um die flüchtige Begegnung zweier Nachbarn, die sich sehen und grüßen. Als Treffen zweier Persönlichkeiten, zweier verschiedener Wirklichkeitsräume definiert der spanische Philosoph und Priester Alfonso Lopez Quintas die Begegnung.

Zu der dauerhaften Begegnung gehört der wechselseitige Austausch von Erfahrungen, die Fähigkeit zu schenken und zu verwenden, was man selber geschenkt bekommen hat. Jemand kann zum Beispiel in den Kategorien einer bestimmten Wissenschaft denken, sich treffend ausdrücken, Situationen rasch erfassen. Wenn er jemand anderem etwas erklärt, schenkt er Kompetenz und Wissen. Wenn dieser jemand mit ihm arbeitet und bei den Forschungen hilft, erweitert er das Wissen. Sie bereichern sich gegenseitig. Ähnlich im menschlichen Bereich. Sich schenken bereichert. Die Bereicherung schafft gegenseitigen emotionalen Einfluß. Je intensiver der Austausch wird, umso nötiger erscheint ein Sicherheit stiftender Rahmen. Denn der Austausch von Meinungen, Vorschlägen und Ideen über das gemeinsam zu gestaltende Leben läßt eine Einheit entstehen, die engagiert und verpflichtet, die die Treue voraussetzt. Man nimmt teil an der Intimität des anderen.

Ganz anders die Situation, wenn eine Person die andere mitreißt, sie nicht wie eine eigene Person behandelt. Der Austausch findet nicht statt, der andere wird zum Objekt. Die eine Person handelt, die andere leidet, ihre Intimität wird verzweckt, instrumentalisiert. Das ist keine Begegnung mehr, sondern „Eroberung", Besetzung. Hier können Eltern eingreifen. Der Vater erinnert sich, wie er manche halbe Nacht im Auto vor der Tür der Disco oder des Hauses gewartet hat, in der die Party stattfand, bis der Junge, die Tochter kam – natürlich mit brummigem Gesicht. Aber am Telefon hat er sich nicht erweichen lassen. Übernachtung bei Freunden komme nicht in Frage. Da übernachte er lieber im Auto vor dem Haus.

Heute würde er versuchen, es erst gar nicht zu solch konfliktiven Situationen kommen zu lassen. Das heißt konkret, die Lage zu erkunden, und zwar nicht nur über den eigenen Kenntnisstand, sondern auch über den Stand bei den Kindern, und dann versuchen, ihn zu erweitern. Man sollte offen mit ihnen über voreheliche Beziehungen reden, solange sie bereit sind, Argumente vorbehaltlos anzunehmen, also solange sie selber keinen Rechtfertigungszwang empfinden, der aus eigenen Erfahrungen erwachsen könnte. Das Fenster der Gelegenheit dafür kann lange offen stehen, es kann aber auch schnell geschlossen sein, man sollte nicht unnötig lange warten und die Gelegenheit zum Gespräch suchen.

Das kann sehr natürlich zugehen, wenn es eine Gewohnheit zum Gespräch gibt. Auch diese Gewohnheit muß entstehen. Sie kostet Zeit und Hinwendung. Wer regelmäßig mit seinem Kind spricht (bei einem Spaziergang, bei einem „Besuch" in seinem Zimmer, auf kleineren Autofahrten), dem wird das leichter fallen, fast selbstverständlich erscheinen. Wenn Kinder in jungem Alter mit einem oder beiden Elternteilen oft spazieren gegangen sind, werden sie in der Pubertät und danach weniger oder keine Scheu vor dem vertrauten Gespräch bei einem „Gang ums Haus" haben oder wenn der Vater sich einfach mal auf den Sessel im Jugendzimmer pflanzt. Solche Gespräche können sogar Spaß machen und die Eltern lernen auch eine Menge.

Austausch der Erlebnisräume

Und was sollen die Jugendlichen lernen? Welche Argumente können Eltern vorbringen? Sinnvoll ist es eigentlich immer, nicht auf eigene Meinungen zu pochen, sondern Wissenschaftler zu Wort kommen zu lassen, vor allem solche, die es gut meinen und über einen großen Erfahrungsschatz verfügen. Zum Beispiel den Psychotherapeuten und Pädagogen Professor Reinhold Ortner aus Bamberg. Der schreibt: „Frühzeitige Sexualerlebnisse verzerren sexuelle Reifung. Da aber die menschliche Sexualität immer in die gesamte Persönlichkeit einbezogen ist, verhindert ein Mißlingen sexueller Reifung auch die gesamtpersönliche Reife. Häufig ist eine solche Unausgereiftheit auch die Mitursache des Scheiterns von Partnerbeziehungen. Erfahrungen aus der Eheberatung bestätigen, daß voreheliche sexuelle Bindungen die Wahl des richtigen Ehepartners erschweren.

Solche Bindungen sind meist sehr stark, und ist in der Begegnung der Geschlechter erst einmal die Schamschwelle zum sexuellen Miteinander überschritten, ergibt sich häufig ein unkritisches Hinnehmen des Partners. Die vollzogene körperliche Bindung erstickt die Freiheit der Wahl im Hinblick auf den zukünftigen Ehepartner in einer Woge von Gefühlen und triebhaftem Überranntwerden. *Liebe macht blind,* sagt ein Sprichwort. Es sollte deutlicher heißen: *Körperliche sexuelle Beziehung schlägt mit Blindheit und Urteilslosigkeit.*"

Erste Voraussetzung einer echten Begegnung ist die Großzügigkeit. Sie erlaubt die rücksichtsvolle Annahme des anderen und seines Wirklichkeitsraumes, seiner Erfahrungen, seiner Gedanken und verarbeiteten Erlebnisse. Diese Großzügigkeit basiert ihrerseits auf einer Offenheit gegenüber dem anderen, die es ehrlich meint, die die eigene Ehre und Würde und die des anderen gleichermaßen ernst nimmt. Solch eine ehrliche Offenheit schafft Vertrauen, ermöglicht ein selbstloses Interesse an der Intimität des anderen, erzeugt Sympathie, die mitfühlen, mitfreuen, mitleiden läßt. Die Begegnung lebt. Mißtrauen dagegen zerstört die Begegnung zweier Personen. Auch zwischen Eltern und Kind. Nur wer darauf vertraut, daß der Partner treu bleibt, ist in der Lage, diesem auch Intimität anzuvertrauen. Der Partnerwechsel, der unter Jugendlichen heute leider so oft anzutreffen ist, zerstört die Grundlagen für eine echte Begegnung. Wer häufig wechselt, wird bindungsunfähig. Diese Erkenntnis vertreten nicht nur konservative Psychologen.

Die Voraussetzungen zur Begegnung sind, was die Klassiker die Tugenden nannten. Sie sind keineswegs statisch. Sie wachsen und entfalten sich. Sie sind das Kapital der menschlichen Kreativität, der Funke Gottes in unserer Persönlichkeit. Begegnung, Freundschaft zwischen Menschen ist anhaltender Austausch von Erlebnisräumen, von Denken und Fühlen. Solche Begegnung führt zur Einheit. Sie erkannten sich, heißt es an verschiedenen Stellen der Heiligen Schrift über die Begegnung von Mann und Frau. Das klingt etwas theoretisch, aber man kann sagen, daß eine Beziehung, die so umfassend an- und eingegangen wird, sehr viel mehr Chancen hat, zu jener Einheit zu führen, die die große Liebe anstrebt, als die oberflächlichen und ichbezogenen Interessengemeinschaften und „Gefühlskisten", die uns die Medien als die Norm von heute vorgaukeln und die im Grunde diese Einheit nicht verstehen. Die Einheit der sich erkennenden Liebe bedeutet ja nicht, sich aufzugeben. Im Gegenteil: Diese Einheit führt über die Schenkung des Partners zur Entfaltung der Persönlichkeiten, sie öffnet neue Freiheitsräume, die man allein kaum oder nicht entdeckt hätte.

Hier zeigt sich, daß Mann und Frau eben nicht gleich, sondern komplementär sind. Nur wenn sich die Frau als Frau kennt und bejaht mit all ihrer biologischen und psychologischen Bedingtheit und Größe, und auch der Mann sich in seiner Begrenztheit und in seinem Potential erkennt, kann es zu einer Begegnung kommen, die die optimale Entfaltung der Persönlichkeiten ermöglicht. Hier wird auch spiegelbildlich deutlich, wie sehr der permissiven Gesellschaft von heute dieses Bewußtsein der wahren Begegnung zwischen Menschen abhanden gekommen ist. Das um sich greifende Phänomen von Homo- und Lesbenpaaren wuchert aus dem flachen Sandboden der heutigen Vorstellungen von Beziehung. Mit der Muttererde wahrer menschlicher Begegnung hat das nichts zu tun.

Auf Dauer angelegt, nicht auf Fristen

Die Psychologie weiß seit langem: Sexualität wird besonders von der Frau ganzheitlich erlebt und erfordert schon deshalb viel Offenheit und Vertrauen. Sexuelle Beziehungen haben zudem ein hohes Verletzungspotential. Früher sagte man von einem Paar, es sei „intim". In der Tat gehören sexuelle Beziehungen zum Kern der Intimität und brauchen daher einen geschützten, verläßlichen und angstfreien Raum, in dem auch der Gedanke an ein möglicherweise entstehendes Kind seinen Platz haben kann. Sexualität braucht ferner zu ihrem Schutz und zu ihrer optimalen Entfaltung die Sicherheit der Exklusivität, also eine exklusive Liebesbeziehung mit klar dokumentiertem Verbindlichkeitscharakter.

Die sexuelle Vereinigung ist ein Ausdruck der totalen, bedingungslosen Liebe und Treue. Sie ist Ausdruck vollkommener Einheit in Geist und Körper. Solche Liebe ist auf Dauer angelegt, nicht auf Fristen. Sonst wäre sie nicht bedingungslos. Sie braucht auch ihre Zeit der Vorbereitung. Leider werfen viele Menschen heute einen großen Teil ihres Glücks weg, indem sie diese Zeit der Vorbereitung für unnötig erachten, und oft scheitern Beziehungen, die mit viel Begeisterung angefangen haben, weil man zu schnell zu weit gegangen ist. Man hat wichtige Schritte zur Einheit übersprungen und damit die Begegnung zweier Personen auf eine zu schmale Grundlage gestellt. Statt sich zu fragen: „Was ist erlaubt?" sollte man sich besser die Frage stellen: „Was entspricht dem Stand unserer Beziehung?".

Mit der ersten Frage macht man es sich zu einfach, weil man sich nur an einer Norm ausrichtet. Und das wiederum macht die Sache auch schwer, denn Normen sind statisch, eine Beziehung aber ist dynamisch. Die zweite Frage ist die Frage der Verlobten und sie bezieht sich nicht nur auf die Sexualität. Sie läßt die Freiheit, nach gründlicher Überlegung auch nein zu einer Lebensbindung zu sagen, ohne daß es zu tiefen Verletzungen kommt. Eigentlich aber ist es die Frage nach der Reife der Beziehung. Ihre Antwort gründet auf gemeinsamen Erlebnissen und Gedanken, auf Gesprächen und Austausch von Meinungen, Empfindungen und Kenntnissen. Jemanden attraktiv und sympathisch finden, heißt noch lange nicht, ihn als Person zu lieben.

Überhaupt sind Fragen oft die besten Ratschläge. Sie überlassen die Entscheidungsfindung dem anderen, freilich mit dem Risiko der falschen Entscheidung. Aber eine solcherart getroffene falsche Entscheidung läßt die Rücksprache zu, verbaut nicht den Weg zu anderen Ratschlägen. Eine erzwungene vorläufig richtige Entscheidung dagegen kann zum Bruch der Freundschaft mit den Eltern führen. Ein Freund des Hauses, Architekt und Priester, sagte einmal: „Es gibt nur eine unveränderliche Tatsache im Leben, alles andere kann man reparieren und wiedergutmachen. Und diese Tatsache ist eine gültig geschlossene Ehe." Wobei im Krisenfall noch zu untersuchen wäre, ob die Ehe wirklich gültig geschlossen wurde. Das ist heute nicht mehr so selbstverständlich wie früher, schon weil die Vorbereitung zur Ehe heute sowohl in den Familien wie auch in der Kirche oft mangelhaft ist.

Die zweite Frage läßt sich auch in Teilfragen denken. Zum Beispiel: Was fördert das Wachstum unserer Beziehung? Wie gut kennen wir uns wirklich? Was haben wir miteinander erlebt? Können wir uns streiten und dann wieder versöhnen? Können wir unsere Glaubensüberzeugungen, unsere Ideale auf einen Nenner bringen und gemeinsam leben? Wieviel Vertrauen ist wirklich schon entstanden? Neigen wir dazu, wichtigen Themen und Gesprächen auszuweichen und stattdessen die Zeit mit Zärtlichkeiten und Empfindungen zu verbringen? Dominiert die körperliche Komponente unsere Beziehung? Geben wir uns zu wenig Raum und Zeit, um uns auch in anderen Bereichen kennenzulernen? Sind wir bereit, uns auch von außen Informationen über unsere Beziehung zu beschaffen und zwar im Gespräch mit Personen, die uns gut kennen und es gut mit uns meinen?

Freundschaft auf gleicher Augenhöhe

Einen bestimmenden Einfluß für die Freundschafts-und Beziehungsfähigkeit hat nach wie vor die Familie. Sie prägt den Jugendlichen mehr, als er glaubt. Hier leben die unmittelbaren Vorbilder, im positiven wie im negativen Sinn. Eine Umfrage des Forsa-Instituts im Auftrag der Zeitschrift Marie-Claire etwa ergab, daß für die meisten Frauen das erste Vorbild die eigene Mutter ist. Die Weltjugendtreffen des Papstes mit Millionen von Jugendlichen haben außerdem gezeigt, daß dieser große alte, gebrechlich wirkende Mann durchaus das Herz junger Leute bewegen kann. Seine Kraftanstrengungen, seine Hingabe, seine Güte und Klarheit, sein prophetischer Blick, seine Worte von der Liebe, der Freiheit und der Wahrheit machen ihn zu einem Vorbild par excellence.

Manche Studien greifen auch zu kurz, wenn sie zu dem Resultat kommen, daß nicht mehr die Eltern, sondern die Gleichaltrigen, die sogenannte Peer group, die wichtigste Bezugsgruppe seien und daß die Jugendlichen nur noch zum Essen, Umziehen und Schlafen nach Hause kämen. Manche reden in diesem Zusammenhang von den „Hotelfamilien" und dem Kühlschrank als Mittelpunkt des Hauses, um den sich jeder einzelne dreht. Das stimmt so offenbar nicht, jedenfalls nicht in der Sehnsuchtsskala der Jugendlichen. Die gleichen Studien ergaben nämlich, daß ein Herzenswunsch der Jugend 2000 die Familie ist. Es sei, so auch die Shell-Studie 2000, ein deutlicher Trend hin zum emotionalen Stabilitätsfeld Familie zu beobachten.

Mit gewissem Stolz haben fast alle großen und kleinen Kinder im Hause Liminski immer ihre Freunde und Freundinnen nach Hause gebracht. Auch wenn, wie oben ausgeführt, die Lebensphilosophie nicht in allem mit der der Eltern übereinstimmte, fand man einen modus vivendi. Der Sohn/die Tochter suchte „Asyl" bei einem Bruder oder einer Schwester und sei es auf einer Luftmatratze. Der Kompromiß ist für manchen nicht einfach zu akzeptieren. Aber sie akzeptieren, daß es sich beim Elternhaus unabhängig vom Beispiel für die jüngeren Geschwister auch um den Raum des elterlichen Zuhause, um ein Stück der Intimität und des Freiheitsraums der Eltern handelt. So wie die Eltern den Freiheitsraum der erwachsenen Kinder, sprich die Lebensweise in deren eigener Wohnung, respektieren. Ohne diese gegenseitige Achtung, die ein Gespräch über die verschiedene Lebensweise nicht ausschließt, ist eine freundschaftliche Beziehung auch zwischen Vater/Mutter und erwachsenem Kind kaum möglich. Aber ohne dieses Ambiente der gegenseitigen Achtung und Freiheit fühlt man sich auch nicht wohl. Es ist dieses Ambiente, das Freunde der Kinder attraktiv finden und über das sie gern diskutieren, auch mit den Eltern.

Solche Diskussion landen nicht selten bei der Metaphysik. Kein Wunder: Zum vollkommenen Glück gehört auch die Einheit des Paares mit Gott. Erst die Beziehung zu Gott verleiht der Beziehung der Menschen eine Tiefe und eine Dimension, die Raum und Zeit überwindet. Mit Gott wird die Liebe ewig. Solche Liebe bringt die Freundschaft auf Augenhöhe mit Gott. „Der Herr und Mose redeten miteinander Auge in Auge, wie ein Mensch zu seinem Freunde spricht", heißt es im Buch Exodus. Aber all das geschieht nicht zum Nulltarif. Gott will den Menschen frei. Er nimmt uns nicht ab, selbständig und verantwortlich zu entscheiden. Ein lebendiger Glaube schafft die besten Rahmenbedingungen für eine Begegnung zwischen Personen. Große Träume sind erlaubt und können auch wahr sein. Entscheidend ist die ehrliche und selbstlose Suche – Auge in Auge – nach dem, was eine Liebesbeziehung ausmacht. Der Sinn für wahre Freundschaft ist, wie der Papst in einem Schreiben zum Internationalen Jahr der Jugend sagt, der Jugend „angeboren". Es ist auch eine Aufgabe der Eltern, diesen Sinn zu wecken und immer wieder zu versuchen, ihn von dem Beziehungsmüll der Medien-Gesellschaft nicht verschütten zu lassen.

„Betriebssystem Liebe"

Über Voraussetzungen und Ziele religiöser Erziehung

Hört auf zu denken, der christliche Glaube sei nur für Kinder oder einfache Leute gut. Wenn er so erscheint, dann haben Jugendliche und Erwachsene es schwer vernachlässigt, ihren Glauben im gleichen Schritt mit ihrer menschlichen Entwicklung wachsen zu lassen.

Johannes Paul II.

Die kleine Noemie, damals acht Jahre alt, genannt Mimi, soll als Hausaufgabe aufschreiben, was sie als Hölle und was sie als Himmel empfindet. Zur Hölle gehört, wenn die großen Brüder sie ärgern. Nun, da ließe sich was ändern, sie selbst ist mittlerweile ziemlich schlagfertig. Von bleibendem Wert ist ihre Definition des Himmels: „Mimi sein". Selten haben wir von einem Kind eine so knappe, auch theologisch interessante Definition dessen erfahren, was noch kein Ohr gehört und kein Auge gesehen hat. Es ist überraschend, aber wahr: Im Himmel sind wir. Dort ist unser Sein vollkommen, unantastbar, unverrückbar, ewig. Denn dort sind wir in der Anschauung Gottes, ist unser Sein sozusagen eingehüllt in das göttliche Sein, geht das Sein des Geschöpfes im Sein des Schöpfers auf, ist die Identität in Gott total. Dort bin ich ich selbst – Mimi sein – in einem Maß, wie es auf Erden gar nicht möglich ist. Und dieses höchste Maß an Identität bedeutet auch höchste Erkenntnis, höchste Selbsterfüllung, mithin höchstes Glück. Später fand die Mutter – zum großen Erstaunen von allen – im Katechismus beim Stichwort „Himmel" unter Punkt 1025 folgende Passage:
„Im Himmel leben heißt mit Christus sein. Die Auserwählten leben ‚in ihm', behalten oder, besser gesagt, finden dabei jedoch ihre wahre Identität, ihren eigenen Namen".
Mimi sein, dachte sie spontan. Mimi hat das verstandesmäßig so bewußt natürlich nicht gesehen. Aber sie fühlte es so, und das ist auch eine Form des Bewußtseins, eine, die ihrem Alter entsprach. Im

Kommunionunterricht ist über diese Thematik nur am Rande gesprochen worden. Solche Eingebungen sind mehr die Frucht eines inneren Lebens, dem der Umgang mit Gott vertraut ist. Und das ist die Aufgabe der Eltern, vor allem der Mütter: Zu diesem Umgang hinführen, Innerlichkeit und Intimität schaffen, der Seele Freiraum ebnen, damit die Persönlichkeit sich entfalten kann im Du zum Schöpfer, mit einem Wort: Die Türen öffnen zum Himmel.

Die Türen sind da. „Jedem Menschen ist eine transzendente Erwartungshaltung eingeboren," schreibt Christa Meves in ihrem Buch „Erziehen lernen aus tiefenpsychologischer Sicht". Diese Erwartungshaltung zeige sich „im Leben des Menschen auf Schritt und Tritt, ist meist vollständig unbewußt, äußert sich oft als Projektion auf greifbare Dinge der Wirklichkeit: Die Erwartung auf das Fest, auf die Heimkehr des Vaters, die Erwartung der Post oder der Nachrichten, eines Sonnenaufgangs, einer Gipfelbesteigung, die Erwartung der großen Liebe oder eines Telefonanrufs. Und die Enttäuschung seiner Erwartungen liegt für den Menschen oft darin, daß das Real-in-Erscheinung-Tretende seiner eigentlichen Sehnsucht nicht entspricht, nicht entsprechen kann, weil sie auf ein Ziel gerichtet war, das sich in der äußeren Wirklichkeit nicht erfüllen läßt." Die Transzendenzerwartung ist sozusagen naturgegeben und daraus allein schon ergibt sich die menschliche Notwendigkeit zur religiösen Erziehung.

Die Mutter, Nabelschnur zu Gott

Der Münchner Erfolgsautor und Professor der Pädagogik, Helmut Zöpfl, zitiert in seinem Bestseller „Der kleine Erziehungsratgeber" eine ganze Reihe von Theologen, katholische wie protestantische, die die Unverzichtbarkeit religiöser Erziehung begründen. Auszug: „Seit vielen Jahren findet man an Wänden gekritzelt den Spruch ‚Gott ist tot' (Nietzsche), und darunter steht dann ‚Nietzsche ist tot' (Gott). ‚Gott stirbt nicht, wenn der Mensch aufhört, nach ihm zu fragen', stellt Heinz Zahrnt fest, ‚wohl aber hört der Mensch auf, Mensch zu sein, wenn er die Frage nach Gott nicht mehr stellt'. Und Christian Morgenstern erklärt: ‚Wer Gott aufgibt, der löscht die Sonne aus, um mit der Laterne weiterzuwandern'."

Die Liste der Zitate ließe sich beliebig verlängern. Ein Mensch ohne religiöse Dimension ist in seiner Persönlichkeit wie amputiert. Es ist schwer, diese Lücke zu füllen. Nicht selten führen späte Bekehrungen zu Überzeichnungen der Persönlichkeit, zu Auswüchsen und Lebensdogmatikern, die ständig belehren und alles besser wissen, die skeptisch die Äußerungen des Papstes auf ihre Rechtmäßigkeit prüfen und die sich oft in Formeln der Frömmigkeit verlieren. Das muß nicht so kommen, vor allem dann nicht, wenn diese Menschen zu Hause Liebe erfahren und so den Funken Gottes gespürt haben. Der große Pädagoge Pestalozzi, der sich viel mit den Herzensangelegenheiten der Kinder beschäftigt hat, hat auch diese innerste Form der Persönlichkeitsentwicklung, die religiöse Erziehung, in einer recht persönlich gehaltenen Passage festgehalten, als er das Verhältnis zu seiner Mutter und zu Gott beschrieb: „Wie kommt es, daß ich an einen Gott glaube? Daß ich mich in seine Arme werfe und selig fühle, wenn ich ihn liebe? Wenn ich ihm traue, wenn ich ihm danke, wenn ich ihm folge? Das sehe ich: Die Gefühle der Liebe, des Vertrauens, des Dankens und die Fertigkeiten des Gehorsams müssen in mir entwickelt sein, ehe ich sie auf Gott anwenden kann. Ich muß Menschen lieben, ich muß Menschen trauen, ich muß Menschen danken, ich muß Menschen gehorsam sein, ehe ich mich dazu erheben kann, Gott zu lieben, Gott zu vertrauen und Gott zu gehorchen. Ich frage mich: Wie kommen die Gefühle, auf denen Menschenliebe, Menschendank und Menschenvertrauen wesentlich ruhen, und die Fertigkeiten, durch welche sich der menschliche Gehorsam bildet, in meine Natur? Ich finde, daß sie hauptsächlich von dem Verhältnis ausgehen, das zwischen dem unmündigen Kind und seiner Mutter stattfindet".

Wenn eine Mutter das hört, könnte sie sich geschmeichelt fühlen. Zu Recht. Vielleicht spürt sie aber auch die große Verantwortung, die für die religiöse Erziehung des Kindes auf ihr ruht. Eine Verantwortung, die sie nur tragen kann, wenn sie selber im Glauben verankert ist. Denn diese Verantwortung zielt über das Leben hinaus. Deshalb ist die erste Lektion, die erste Erfahrung der Liebe und des Vertrauens das Angenommen-Werden ab dem ersten Augenblick der Empfängnis. Das „fiat" der Frau kommt vor dem „fiat" des Mannes. Sie ist die Trägerin des Lebens, die Nabelschnur zu Gott.

Teil der Gesamtpersönlichkeit

Denn das ist das Ziel religiöser Erziehung: Daß der Mensch sich angenommen weiß von Gott, daß er sich geliebt weiß, daß er sich als Kind Gottes geborgen fühlt, auch wenn er einmal versagt. „Die Sünde hassen, den Sünder lieben", nennt es Augustinus. Die jeweiligen Formen der Frömmigkeit – Hände falten, knien, vorformulierte oder freie Gebete sprechen, Gospel oder deutsche Kirchenlieder singen, Arme heben oder in sich versunken bleiben, Sätze aus dem Katechismus, kleine Abendgebete oder auch ganze Litaneien auswendig lernen etc. pp. – das sind Fragen des jeweiligen gesellschaftlichen Milieus und der familiären Lebensweise. Es handelt sich um Ausdrucksformen, wichtig ist die existentielle Grundannahme: Kind Gottes sein. Hier sind wir alle gleich, ob Eltern, Jugendliche oder Kinder. Das ist Grundvoraussetzung und Ziel der religiösen Erziehung.

Wenn man es Kindern von heute erklären wollte, könnte man sagen: Das ist das „Betriebssystem" im Rechner Leben, ohne das läuft nichts. Ohne diese Gewißheit, daß Gott jeden einzelnen bei seinem Namen ruft, daß jeder Mensch eine „einmalige Liebesidee Gottes ist" (Reinhold Ortner), bleibt der PC schwarz. Die beste Hardware (schöner Körper, kraftvoll, gesund) bleibt ohne diese Software nur ein kaltes, lebloses Gerät. Mit der Software Geist und Liebe aber lassen sich tolle Dinge machen.

Man sollte die Parallelen und Bilder natürlich nicht überstrapazieren. Aber es ist auch eine Argumentationskrücke gegen die Ansicht, religiöse Erziehung sei ein geistlicher Luxus. Denn nicht wenig Eltern meinen heute, das Kind solle sich seine Religiosität selber aneignen, dann wenn es erwachsen sei und selber frei darüber bestimmen könne. Das ist eine große Seifenblase der Beliebigkeitsgesellschaft. Es gibt kein Vakuum im geistlichen Bereich. Wo nichts ist, ist Nihilismus. Religiöse Bildung gehört zur Gesamtpersönlichkeit, zum Menschsein. Der amerikanische Psychologe Ross Campbell drückt es in seinem Buch „Kinder sind Persönlichkeiten. Hilfen zur geistlichen Reife" so aus: „Wir müssen unseren Kindern liebevoll dabei helfen, ihre gesamte Persönlichkeit zu entfalten. Wir können uns nicht nur auf einen Bereich ihres Lebens konzentrieren in der Hoffnung, daß sich alles andere von selbst regeln wird". Es komme darauf an, die Entwicklung der „Gesamtpersönlichkeit zu fördern, damit das Kind später als Erwachsener geistliche Werte übernehmen kann."

Zur Gesamtpersönlichkeit gehört die Selbstannahme. Nur wer sich bedingungslos geliebt und angenommen weiß, der ist fähig, sich selbst so zu lieben, „wie Gott ihn gemeint hat" (Dostojewski), das heißt sich selbst als einmaligen, unendlich wertvollen Menschen zu begreifen, unabhängig von seiner Leistung, seinem Amt, seinen Umständen, seiner Karriere. Was das für das Selbstwertgefühl bedeutet, ist gar nicht zu überschätzen. Das Gleiche gilt für die Liebesfähigkeit gegenüber anderen Menschen. In dieser bedingungslosen Selbstannahme steckt Hoffnung. Hoffnung für alle Lebenslagen und mit der Hoffnung auch der Wille, Lösungen für Probleme zu suchen.

Wo Liebe ist, kann Hoffnung wachsen

Unser „Himmelskind" Mimi scheint von dieser Hoffnung beseelt zu sein. Jedenfalls hat es eine Firma gegründet mit dem Namen AM, für „Alles Mögliche". Auf dem Präsentationsbogen, den sie auf dem Laptop erstellt hat, bietet AM folgende Möglichkeiten an: Bankverbindungen, Postdienste, Anklage („Wenn man eine Anklage machen will, dann gehen Sie zu AM, denn wenn Sie mit uns einen Vertrag gemacht haben, ist es für Sie günstiger. Unser Richter entscheidet mit dem Publikum und mit Ihnen"). Auch Märchen werden geboten: „Sie brauchen ein Märchen? Für was auch immer, wir machen es möglich, Ihren Märchenwunsch in Erfüllung zu bringen". Natürlich auch Versicherungen: „Unsere Versichreung versichert alles, was Sie wollen". Hochinteressant auch das Angebot für „Vertrauensgespräche": „Geben Sie Ihr Problem an und unsere Vertrauenspersonen sprechen mit demjenigen". Das ist im Zweifelsfall einer der Brüder, manchmal auch der Vater oder die Mutter. Interessant ist in der Tat die Lösungsgewißheit. AM ist umfassend, lebensumfassend. Auch Herzensprobleme werden angegangen. Der Vater hat die Gelegenheit für ganz profane Dinge genutzt. AM sollte endlich mal dafür sorgen, daß das Zimmer von Mimi aufgeräumt würde. Und selbst das war möglich.

Das Selbstwertgefühl und die Hoffnung, die in solchen Spielen zum Ausdruck kommen, haben nicht unmittelbar mit religiöser Erziehung zu tun, von dem Priester (irgendein Bruder) mal abgesehen, der als „absolute Vertrauensperson" in Diensten von AM steht. Aber sie entspringen dem „Betriebssystem Liebe". Das ist die gemeinsame Wurzel. Aus ihr erwächst die Bereitschaft zum Dienen als Dienstleistung, zum Problemlösen als Antwort auf Lebensfragen, zur Annahme des anderen noch vor der Begutachtung seiner Umstände, Probleme und Leistungen. „Wo Liebe ist, kann Hoffnung wachsen", sagte Mutter Teresa oft. Wer dagegen nur einen strafenden, unbarmherzig gerechten Gott in Kopf und Herz hat, der wird sich wahrscheinlich auch so verhalten, sich selbst und den anderen gegenüber. Und dann auch irgendwann versuchen, sich von diesem Gott zu befreien. Christa Meves hat in diesem Sinn über den Dichter Kafka und seine „sinnsuchende Erwartungshaltung", die sich im Roman „Das Schloß" niederschlägt, geschrieben: „Daß Kafka ein hoffnungslos Suchender blieb, lag sicher nicht zuletzt daran, daß sein Vater ihm als Kind keine Möglichkeit gegeben hatte, gütige, verzeihende, vertrauensvolle Liebe zu erleben".

Bei solchen Gedanken und Ableitungen werden vielleicht einige Psychoanalytiker aufschreien und auf die Triebhaftigkeit des Menschen verweisen. Sicher, es gibt den homo faber und den homo ludens. Aber auch die Analytiker können die Logik der Schöpfung nicht analytisch aushebeln, die in der simplen Feststellung des Zweiten vatikanischen Konzils liegt: „Das Geschöpf sinkt ohne den Schöpfer ins Nichts" (*Gaudium et Spes,* Art. 36). Sie müßten auch die Natur des Menschen verneinen, was manche Philosophen ja auch tun (Sartre: «La nature de l'homme n'existe pas»), und die Augustinus in seinen berühmten Seufzer kleidete: „Unruhig ist unser Herz bis es ruht in Dir." Augustinus, der als Rhetorik-Lehrer mit der Sprache spielte und viele Jahre Lösungen für seine Lebensfragen suchte, fand diese Ruhe. Aber was wäre aus ihm geworden, wenn, wie er in seinen Bekenntnissen schreibt, seine Mutter Monika diese sozusagen genetisch eingepflanzte menschliche Unruhe, diese transzendente Erwartungshaltung in seinem Herzen nicht geweckt, wach gehalten und nicht ständig für ihn gebetet hätte?

Der Ort des Glaubensaktes

Liebe, Glaube, Hoffnung – es ist schon erstaunlich, daß die von Paul Watzlawick zuerst entwickelte systemische Methode der Psychotherapie, die wegen ihrer Erfolge immer weitere Kreise zieht, oder auch die Logotherapie von Viktor Frankl und Elisabeth Lukas de facto auf diesen theologischen Tugenden aufbauen. Die eine, indem sie bei seelisch kranken Menschen die noch vorhandenen Ressourcen mobilisiert und ihn so genesen läßt, die andere, indem sie Sinnziele setzt und auf diese Weise der kranken Seele neue Perspektiven eröffnet. Nicht wenige Erkrankungen haben ja „grosso modo" damit zu tun, daß die Selbstfindung in dieser Welt nicht gelingt und das ist sicher einfacher bei gläubigen Menschen, weil sie in der Entscheidungsmitte ihres Daseins, im Herzen, einen Halt verspüren, der die Mühsal des Tages tragen hilft. In einer Studie des englischen „Instituts für Familienangelegenheiten", die im Sommer 2001 im Oberhaus vorgestellt wurde, wird der Glaube als bedeutender Faktor für die emotionale Stabilität in einer Familie hervorgehoben: Religiöse Eltern haben im Schnitt wesentlich bessere Beziehungen zu ihren Kindern als nicht-religiöse und sie nehmen auch doppelt so viel Einfluß auf den Medienkonsum in der Familie, was die Kommunikation und Vertiefung mancher Themen fördert.

Nun gibt es sicher viele Menschen, die nicht glauben und trotzdem keine Minderwertigkeitskomplexe haben. Aber wer weiß das schon? Nur Gott schaut in die Herzen der Menschen. Dort findet der eigentliche Glaubensakt statt. Der Glaube ist letztlich eine Herzensangelegenheit. Er ist nicht digitalisierbar, abrufbar im Internet geschweige denn in seiner Logik und gedanklichen Stringenz unausweichlich. Die Jünger von Emmaus ermahnt der auferstandene Jesus, nicht so trägen Herzens zu sein. „Oh wie träge ist euer Herz zu glauben", heißt es in manchen Übersetzungen, oder auch: „Wie schwer wird es eurem Herzen, alles zu glauben, was die Propheten verkündet haben" (Lukas 24,25). Denselben Jüngern „brannte das Herz", nicht der Verstand, „als er mit uns redete und uns die Schrift erschloß". Auch das Hauptgebot der Christen spricht zuerst das Herz an: „Du sollst den Herrn, Deinen Gott lieben aus ganzem Herzen ..." Das Herz ist, als „die Entscheidungsmitte des Menschen", wie Josef Pieper sagt, oder als „Zentrum der inneren Persönlichkeit" nach einem Wort von Alfred Sonnenfeld, der eigentliche Ort des Glaubensaktes, die wahre Heimat des Glaubens in uns. Deshalb verlegt die Heilige Schrift die Gottlosigkeit nicht in den Verstand, sondern ins Herz. Dixit insipiens in corde suo: Non est Deus – „Es sprach der Tor in seinem Herzen: Gott ist nicht", so lesen wir im Psalm 13,1. Die Erfahrung der Wirklichkeit und ihre persönlich geistige Verarbeitung ist eben nicht nur eine Sache des Verstandes. Man muß die Wahrheit auch wollen, es genügt nicht, daß sie ist, bemerkte schon Max Weber. Aus dieser Klugheit des Herzens resultiert, was die Alten die Lebensweisheit nennen. Nicht selten ist es die Weisheit der Kleinen und Demütigen, jener, die im Gebet, manchmal auch im Studium, auf jeden Fall im alltäglichen Umgang mit Gott, in ihrem Herzen die Liebe leben und erfahren.

Auf dem „Betriebssystem Liebe" lassen sich dann einzelne Programme speichern, mit denen man die Arbeit des Lebens angehen kann. Denn das Betriebssystem allein reicht auch nicht, um die Aufgaben des Tages anzugehen. Im Klartext: Es muß zu der Grunddisposition des Glaubens auch das Wissen über den Glauben hinzukommen. Deswegen gehören in jeden Haushalt außer der Bibel auch ein Katechismus. Auf den Religionsunterricht kann man sich heute nicht mehr so verlassen wie früher. Er hängt sehr von der Lehrkraft ab und auch die kann ohne das Elternhaus in der Regel nicht viel ausrichten. Papst Johannes Paul II. hat in einer Predigt für Studenten an der Elfenbeinküste die Notwendigkeit zur Bildung des Glaubens so formuliert: „Hört auf zu denken, der christliche Glaube sei nur für Kinder oder einfache Leute gut. Wenn er so erscheint, dann haben Jugendliche und Erwachsene es schwer vernachlässigt, ihren Glauben im gleichen Schritt mit ihrer menschlichen Entwicklung wachsen zu lassen. Der Glaube ist kein hübsches Kleid für die Zeit der Kindheit. Er ist ein Geschenk Gottes, ein Strahl des Lichtes und der Kraft, die von Ihm, Gott kommt und er muß alle Lebensbereiche erhellen und beleben." Das Werdet-wie-die-Kinder bezieht sich auf das Betriebssystem, auf die Einfachheit der Liebe. Sie kann und sollte Vertiefung erfahren durch katechetisches Wissen.

Der unausweichliche „Kirchenstreik"

In einer permissiven Gesellschaft wie der von heute ist vor allem das Vorbild gefragt. Denn früher ruhte das gesellschaftliche Umfeld auf einem Konsens, der weitgehend auch ein festes sittlich-religiöses Gerüst bildete. Familie, Nachbarschaft, Pfarrgemeinde und selbst Medien boten dem jungen Menschen ein in sich mehr oder weniger geschlossenes Bild religiöser Überzeugungen. Die Zehn Gebote wurden geachtet. Die pluralistische Gesellschaft der Beliebigkeit hat für sich einige der Gebote außer Kraft gesetzt. In diesem heidnischer werdenden Umfeld ist es natürlich schwieriger, den Glauben zu leben und zu vertreten. Es muß mehr argumentiert werden. Deshalb muß man mehr wissen.

Das gilt umso mehr, wenn die eigenen Kinder in den „Kirchenstreik" treten. Das ist ein Moment, den fast alle Eltern erleben. Das heranwachsende Kind überrascht am Sonntagmorgen mit der Feststellung: „Heute gehe ich nicht mit". Manchmal folgt auch noch eine Begründung, meist aber ist es nur „keine Lust", „heute mal nicht", „wenn ich diesen Pfarrer schon sehe", „das bringt's nicht", „das ist langweilig". Jugendliche verpacken ihre Probleme mit Gott, Religion und Kirche gerne in herausfordernde Redens- und Verhaltensweisen, schreibt Reinhold Ortner, und wendet sich an die Eltern: „Dabei gehen sie nicht gerade zimperlich mit ihrem Gegenüber um. Sie stellen in Frage, zweifeln an und verletzen frei heraus den Glauben der Erwachsenen mit Contra-Schlagworten, die sie irgendwo gehört haben. Was sie jetzt am wenigsten brauchen, ist ein elterliches Donnerwetter. Vielmehr sehnen sie sich in ihrem Innern nach einem verständnisvollen Eingehen auf ihre Probleme. Hinter ihrem provokativen Verhalten steckt der Wunsch nach einer überzeugenden Argumentation unsererseits."

Diese Argumentation muß in doppelter Hinsicht parat liegen. Zum einen inhaltlich. Eltern müssen ihren Glauben begründen können und das setzt voraus, daß sie darüber nachgedacht und sich konkretes Wissen, etwa über die sieben Sakramente (Taufe, Firmung, Eucharistie, Buße, Krankensalbung, Ehe, Weihe), angeeignet haben. Dafür genügt oft das Studium des Katechismus. Zum zweiten formal. Es geht nicht darum, eine Diskussion zu gewinnen, sondern dem Kind zu helfen. Deshalb ist der einzige Zwang, den Eltern in solch einer Situation ausüben sollten, der auf sich selbst. Sie sollten ruhig bleiben und versuchen, die Gesamtsituation in den Blick zu nehmen. Noch einmal Ortner: „Heranwachsende Jugendliche möchten ihre langsam sich entfaltende und noch von Unsicherheiten belastete, aber dennoch vorhandene Eigenständigkeit nach außen hin dokumentieren. Jungen wie Mädchen setzen sich deswegen bewußt einer Gegenposition aus. Sie testen ihre Stärke, indem sie nicht selten sogar schockieren. Sie tun Gegensätzliches, ändern ihren Kleidungsstil, stylen und färben ihre Haare auffallend oder rasieren sich den Kopf kahl. Hinzu kommt eine herausfordernde Lebensweise. Da bleibt es nicht aus, daß auch Glaubensinhalte der Kirche, die aus der Kindheit übernommen wurden, abgelehnt werden, vor allem bisherige religiöse Gewohnheiten. Der Jugendliche fängt an, aus dem eigenen Denken und Verantworten vieles zu hinterfragen und seine Weltanschauung neu zu ordnen. Hierzu muß er zunächst eine Menge bisheriger Gewohnheiten absprengen und Neues sondieren. Nur so kann es ihm gelingen, ein persönlich neu überprüftes Weltanschauungsgefüge aufzubauen, das dann für ihn Überzeugungskraft besitzt." Es handelt sich also um anthropologisch normale und daher auch unvermeidliche Entwicklungsvorgänge. „Das auf einmal unverständliche Verhalten unseres Kindes ist naturnotwendig und von Gott als Umbruch zur persönlichen Reifung zugelassen … Der junge Mensch braucht jetzt, auch wenn uns Eltern das eine schwere Überwindung kostet, noch mehr Liebe durch Loslassen, spürbares Verständnis, Vertrauen in seine Eigenständigkeit. Was er dagegen gar nicht braucht und gerade jetzt schwer verkraftet, sind elterliche Schelte, Vorwürfe, Szenen, Zwangsmaßnahmen."

Überzeugungsversuche und Gesprächsüberfälle

Ein befreundeter Pädagoge und Priester, damals Pfarrer in einer kleinen Gemeinde, brachte das auf die Formel: „Das Kind muß nein sagen, um frei ja sagen zu können." Das betreffende Kind hat auch nein und nachher wieder aus freien Stücken umso tiefer und überzeugter ja gesagt. In solchen Phasen wird von den Eltern ein hohes Maß an Feinfühligkeit und selbstlosen Ratgebens verlangt. Das gilt nicht nur beim Thema religiöse Erziehung. Aber wegen der geradezu metaphysischen, endgültigen Bedeutung, die im Ja oder Nein zum Glauben steckt, kann ein grundsätzliches Infragestellen umso schmerzhafter empfunden werden. Aber das Infragestellen ist gut, die Kinder haben auch ein Recht darauf, weil sie auch im Glauben erwachsen werden müssen. Eltern sollten diesen Fragen und Zweifeln mit Respekt begegnen. Es ist der Respekt, die Sonne der Achtung, die die Beziehung vertieft und zu einer echten Freundschaft reifen läßt. Bloßer Zwang jedoch führt allenfalls zu momentanen Gehorsamshandlungen, nicht zu Erfolgserlebnissen der Liebe.

Das muß der Vater leider bestätigen. Er hat es dann später mit Überzeugungsdemarchen versucht, mit Anregungen, Vorschlägen, Abmachungen, Lob, viel Lob, noch mehr Lob, mit Zeit und Zuwendung, auch mit Eingeständnissen („Das weiß ich jetzt nicht, was meinst Du?"), mit der immer wieder vorgebrachten Bitte, nachzudenken und zu lesen, sich einen konstruktiven aber durchaus auch kritischen Geist zu bilden, mit Einzelgesprächen und Gesprächen im Familienrat. Die Mutter machte es von Anfang an geschickter: Sie schafft Umstände, die ein Gespräch zu zweit ermöglichen. Zum Beispiel fährt sie Mimi in die Schule und holt sie auch ab. Auf diesen Wegen ergeben sich Gespräche, die zu Hause kaum möglich wären. Das gilt auch für andere Kinder. Autofahrten sind goldene Gelegenheiten für offene Gespräche. Man schaut geradeaus und kann nicht weglaufen. Außerdem ist die Zeit begrenzt, es kann nicht in Predigten ausarten.

Ziel solcher Gespräche ist nicht die Erfüllung eines Rituals namens Sonntagsmesse. Es geht um mehr. Die Eucharistiefeier ist Aktualisierung der Erlösungstat Christi, ist Begegnung mit Gott. Ziel ist die Befähigung zu dieser Begegnung, im Gebet, im Gespräch mit dem Du des Schöpfers. Was ist Gebet anderes als zu Gott zu sprechen, als auf Ihn zu horchen, als das eigene Leben in Seiner Gegenwart zu reflektieren? Ziel ist, die innere Disposition zur Liebe, den naturhaften Drang zur Liebe nicht verschütten zu lassen. Ziel ist die Gebetsfähigkeit zu entwickeln und zu erhalten. Dem Kind sollte bewußt sein, daß Gott immer wartet, daß es immer zurückkehren kann, so wie der verlorene Sohn und daß es auch immer wie dieser aufgenommen wird, mit offenen Armen. Gott wartet, der Kontakt zu Ihm ist immer möglich. „Ein Mensch ist nie größer als dann, wenn er kniet", pflegte Papst Johannes XXIII. zu sagen. Kein Wunder, wenn er betet, liebt er ursprünglich. Im Gebet begegnen wir Gott. Den Menschen zum Knien befähigen, sein Herz für diese Begegnung zu öffnen, ihn Gott nahe bringen, ihn zur vollen Aus-Schöpfung seiner Kräfte und Tugenden zu bewegen, all das ist religiöse Erziehung.

Die meisten Jugendlichen in diesem Haus haben die Demarchen und „Gesprächsüberfälle" gut weggesteckt. Manchmal wurden die Gesprächsinhalte auch zweckentfremdet. Einer sang eine Zeitlang ein Loblied auf seine Freundin auf gregorianisch und in Latein: „Credo in unam deam, nomine ...". Andere machten Passagen aus dem Neuen Testament zu geflügelten Worten des Alltags, etwa wenn man nach einer Person aus Schule oder Beruf fragte: „Ich kenne jenen Galiläer nicht." Oder plötzlich ahmt einer nach der Erzählung eines Bruders dreimal einen Hahnenschrei nach. Es sind dieselben, die sich in der Jugendarbeit oder bei der Firmvorbereitung in der Pfarrei engagieren, die bei längeren Autofahrten den Rosenkranz mitbrummen – auch da wird keiner gezwungen – und die beim Tischgebet zwar die kürzeste Formel suchen, es aber aufmerksam hören (wir haben, um die Leier der Routine zu vermeiden einen Stoß Tischgebete-Kärtchen, auf denen ein Satz aus der Heiligen Schrift kurz kommentiert wird). Wie sie ihr späteres Leben auch religiös gestalten, wissen wir nicht. Aber daß sie beten können und es auch tun, jeder auf seine Art, erfüllt uns mit Freude. So wie dieser Eintrag in einem Buch vor einer Kapelle, in das die Teilnehmer des Gottesdienstes ihre Anliegen hineinschreiben: „Als Danksagung in einem besonderen Anliegen und als Bitte um Weisheit im Umgang mit dem Glück und dem Erfolg". Solange Erfolg mit dieser Demut betrachtet wird, dürfen Eltern sich darüber freuen.

Ein gutes Beispiel ist die beste Predigt

Noch einmal: Religiöse Erziehung ist im Grunde Erziehung zur Liebe. Für Liebe aber „muß man werben. Liebe muß das Herz treffen. Und sie muß wachsen können, bis sie so stark wird, daß sie auch in entscheidenden Krisensituationen sich als frei vollzogene Hinwendung zum Du ausdrückt" (Reinhold Ortner). Insofern geht es auch um eine Lebensphilosophie, um eine Lebensweise. Dafür gilt die alte Weisheit, die Benjamin Franklin in den knappen Satz kleidete: „Ein gutes Beispiel ist die beste Predigt" und die der Volksmund so formuliert: „Ein Vorbild sagt mehr als tausend Worte." In diesem Zusammenhang gewinnt der Begriff der Pädagogik seine volle Geltung. Er kommt vom griechischen Wort paidagein und bedeutet „ein Kind führen". Durch Wort und Tat sollen Eltern das Kind führen. Diese Führung, die „Predigt" des Lebens beginnt sozusagen noch vor der Geburt. Der Liebe ein Zuhause geben, den Geist der Liebe lebendig machen, ihn materialisieren im persönlichen Gebet und dem Abendgebet an der Bettkante, in der Haltung zu Problemen des Alltags und über den Tag hinaus, im Urteil über Taten und Personen, im Verzeihen und Sich-Entschuldigen („den Sünder lieben, die Sünde hassen"), all das ist religiöse Erziehung. Lebensbeispiele haben Prägekraft.

Das Wie und Warum religiöser Erziehung lassen sich nicht voneinander trennen, schon gar nicht in einem christlichen Haus. Campells deutscher Kollege, Reinhold Ortner, führt in einem Bändchen „Impulse zur religiösen Erziehung" dazu aus: „Christlich religiöser Glaube ist im tiefsten Kern Bindung an Gott, an Christus. Jedes Kind ist eine einmalige Liebesidee Gottes. Dies bedeutet, daß die in der Liebe Gottes gründende Einmaligkeit jedes Menschen Ausgang und Maßstab für unsere religiöse Erziehung sein muß. Wir bieten von Liebe getragene Hilfe dafür an, den Weg zu Gott zu finden und die Bindung an Gott zu vollziehen. Was wir dabei vermitteln und durch unser Vorbild festigen, senkt sich tief in die Seele der anvertrauten Menschen und gleicht einer existenziellen Grundausrichtung zur Bewältigung des Lebens bis hin zur Vollendung. So verstandene religiöse Erziehung ist sowohl Hilfe, Wegweiser, Stärkung und Festigung im Glauben wie auch Schutz und Immunisierung gegen die Kräfte des Bösen. Unser im Glauben gründendes Vorbild im Reden, Fühlen und Tun wird sich in das Herz der Kinder einprägen. Sie werden auch die kleinsten Impulse unserer religiös richtungsweisenden Liebe aufnehmen, in sich bergen und mit Hilfe dieser Kraftquelle ihr eigenes religiöses Leben gestalten."

Es ist auch nicht nötig, Kindern den Glauben einzuhämmern. Tischgebet, Abendgebet, die heilige Messe – mehr als durch viele Erklärungen lernen die Kinder den Wert der Frömmigkeit durch das Beispiel der Eltern. Sie lassen sich dann auch durch widrige Umstände kaum von ihrem Weg abbringen. Als David kurz nach seiner Geburt lebensgefährlich erkrankte, gingen Annabelle und Vanessa zur Kirche, um für David bei Jesus zu beten. Die Tür der Kirche war verschlossen. Sie schimpften auf den Pfarrer, der, wie sie sagten, die Kinder nicht zu Jesus läßt, und gingen zum Marienbild im Garten der Kirche. Dort stellten sie die Rose, die sie von zu Hause in einer leeren Coca-Cola-Dose mitgebracht hatten, vor das Bild der Muttergottes und beteten für den kleinen David. Sie gingen auch manchmal dorthin, um für den Papst zu beten. Selten hat sie ein Ereignis so sehr beeindruckt wie der erste Besuch des Heiligen Vaters in Deutschland, vor allem die Bilder des betenden Priesters. Monatelang spielten sie im Kinderzimmer Papstbesuch. David war dabei die Rolle des Papstes zugedacht, denn der knapp vier Monate alte Bruder konnte sich nicht wehren und blieb in dem Stuhl sitzen, oder wurde auf die Erde gelegt, um den Boden zu küssen.

Es ist das Beispiel, das die Kinder bewegt und mitführt. „Müßte ich den Eltern einen Rat geben," schrieb ein erfahrener Priester, es war der sel. Escriva de Balaguer, „dann würde ich ihnen vor allem dies sagen: Laßt eure Kinder sehen – sie sehen es ohnehin von klein auf und bilden sich ihr Urteil darüber, macht euch da keine Illusionen – laßt sie sehen, daß ihr euch bemüht, im Einklang mit eurem Glauben zu leben. Daß Gott nicht nur auf euren Lippen, sondern auch in euren Werken ist, daß ihr euch bemüht, aufrichtig und loyal zu sein, daß ihr euch und sie wirklich gern habt." Und weiter: „Bemüht euch darum, daß die Kinder lernen, ihre Handlungen vor Gott und mit Gott zu bewerten. Gebt ihnen übernatürliche Motive, damit sie sich verantwortlich fühlen."

Der die Vaterschaft Gottes sichtbar macht

Das Gottesbild und damit die persönliche Beziehung zu Gott brauchen das Ambiente der Eltern, sie werden sozusagen im Ofen der Familie gebacken. Die Bedeutung der Mutter (siehe oben) faßte Johannes Paul II. am Neujahrstag 2000 in die Worte: „Die Geschichte eines jeden Menschen ist vor allem in das Herz der eigenen Mutter eingeschrieben." Aber der Papst hat auch die Bedeutung des Vaters für die Formung des Gottesbildes nicht gering geschätzt. In seiner

Enzyklika *Familiaris Consortio* würdigt er die Vaterrolle bei der religiösen Erziehung, indem er sie mit der Vaterschaft Gottes in Verbindung bringt. Der Vater sei es, „der die Vaterschaft Gottes selbst auf Erden sichtbar macht und nachvollzieht".

Es ist in der Tat ein Erfahrungswert, daß die Menschen ihr Bild vom Vater-Gott zunächst als Kind zu Hause erleben. Tugenden wie Treue, Stärke, Gerechtigkeit, Gehorsam, Tapferkeit, Mut und Freude – um nur ein paar zu nennen, die freilich nicht exklusiv väterlich sind – können so schon eingeprägt sein, noch bevor das Kind sich bewußt um sie bemüht. Aber auch hier geht es, wie bei der Mutter, letztlich um die Liebe. Und damit nicht nur um das eigene Gottesbild, den persönlichen Bezug zu Gott, sondern auch um die gesellschaftliche Wirkkraft der religiösen Überzeugung. „Ohne das Zeugnis und Wirken der Laien könnte das Evangelium niemals das gesamte menschliche Leben durchdringen und in das ganze Leben der Gesellschaft hineingetragen werden", sagt Johannes Paul II. Das Zeugnis bei der Arbeit, die Dienst- und Hilfsbereitschaft gegenüber anderen, darin liegt sicher auch ein Schlüssel für die „kreative Synthese zwischen Evangelium und Leben", zu der der Papst alle Christen, Laien und Kleriker, Bischöfe eingeschlossen, seit Jahren aufruft. Es geht bei diesem Dienen nicht um Unterwürfigkeit oder Sklaverei. Auf dem Spiel steht die Fähigkeit des Menschen, sich, seinem Milieu, den anderen Sinnbezüge für ihr Leben und Tun zu vermitteln oder wenigstens zu bieten. Ihnen Hoffnung geben, sie stark machen. Die Stärke, die Jugendliche in einem religiösen Elternhaus vermittelt bekommen, trägt weiter. Die 13. Shell-Jugendstudie „Jugend 2000" hält es empirisch fest: Die vermittelte Werte-Stärke hilft im Lebenskampf in und mit der Gesellschaft, heute mehr noch als früher, weil die traditionellen konfessionellen Milieus mit prägender Wirkung de facto verschwunden sind. Konkret: Jugendliche, die zum Gottesdienst gehen, gehören häufiger einem Verein an, interessieren sich deutlich mehr für Politik und die europäische Einigung. Knapp ein Drittel der Jugendlichen betet; besonders bei den jungen Männern zeigt sich dabei: Wer betet, ist optimistischer und eher leistungs- als genußorientiert. Zukunftszuversicht und Werte wie Menschlichkeit, Selbstverantwortung, Familie hängen deutlich mit der geübten religiösen Praxis bei den Jugendlichen zusammen. Zwei Drittel von ihnen wollen auch ihre eigenen Kinder religiös erziehen. Die religiösen Jugendlichen sind insgesamt zufriedener und haben mehr Selbstvertrauen. Das gilt auch, wenn ihre Eltern keine Akademiker sind.

Vor diesem Hintergrund leuchtet die Definition der Erziehung (Beschenken mit Menschlichkeit, s. S. 20–50) die große Tiefe des Menschseins aus und erhält die Bezeichnung von der Kirche als „Mutter der Gläubigen" auch eine tiefere Bedeutung. Mutter Kirche bürgt für das Humanum. Sie steht für das Wichtigste im Leben, die Liebe. Sie sieht im Menschen nicht das, was er hat, sondern was er ist. Sie urteilt nicht nach Leistung, sie nimmt an und auf, ohne viel zu fragen. Für diese und für jede christliche Mutter gibt es keine großen und kleinen Dinge, nur ewige und vergängliche. Sie lehrt Menschlichkeit, nicht die Buchhaltung von Geboten. Sie bewahrt die Wahrheit, sie bringt die Liebe, sie bringt Gott zu den Menschen. Sie lehrt nicht die heile Welt, sondern die Heilung der Welt. Deshalb auch gehört Golgotha zum Kern ihrer Botschaft. Ein Gott, der Liebe ist, schreibt Heinrich Spaemann, „konnte diesen Tod nur erleiden, um auch den zu retten, der ihm diesen Tod zufügt." Golgotha ist ein Risiko, das Risiko der Liebe. Das läßt sich nicht in wirtschaftliche Kategorien fassen. Mutter Kirche ist ein Unternehmen mit geheimnisvollen Bilanzen. Ständig verlieren ihre Aktien in den Augen der Gesellschaft an Wert, wird sie geschmäht und verspottet auf dem Markt der Medien, gilt sie als Ladenhüter und schwer verkäuflich, wird sie verworfen und dezimiert, und dennoch sind ihre Salden immer positiv.

Religiöse Erziehung bedeutet, Kindern Sinn für das volle Leben, für die Hoffnung und die Liebe zu erschließen, um, wie Johannes Paul II. es am Ende seines ersten Deutschlandbesuches formulierte, jene Zivilisation der Liebe zu schaffen, „die allein es vermag, unsere Welt menschenwürdiger zu machen."

Von Martine und Jürgen Liminski

„Und was mach' ich mit Maria?"

Weihnachten und andere große Feste

Gott schuf Himmel und Erde. Als er das Werk vollendet hatte, sah er, daß es gut war. Und dann heißt es in der Schrift, er war müde. Dann schuf er die Eltern des Menschengeschlechts. Und daß er müde war, erklärt manches.

Mark Twain

„Was fällt Dir beim Stichwort Weihnachten und Familie ein?" fragt der Vater die älteste Tochter in Barcelona. „Belén vivo – lebendige Krippe" kommt es sofort durch die Leitung. Man hat sich daran gewöhnt, viel in kurzer Zeit zu sagen, schon wegen der Rechnung. Aber das kam wirklich spontan, und in der Tat, die Krippenspiele im Hause Liminski haben es in sich. Es geht nicht nur um die eine Szene. „Das ist langweilig, immer nur in einen Stall zu gucken", meinte Tobias, dem allerdings auch keine Starrollen zugetraut wurden, nur manchmal durfte er den Oberhirten spielen. Man nahm sich mehrere Szenen vor und einmal – unvergessen – gab es noch eine Zugabe. Die Kinder spielten, wie immer in eigener Regie, die „Flucht nach Ägypten". Die Szene: Unter dem Tisch stand Tobias, damals zehn Jahre alt, auf allen vieren und sagte, nein, stieß ständig aus: „I-ah, i-ah, i-ah". Vor dem Tisch saßen Arnaud (sechs) als der heilige Josef und David (acht) als die „noch heiligere" Maria, zwischen ihnen eine Puppe, denn der dreijährige Nathanael, den alle Momo nennen, wollte diesmal nicht das Jesuskind spielen. Er streikte. Plötzlich schwebte ein großes, weißes Bettlaken durch die Wohnzimmertür, so daß es selbst Tobias den Doppellaut verschlug, und aus dem Engelstuch klang feierlich die Stimme Thibauts (elf): „Josef, Josef, nimm eilends das Kind und flieh' nach Ägypten, denn die Häscher des Herodes trachten ihm nach dem Leben." Arnaud blickte hoch und sagte: „Und was mach' ich mit Maria?" Die wußte schon Bescheid: „Ich komm doch mit, Mann!" Dann setzte sie sich auf Tobias, der inzwischen seine Stimme wiedergefunden hatte, Josef legte die Puppe drauf und alle zogen eilends und mit lautem „I-ah" aus dem Wohnzimmer, Richtung Ägypten. Der Applaus war euphorisch.

Weihnachten ist in Großfamilien ein doppeltes Fest. „Es wird nicht nur die Familie von Bethlehem, sondern auch die eigene Familie gefeiert." Natürlich bezeichnet manch einer, wenn die Vorbereitungen intensiver und die Stimmungen gespannter werden, das Fest der Liebe auch schon mal mit dem Namen der notdürftigen Reste von Ochs und Esel, die es damals auch im Stall gegeben haben muß. Aber das ist nicht spezifisch und auch nicht von Dauer. Die Vorbereitung macht Freude. Man weiß, daß man eben nicht elf Krawatten bekommt. Man bekommt Kunstwerke. Der eine schreibt ein Gedicht über seine Familie und trägt es vor. Das ist dann der Moment, wenn die Mädchenfraktion weint. Die andere malt mit Öl eine Szene, von der sie weiß, daß sie dem Empfänger gefällt, zum Beispiel ein Schiff in hohen Wellen. Die Kleinen basteln, die Größeren zeichnen, die ganz Großen lassen sich etwas einfallen. So bekam das repräsentierende Oberhaupt der Familie einmal eine Weihnachtstüte mit lauter Papierschnitzeln drin und auf jedem Stückchen stand das Wort „Macht": Eine Tüte voll Macht. Dazu noch ein Zettel: „Ganz viel Macht – greif hinein, wenn du es für nötig hältst". Die Tüte steht noch heute sichtbar im Büro und erinnert den Besitzer an das Wort von Pascal: „Die eigentliche Aufgabe der Mächtigen ist es, die ihnen Anbefohlenen zu schützen."

„Wir halten zusammen"

Das Macht-Geschenk erklärt sich vielleicht auch aus dem väterlichen Bemühen, an Weihnachten den Schutz zunächst mal der Ordnung an sich zu widmen. Wie war das früher noch so einfach, als es nur fünf oder sechs Kinder festlich zu managen galt! Da war auch noch ein getragenes Klavierstück, ein Weihnachtsgedicht am Baum oder auch die schön vorgelesene Geschichte von Bethlehem drin, bevor der Run auf den Paketberg unter dem Baum losging. Irgendwann aber war Schluß mit der Hoffnung, jedem Menschen guten Willens leuchte es von selbst ein, daß geben seliger ist als nehmen. Und das war auch der Moment, da die Ordnungsmacht meinte, für einen gesitteten Ablauf des Festes sorgen zu müssen. Dazu gehörte nach dem Festschmaus und der Bescherung auch die Mitternachtsmesse. Einige sprachen von der Nachtmesse mitten im Spiel – gingen aber mit und schliefen nicht selten während der Messe ein. Auch hier zählt, so tröstet sich der Vater nachträglich, der olympische Gedanke: Hauptsache dabeigewesen.

Der gelegentlich verschlafene Höhepunkt des Festes ist auch eine Frage der Information, des Nachdenkens und der Lebensphilosophie. Zur Information können Eltern manches beitragen. Da wir ein paar Jahre in Straßburg gelebt haben und zwei der zehn Kinder dort geboren sind, wurde eine Zeitlang gern die Geschichte vom „Paradiesbaum", dem Vorläufer des Weihnachtsbaumes zum besten gegeben. Denn aus Straßburg ist das erste schriftliche Zeugnis vom Weihnachtsbaum im Wohnzimmer überliefert. Es datiert aus dem Jahre 1605. Zwar gab es schon lange den Paradiesbaum, aber aus der reichen Bürgerstadt am Rhein wurde geschrieben, wie die Bürger am 24. Dezember Äpfel an die grünen Zweige banden. Der Paradiesbaum mit den Äpfeln wurde Adam und Eva zum Verhängnis, die Krippe daneben enthielt den neuen Menschen, der die Erlösung brachte. Die Straßburger Haus-Chronik erzählt, wie die Sache mit den Äpfeln sich weiter entwickelte: „Auf Weihnachten richtet man Dannenbäum zu Straßburg in den Stuben auff, daran henket am Rossen aus vielfarbigem Papier geschnitten, Äpfel, Oblaten, Zischgold, etcetera."

Den Baum haben wir mittlerweile zu großen Zweigen in einer Vase verkümmern lassen, das ständige Geknabbere an ihm war zu nervig. Dafür nimmt die Krippe mehr Platz ein. Eine kleine Landschaft entsteht. Erst recht, seit Annabelle in Spanien herrlich natürliche Figuren findet, die sie selber anmalt. Ein junger Josef ist dabei, eine erschöpfte Mutter mit glücklich entspanntem Gesicht. „Eine Geburt ist ja kein Zuckerschlecken." Realistisch soll es sein, lebensnah. Das prägt das Ambiente.

Zum Realismus gehört auch, daß in einer großen Familie nicht jeder jedem großartige Dinge kaufen kann. Überhaupt: Nicht die Geschenke für jeden einzelnen stehen im Mittelpunkt, sondern die Freude über das Geschenk der Gemeinsamkeit. „Ich wünsche mir," meinte Momo, „daß wir an Weihnachten alle da sind, daß wir gemütlich am Kamin beisammensitzen und miteinander reden und viel Freude haben". Arnaud schrieb vor zwei Jahren in einem Schulaufsatz über das Weihnachtsfest: „Alle kommen. Alle sind da. Und wenn einer nicht kann, weil er kein Geld für die Reise hat, dann macht mein Vater es doch irgendwie möglich." Tobias schenkte einmal, es war das Eselsjahr, ein aktuelles Familienfoto, über das er mit roten Buchstaben schrieb: „Wir halten zusammen". Die beiden großen Mädchen schenken ihrer Mutter seit mehreren Jahren schon das Festmahl. Sie kaufen, kochen, bereiten alles zu, decken, nein schmücken den langen Tisch mit Kerzenleuchtern, Kristallgläsern und feinem Besteck und verleihen dem Wohnzimmer einen feierlichen Glanz. Sie schenken ihren Genius und das hat keinen Preis.

Erfundene Wahrheit über das Staunen

Seit die Größeren darauf aufpassen, daß die Kleinen die Pakete an der Krippe in Ruhe lassen, kann auch der Vater sich seinem Geschenk für alle widmen. Er schreibt eine Kurzgeschichte. Der Held dieser Geschichten ist Pajazzo, der Clown. Eigentlich ein ganz gewöhnlicher Clown bis auf den Umstand, daß Pajazzo eine gewisse Nachdenklichkeit pflegt und dabei zu Erkenntnissen gelangt, die in der Hektik des Alltags oft verlorengehen. Kostprobe aus „Pajazzos Weihnachtsvorstellung – eine erfundene Wahrheit über das Staunen in unseren Tagen":

„Das Staunen, das war's. Das brachte das Wohlgefühl. Das Staunen über die Kunststücke unter der Kuppel. Das war das Glück. Klein und unverhofft. Und doch so unendlich groß, weil es das Herz füllt. Es gab immer mehr von diesen Leuten, die nicht mehr staunen konnten. Wie konnten sie überhaupt noch Weihnachten feiern, fragte sich Pajazzo und rückte seine Perücke zurecht. Dann zog er seine weißen Handschuhe mit den Löchern an den Fingerkuppen aus der Jackentasche. Vom Drahtseil oben konnte er sie gleich beobachten. Sie aßen immer. Nach den Fritten und der Wurst gab es Chips, dann Popcorn oder irgend etwas anderes aus der Welt des Dauerkonsums und der immerwährenden Bauchfüllung. Dann gab es auch die ganz Genauen. Sie achteten darauf, daß die Vorstellung pünktlich begann, daß alles nach Plan verlief und regten sich auf, wenn der Direktor eine Änderung ankündigte. Eigentlich harmlos. Schlimmer war schon, daß auch sie nicht mehr offen waren für das Staunen, denn sie erwarteten ja, daß das Angebot ihrer Nachfrage entspreche, warum sollte man sich da wundern, warum staunen. Sie hatten ja dafür gezahlt. Schlimm auch diese Ökos, denen schon die Holzspäne zuviel waren, schließlich seien das Reste von deutschen Bäumen. Auch sie hatten das Staunen verlernt, waren richtig eingeschlossen in ihrer Umwelt und sahen ansonsten nichts mehr. Was sollte er denen und den Konsumkindern oder den Spießern schon zeigen? Eine Kuppel ohne Überraschung ist langweilig. Pajazzo schweifte ab. So stellte er sich den Himmel vor, voller Überraschungen, die man bewußt erlebt, staunend eben und im Grunde genommen ist ja auch Weihnachten eine große Überraschung. Deshalb mußten die Hirten damals auch so unheimlich viel gestaunt haben und mußten die vier Könige, nein Mutter hatte immer nur von drei erzählt, der vierte, der böse, war ja gar nicht zum Staunen gekommen, er fürchtete um seine Macht und wollte das noch nicht oder gerade erst geborene Kind nur umbringen, jedenfalls mußten die drei anderen mit offenem Mund und voll Freude das Geschehen in der Grotte angesehen haben. Sie waren von weit her gekommen für diese Vorstellung. Eigentlich waren es nur wenige, die wirklich gestaunt haben, damals. Drei Könige und vielleicht ein Dutzend Hirten. Soviel würde es doch unter der Kuppel heute sicher auch noch geben. Aber, es müßte doch gelingen, den anderen, wenigstens einem Teil von ihnen, Augen und Mund zu öffnen, sie in Verwunderung zu versetzen über all das Schöne und Unglaubliche unter der Kuppel."

Über den sinnierenden Pajazzo läßt sich mancher Gedanke vermitteln und aktualisieren. Der Clown schafft Distanz zu den Dingen der Welt. Insofern gehört er schon zu „Belén vivo", dem lebendigen Krippenspiel. Er ist Tradition. Leider hat sich auch die Tradition verfestigt, daß es zu Weihnachten einen Schuldenerlaß gibt. Aber immerhin werden in den Wochen vor Weihnachten keine Kredite bei der „Pery-Bank" (abgeleitet von Père – Vater, s. S. 122–133) mehr vergeben. Das Gekaufte ist mit „echtem" Taschengeld erstanden. Dafür hat schon einer versucht, das Copyright für Pajazzo in klingende Münze zu verwandeln. Schließlich sei die Geschichte ein Geschenk und wenn der Autor sie verkaufen will, müßte es doch eine Beteiligung am Honorar geben ...

Machtübernahme nach Mitternacht

Gesungen wird eher wenig im Hause Liminski. Den Jungs fehlt dazu die nötige Stimme. Pavarotti oder Placido Domingo klingen schon besser, auch wenn sie „mal nur aus der Dose", also dem Musikschränkchen kommen. Auch die Kinderchöre von der Diskette versetzen manch äußerlich rauhes Herz in innere Schwingung. Da brummt schon mal der eine oder andere mit, aber gerade unter dem Level der allgemeinen Erträglichkeit. Oder es kommt zu plötzlichen Freudesausbrüchen von drei oder vier Verwegenen, die sich aus der Schule und der frühen Kindheit an Texte erinnern. Stille Nacht herrscht, wenn Mimi und Vanessa ein paar Stücke auf dem Klavier oder der Hammondorgel spielen.

Eines Tages Ende November entdeckte David die alten Tonbänder aus Vaters Jugendzeit. Tagelang hörte und bastelte er in seinem Zimmer. Dann die Überraschung: Nach Festessen und Mitternachtsmesse gab es eine kleine Oldie-Party mit den nie ergrauenden Gästen Beatles, Stones und Elvis. Das ist der Moment einer Art Machtübernahme. Die anschließenden Feten mit erstaunlichen Tanzeinlagen dauerten die letzten Jahre bis in die frühen Morgenstunden.

Mimi erklärt gern ihre Geschenke. Als sie acht war, bekam Vater ein Gemälde und Mutter eine Tonfigur. Der Engel auf dem gemalten Bild ist so winzig klein, weil der Himmel so groß ist. Und der gebrannte Igel aus Ton sehe zwar aus wie ein Dino, „ist aber in Wirklichkeit ein Igel, weil ich einen Igel machen wollte". Und der Brief für Vanessa – eine Kopie von einem Foto mit ihr, auf das sie selber schrieb: „Ich hab dich lieb" – steckte deshalb im Rucksack des kleinen Pandabären, weil sie keinen Briefumschlag gefunden hat und beim Papa nicht schon wieder an den Schreibtisch wollte, da seien im Moment sowieso keine Süßigkeiten mehr drin. Die Mutter wurde zusätzlich noch überrascht mit der Frage: „Was ist Weihnachten am wichtigsten?" Nach einer längeren Denkpause bekam Mimi die Antwort: „Daß alle etwas von der Wärme der

Liebe spüren, um sie anderen weiterzuschenken." Für sie ist am wichtigsten, daß ihre zwei großen Schwestern, Annabelle und Vanessa, da sind. Da spürt sie diese Wärme, denn „sonst sind immer nur die Jungs da".

Die Besinnung der gemeinsamen Weihnachtstage ist für alle eine Chance. Beziehungen werden zurechtgerückt, in den Gesprächen und Bemerkungen findet jeder seinen Platz wieder. Das „Machtgefüge" wird stabilisiert, nicht unter den einzelnen, sondern in jedem einzelnen. Vielleicht ist es das, was die Gemeinsamkeit zu einem Stückchen Herzensfrieden werden läßt. Man hört es schon mit dem ironischen Unterton: „Ist nicht ein Stück Belén vivo in jedem von uns?" – Aber das jugendliche Lachen über diese Frage im Psychologenjargon versteckt nur notdürftig die Vorfreude auf „die interessanten Gespräche und die friedliche Stimmung im Haus" (Momo), also eigentlich doch auf das persönliche Krippenspiel in jedem von uns.

Kirchenmarathon und Schlachtenlärm

Die großen Feste in unserem Kulturkreis haben christliche Wurzeln. Sie sind Gelegenheiten, den Glauben zu vertiefen und das Leben in längeren Perspektiven zu überblicken. Manchen erscheint das zuweilen als mühsam. „Kirchenmarathon" nennt das der angehende Sportjournalist Tobias. Aber er geht mit, am Gründonnerstag, am Karfreitag, in die Ostermesse, am Ostermontag. Und auch nicht als Mitläufer, sondern aus Überzeugung. Der Marathon ist zu lang, um nur mitzulaufen, weil man sich Ärger ersparen will. Aber es ist in der Tat auch angenehmer, in Gesellschaft zu „laufen" als alleine. Ostern, Pfingsten, Weihnachten sind eben auch Familienfeste.

Es sind nicht die einzigen. Mittlerweile werden auch die runden Geburtstage gefeiert. Ganz rund ist natürlich der achtzehnte. Wochenlang hing vor dem 7. März 2000 ein Stück Papier am Korkbrett in der Küche. Es war an mehreren Stellen angekohlt, wie ein Dokument aus alten Zeiten, aber deutlich war auf ihm zu lesen: „Unabhängigkeitserklärung, gültig ab dem 7. 3. 2000. Die Würde des Menschen ist unantastbar. Diese Unabhängigkeitserklärung gilt für alle, die am 7. 3. 1982 in Deutschland geboren sind. Sie befugt diejenigen, die an diesem historischen Datum das Licht dieser Welt erblickt haben, ab dem Gültigkeitstermin zu tun und zu lassen, was sie wollen." Unterschrieben war das so „für die Freiheitskämpfer", Arnaud hatte nicht zufällig an diesem Tag Geburtstag.

Die wirklich runden Geburtstage gehören seit der Jahrtausendwende meist den Eltern. Bei vier Jahrzehnten oder dreißig Jahren Ehe kommen viele, beim halben Jahrhundert alle. Man macht sich dafür einfach frei. Es sind Feiern mit Programm. Jeder hat das eine oder andere Stückchen vorbereitet, Gedichte, Persiflagen, Lieder, Sketche. Vater mußte zu seinem fünfzigsten auf Mimis Popsofa und sich von ihr interviewen lassen – „sag mal, wenn ich dich so sehe, wann gehst du eigentlich in Rente?" – Mutter mußte sich manche Träne wegdrücken, als David sein Hohes Lied der Mama aufsagte und der Applaus der rund hundert Gäste kaum enden wollte. Für die Geburtstage aber gilt allgemein, was bei Vaters halbem Jahrhundert gesagt wurde: „Ihr wißt, was ich von Geburtstagen halte. Sie sind irgendwo peinlich. Man wird gefeiert, obwohl man nichts geleistet hat. Aber es ist ein willkommener Anlaß, bei einer großen Nullerei erst recht, dankbar zurückzublicken."

In diesem Sinn hielt auch der „Alte" seine kurze Rede. Kostprobe: „Ich könnte mich jetzt zu ein paar pathetischen Worten aufschwingen über unseren Lebenskampf in den letzten 20, 30 Jahren. Ich möchte diesen Kampf mit einer historischen Anekdote veranschaulichen, natürlich aus der Geschichte Frankreichs. Als die Schlacht von Waterloo entschieden war, die kaiserliche Garde aber heldenhaft weiterfocht, beschloß Napoleons großer Gegenspieler Wellington, dem letzten Carré der Garde – die Schlachtordnung damals sah solche Carrés, Vierecke, vor – Wellington also beschloß, dem letzten Carré ein ehrenhaftes Angebot zu machen. Die Kanonen hielten für einen Moment inne, man traf sich in der Mitte und Wellington unterbreitete dem General der Garde das Kapitulationsangebot, worauf dieser nur sagte: Die Garde mag untergehen, sie ergibt sich nicht. Soweit die Legende. Die Wirklichkeit war etwas deftiger. Das Angebot wurde tatsächlich unterbreitet, aber ohne Verhandlungen, nur mit männlicher Stimmeskraft. Und die Antwort aus dem Carré übertönte den Schlachtenlärm und war ziemlich kurz: „Merde". Zu deutsch: Scheiß drauf. So ist das manchmal im Schlachtengetümmel des Lebens. Man hat nicht immer die Zeit, viel zu erklären. Und deshalb mein Dank an Martine, aber auch an die Zehn, daß sie es trotzdem ausgehalten haben in diesem Carré."

Erinnerungsposten für die Zukunft

Feste sind Gelegenheiten – oft des Dankes, meistens der Bilanzen, immer der Hoffnung. Es sind auch Gelegenheiten, Prioritäten zu setzen oder wieder zurechtzurücken. Die Priorität Nummer eins für die Familie bleibt immer dieselbe: Zeit schenken. Der Vater bat bei besagter Gelegenheit auch noch um Verständnis: „Wenn die Eltern mal ungerecht oder ungehalten sind, das soll ja vorkommen, dann laßt Euch trösten von Mark Twain, der wirklich gesagt hat: Gott schuf Himmel und Erde. Als er das Werk vollendet hatte, sah er, daß es gut war. Und dann heißt es in der Schrift, er war müde. Dann schuf er die Eltern des Menschengeschlechts. Und daß er müde war, erklärt manches".

Feste beleben Beziehungen, Kultfeiern aktualisieren den Glauben, vertiefen die Überzeugungen. Wenn beides, Fest und Kultfeier, zusammenfällt, etwa an Weihnachten, dann ist das die geglückte Kombination von Freude und Ernst, ein Stück Leben pur. Momente eines Festes bleiben im Gedächtnis wie Leuchttürme im Sturm. Es sind Momente des Glücks in einer Gemeinschaft der Liebe. Wie Rituale der Geborgenheit (Vorlesen am Abend, die gemeinsame Mahlzeit zur gleichen Zeit, der Nachmittagskaffee am Sonntag, etc. pp.) erhellen sie die Erinnerung an die Kindheit, an das Zuhause. Mehr noch: Sie sind Bausteine des Zuhauses, des früheren der Kindheit so wie des späteren, eigenen. Man muß bei einer einfachen Geburtstagsfeier nicht immer so lauthals singen, wie die Jungs in diesem Haus. Es gibt andere Möglichkeiten, seiner Freude und dem Wohlwollen für einen geliebten Menschen Ausdruck zu verleihen. Aber die Kette froher Momente schafft eine Tradition und auch das vermittelt Orientierung, mithin Sicherheit auf dem Lebensweg. Wenn diese Momente des Familienglücks nachhaltig gestört werden, kann mehr zu Bruch gehen als nur die äußere Form eines Festes. Solche tiefen Glücksmomente verankern im Herzen der Kinder die Gewißheit, daß Liebe und Leben gelingen können. Wenn sie fehlen, schleichen sich Zweifel ein. Aber auch das ist mehr oder weniger reparierbar. Und das Leben darf ja auch mal gutgehen, selbst zu Weihnachten oder an anderen großen Familienfesten.

Von Martine und Jürgen Liminski

Schule – Schlachtfeld menschlicher Beziehungen

Vom Abitur und anderen Petitessen

In persönlichen Erziehungsfragen gibt der Wille der Eltern den Ausschlag
Verfassung des Freistaats Bayern, Art. 126, Abs. 1

Es ist das natürliche Recht der Eltern, die Erziehung und Bildung ihrer Kinder zu bestimmen.
Verfassung des Bundeslandes Nordrhein-Westfalen, Art. 8, Abs. 1

Man kann nicht immer gewinnen. Zwei blieben auf der Strecke. Sie pausieren, natürlich wegen der Lehrer, vielleicht auch wegen der Noten. Wenn man bedenkt, daß die Schulzeit die schönste Zeit des Lebens ist – oder wenigstens sein soll, jedenfalls haben uns das die Lehrer früher immer gesagt und die ganz Alten, die Griechen, wußten schon, warum schola Muße heißt –, dann ist eigentlich wenig dagegen einzuwenden, diese Zeit etwas zu verlängern. Außerdem erhöht in der Zeit der Globalisierung, in der alles auf die Wettbewerbsfähigkeit und den Bildungsstandort ankommt, eine Wiederholung in der Regel die Bildung und Durchschnittsnote. Mit dem Kalauer der 68er, „Wissen ist Macht – weiß nichts, macht nichts" ist jedenfalls kein Standort zu machen. Und überhaupt sind wir froh, daß die Jungs ein Jahr länger zu Hause sind.
Na ja. Wir hätten uns vermutlich auch über ein anderes Zeugnis gefreut. Aber das war letztes Jahr. Heuer sieht alles ganz anders aus. Jetzt meldet sich der Sohn am Telefon nur noch stolz mit „Abiturient David". Als ihm der Direktor mit beiden Fäusten auf seinen Direktorschreibtisch klopfend sagte, „Du hast es geschafft, du hast es geschafft", hätte Abiturient David ihn am liebsten umarmt. Und die Noten waren noch nicht einmal schlecht. Am Nachmittag pustete er E-Mails in die Welt, das Wort des Direktors aufgreifend, alle unter dem Thema: „Verdammt noch mal, ich hab es geschafft!" Die Ant-

worten der Geschwister erfolgten prompt. Der ältere Bruder, der es an derselben Schule schon vor ihm geschafft hatte, schrieb in dem leicht geschwollenen Stil, den er bei feierlichen Anlässen irgendwo aus der Erinnerung an den Deutschunterricht herauskramt: „... das kann man ruhig feiern. Aber nichtsdestotrotz freut es mich heute um so mehr, daß du es deinen ungläubigen Lehrern gezeigt hast. Und, du hast recht, wer will, der kann. Das gilt in jeder Lebenslage. Und da ich wußte, daß du wolltest, hab ich auch immer an Dein Abitur geglaubt. An Dich geglaubt. Auch wenn das nicht immer so danach aussah ...“

Das Abitur als Petitesse, die Person als Star der zweiten Aufführung. So sieht es nicht immer aus, das direkte brummige Wort unter Brüdern verbirgt gelegentlich die Sorge um das Wohl des anderen. Ganz anders die ältere Schwester: „Fantastisch!!!! Albert Einstein hat auch wiederholt, sogar mehrmals. Das müssen wir kräftig feiern, kräftig und menschlich. Hab dich superlieb und freue mich tierisch für dich ...“ Und die Verlobte eines anderen Bruders: „Ich gratuliere dir von ganzem Herzen. Ich hab richtig Gänsehaut bekommen, als ich deine mail gelesen hab. Wie hab ich mich mit dir gefreut. Du hast recht, jeder kann seine Ziele erreichen, wenn er es nur genug will. Das letzte Jahr war bestimmt nicht einfach für dich, aber du hast dein Ziel nicht aus den Augen verloren. Ich bin ganz furchtbar stolz auf dich. Die Zukunft steht dir jetzt offen ... solang du dir selber treu bleibst, ist (fast!!!) alles erlaubt ...“

Wenn die Gene einmal greifen ...

Jetzt sind es nur noch drei. Die anderen vier Brüder zieht es in die Welt, auf die die Schule sie vorbereitet hat, zwei der drei Mädchen sind schon mittendrin. Die meisten hatten eine natürliche Resistenz gegen die Lebensvorbereitung aufgebaut. An der Tür eines Reniten-ten ist zu lesen: „Alle reden von der Schule, aber keiner tut etwas dagegen.“ Bei einem anderen, mit Leistungsfach Englisch, steht: "All I need is love, all I get is homework." Aber es gibt auch den innerfamiliären Ausgleich, das Ausnahmekind Momo, bei dem es darum geht, ob hinter dem Komma eine Null oder eine Eins steht. Die Eins vor dem Komma ist irgendwie abonniert. Zum zweiten

Mal haben sie ihm jetzt angeboten, eine Klasse zu überspringen. Er will nicht. „Nicht weil ich dann um ein oder zwei Noten abfiele, das kann man aufholen", sagt er. „Nein, es geht mir nicht um die Noten, es geht mir um die Zeit, die ich für meine Hobbies brauche." Den sechs Brüdern wollte beim Abendessen das Argument nicht einleuchten. Auch der Vater rechnete vor: „Du verzichtest auf rund 30.000 Euro. Ein Akademiker bekommt als Anfangsgehalt im Schnitt 2500. Davon kann man sich manche Hobbies leisten." Aber für Momo war Hobby nur ein Synonym. Er meinte seine Persönlichkeitsbildung, dafür brauche man Zeit, die könne man schlecht überspringen. Die Konzentration auf reine Leistung und Notenwirtschaft werde dem Menschen nicht gerecht. Die Männer kauten still, die Mutter strahlte.

„Einmal müssen die Gene doch greifen", tröstete mit Hinweis auf Momo ein Freund des Hauses, selber Oberstudienrat, der per Fax bei den Vorbereitungen für die Klausuren freundschaftlich nachhilft, wenn mal wieder der Hut brennt. Tobias sieht den Fall Momo aus der Lagerperspektive: „Das ist unser Bester, dem können sie nichts", sagte er zu besagtem Freund. „Hier irrt der Tobias", kam die Antwort, „Lehrer können immer. Wir sitzen am längeren Hebel." In der Tat, die Hebelwirkung greift, zum Beispiel wenn die schulische Obrigkeit den „Besten" in Sippenhaft nimmt. Da im Jahr zuvor auf der Versetzungskonferenz wegen gleich zwei „Sitzenbleibern" natürlich über die Liminskis gesprochen wurde, blieben Bemerkungen außerhalb des Lehrerzimmers nicht aus. Diese Bemerkungen wurden Thema des Familienrats. Die Atmosphäre in der sonst heiteren Runde war anders als sonst. Besonders Sensible hörten virtuelle Trommeln und sahen unsichtbare Bemalung auf den Gesichtern. „Auf einmal fällt es auf, wenn aus einem Pulk von Schülern einer nicht sofort grüßt." Wenn es statt einer Eins mal eine Zwei gibt, „dann wird gleich vom Liminski-Syndrom geschwafelt." Lehrer seien auch nur Menschen, probiert es die Mutter. Sie gingen überdurchschnittlich früh in Pension, weil sie nervlich einfach fertig seien, ergänzt der Vater. „Bei uns bleiben sie bis zum bitteren Ende des Schülers", so die knappe Antwort.

Das Thema belebt nicht nur das gemeinsame Abendessen, es fördert auch den familiären Zusammenhalt und führt zu einer Art Spiegelbild der Lehrerkonferenz, nur daß die Schüler diesmal Noten verteilen, üppig und großzügig. Da fallen auch mal Pauschalurteile, die der Vater mit konkreten Beispielen, also mit Tatsachen, zu relativieren versucht. Umsonst. Die Mutter läßt die wogende Debatte laufen. Nachher erklärt sie: „Es ist manchmal nötig, den Frust im familiären Zusammenhalt zu ertränken. Wer für das Ansehen der Familie kämpft, der kämpft auch für sich. Das ist gut. Und im übrigen gibt es heute zwar manchen Märtyrer unter den Lehrern, dennoch stehen Lehrer nur selten im Ruf der Heiligkeit."

Täuschungsversuch? – In dubio pro reo

Die Sippenhaft-Diskussionen haben Momo tätig werden lassen. Er schrieb einen Brief, über den er die Eltern erst nach Abgabe an den Lehrer, der ihn mit unüberlegten Äußerungen provoziert hatte, informierte. Tenor des Lehrschreibens: Die vier Liminskis an dieser Schule sind jeder eine eigene Person, so wie jeder Lehrer eine eigene Person ist, frei und verantwortlich für sein persönliches Tun und Lassen. „Würde es Ihnen gefallen, wenn man die Lehrer alle in einen Sack steckte und draufprügelte? Selbst wenn Sie mich durch die Bemerkung anspornen wollten, ein Vergleich ist fehl am Platz. Mein Bruder ist anders, nicht schlechter." Der Lehrer nahm den 15jährigen Jungen beiseite und drückte eine Entschuldigung heraus. Merke: Lehrer sitzen zwar immer am längeren Hebel und können meist auch ungestraft Rufschädigung betreiben, aber nicht wenige haben doch auch menschliche Größe.

Das Argument, solche Initiativen schadeten der Note, setzt voraus, daß Lehrer immer in allem einig sind. Das ist eine Voraussetzung, die so glaubwürdig ist wie die Einheit in einer großen Volkspartei. Deshalb kann man es ruhig mal wagen. Und wenn die Emotionen überschwappen, weil Lehrer ihre menschliche Größe auch mal vergessen, dann haben Eltern heute manche juristischen Daumenschrauben zur Hand, um der pädagogischen Willkür oder Schwäche Schranken zu setzen. Man sollte es sich zum Beispiel nicht gefallen lassen, daß von einer Pastoralreferentin an 16jährige Mädchen auf geistlichen, von der Schule des Erzbistums organisierten Exerzitien Kondome verteilt werden. „Warum hast Du mich nicht angerufen? Ich wäre sofort gekommen und hätte Dich geholt," fragte der Vater entgeistert die Tochter nach der Rückkehr. „Das wußte ich, aber ich wollte das allein ausdiskutieren, ohne Krach. Ich hab' die Referentin schon gefragt, ob sie die Besinnungstage zum Puff umfunktionieren will. Du kannst Dir ja den Direktor vorknöpfen."

Überhaupt das Briefeschreiben. Es ist oft das letzte Mittel. Tobias, der sich so gern mit den Lorbeeren seines Bruders schmückte und heute selber in Studium und Job außerhalb des Schutzraums Familie mühsam seine eigenen Kränze aus der Fauna des Lebens sammeln muß, stand vor ein paar Jahren schulisch mal wieder auf der Kippe. Ausgerechnet Latein, das Fach des logischen Denkens. Eine Fünf hätte das Ende der Schullaufbahn bedeutet. Er schrieb eine Drei. Die Freude war groß, das Mißtrauen der Lehrerin auch. Die Tatsache, daß der Nachbar dieselben Fehler hatte, rüttelte so stark an ihrem Gerechtigkeitssinn, daß sie die Arbeit nicht anerkennen und neu schreiben lassen wollte. Die offenen Beteuerungen des Nachbarn, daß er, nicht Tobias abgeschrieben hätte, wurden als vertrauensbildende Maßnahme nicht akzeptiert. Aber selbst wenn die Note bei diesem Freund nicht versetzungsrelevant war, der Nachschreibbefehl war eine Art casus belli. Die Ersatztruppe rückte aus: Vater schrieb dem Herrn Direktor folgende Zeilen: „... sicher kein brillanter Schüler, gerade in Latein. Aber warum sollte ein blindes Huhn auf dem Hof der toten Sprache nicht auch mal ein Korn finden? ... Ihre, unsere Schule hält die Fahne der Gerechtigkeit hoch, wir versuchen das im Kreis der Familie zu unterstützen. Aber was sollen wir sagen, wenn elementare Grundsätze unseres Rechtsempfindens einfach mit einem skeptischen Stirnrunzeln übergangen werden? Vor jedem deutschen Gericht gilt der Satz in dubio pro reo. Soll er ausgerechnet auf unserer Schule mißachtet werden?"

Das sind Argumente aus dem wirklichen Leben. Sie erreichen zumindest ein Ziel, das Sun Tsu, der Vater der Strategie, vor 2500 Jahren in seinem Werk „Die Kunst des Krieges" als Zwischenstufe zum Sieg so formulierte: „Es gilt zunächst, Verwirrung in das Lager des Feindes zu tragen." Es klappte. Tobias mußte nicht neu schreiben. Er wurde sogar versetzt und bekam das Große Latinum, eine Trophäe, die das Curriculum seiner erfolgreichen Schulfeldzüge schmückt, wie er meint. Über Gerechtigkeit redet er nicht so häufig.

Keine Selbstjustiz

Manchmal müssen Eltern auch gegen den Willen der eigenen Kinder einschreiten. Zum Beispiel, wenn die scherzhafte Charakterisierung eines Sohnes in der Abiturzeitung zu weit geht. Dann darf man schon mal in einem Brief an den Direktor fragen, ob so eine Charakterisierung auch durch die Zensur gegangen wäre, wenn es sich dabei um einen Lehrer gehandelt hätte. Man muß die Anfrage freilich begründen. Etwa so: „Abiturzeitungen geben die Wirklichkeit immer verzerrt wieder. Selbst wenn man dies in Rechnung stellt, bleibt ein Unbehagen. Der Ruf eines Menschen hat mit seiner Würde zu tun, diese wiederum mit seinem Selbstwertgefühl. Das sollte gerade von Lehrern gegenüber den Jugendlichen berücksichtigt werden, schon weil nach allen wissenschaftlichen Erkenntnissen die Pubertät sich durch den Kampf um das Selbstwertgefühl auszeichnet, wie immer dieser Kampf oder Krampf aussehen mag. Der Aufwertung und Achtung des Selbstwertgefühls kommt eine Schlüsselfunktion zu. Uns bereitet es jedenfalls Sorge, daß pädagogisch verfehlte Urteile und Bemerkungen Erziehungsbemühen erschweren. Zum Glück gibt es auch Lehrkräfte, die weder vergleichen noch reduzieren, sondern zuhören und differenzieren und die deshalb auch eine echte Hilfe sind. Dafür sind wir dankbar. Wir wollten Ihnen das nur mitgeteilt haben, auch um zu zeigen, daß uns die Würde jedes einzelnen Sohnes – unabhängig von seinen Leistungen – nicht gleichgültig ist und weil wir damit die Hoffnung verbinden, daß Sie bei Gelegenheit den einen oder anderen Kollegen auf unsere Sorge über die Folgen ungerechter Pauschalisierungen aufmerksam machen."

Die Solidarität unter Brüdern und Schwestern hat viel mit Gerechtigkeit zu tun, nach innen und außen. Manchmal auch mit Selbstjustiz. Als Momo bei einer Schneeballschlacht in der Schule eine Niederlage einstecken mußte – 15 ältere Schüler warfen Schnee und Eis auf sechs jüngere, wobei Momo einen halben Zahn verlor – als nun der arme Kerl von seinem Elend beim Mittagstisch erzählte, da schwante der Mutter schon, wie die drei Brüder, die sich auf derselben Schule durchs Leben schlagen, reagieren würden. So kam es. „Zeig mir den Serben", meinte David (heute hieße es wahrscheinlich Taliban). „Kopfnuß!" tönte Tobias. Das komme nicht in Frage, setzte die

Mutter dagegen, das habe die Schulleitung zu regeln, „keine Selbstjustiz". Eine Stalinorgel an Argumenten heulte los. „Die Lehrer tun sowieso nichts", das sei immer so, wenn nicht gerade mal das Ansehen der Schule auf dem Spiel stehe, Gerechtigkeit gebe es in der Schule nur im Reli-Lehrbuch; die wollten doch auch nach Hause, wenn's gongt, die rührten sich nur, wenn Eltern Krach schlagen, für die gäbe es nur „Schleimer" oder „Restware" – so oder ähnlich, jedenfalls Worte, die man besser im Schoß der Familie läßt. „Keine Selbstjustiz", wiederholte die Mutter, „wir sind nicht im Wilden Westen und auch nicht auf dem Balkan". Das klang so entschieden, daß der Vater beipflichten mußte. „Keine Selbstjustiz", sagte der, aber ganz ohne Justiz gehe es auch nicht. Und im übrigen sei „Krieg etwas für Männer". Plötzlich herrschte Wigwam-Stimmung. Die aufgeblasenen Brustkästen der jungen Männer entließen viel Dampf und Geschichte. Und die Dinge wurden geregelt, ohne Selbstjustiz. Jedenfalls ist davon nichts bekannt geworden.

Autorität und Hierarchie – ein Dauerthema

Schule und Lehrer prägen. Ihr Einfluß wächst proportional zu ihrer Menschlichkeit und Sachlichkeit. Kompetente Lehrer sind nicht immer die besten, aber Kompetenz ist Voraussetzung für den Aufstieg in die Oberliga des Prestiges bei den Schülern. Darauf kommt es an. Dann kann ein Lehrer sich auch mal Sätze leisten wie: „Es gibt viele Entschuldigungen, ich akzeptiere bloß keine."

Die Würde und Autorität des Chefs oder des einzelnen Lehrers ist ein Dauerthema in jedem Betrieb, in dem es Hierarchien oder Autoritäten gibt, erst recht in der Schule. Thibaut erinnert sich aus seiner Zeit an gleich mehreren Schulen, wie ein Lehrer einmal seine Autorität verscherzte: „Als er uns in der Elften weiter duzte, haben wir ihn gefragt, ob wir das jetzt auch dürften. Seine Antwort: Nein. Man sagt ja auch Du A... und nicht Sie A... Ab diesem Moment war er für uns eins."

Sorgfältig hat der Vater manchen Briefwechsel aufgehoben. Bei der Redaktion dieses Buches stieß er wieder auf die alte Mappe. Und es kam ihm der Gedanke, die Briefe, die er einst an die Lehrer einer Tochter schrieb, zu kopieren und ihr zu übergeben, wenn das erste

Enkelkind eingeschult wird. Eltern, nicht nur junge, neigen ja dazu, den Lehrern zu glauben, manchmal sogar mehr als den eigenen Kindern. Das mag daran liegen, daß sie ihre Kinder besser kennen als die Lehrer. Das mag auch gerecht sein, pädagogisch wertvoll ist das nicht. Das Leben schreibt Noten, von denen manche Lehrer keine Ahnung haben. Zum Beispiel die Mathe-Lehrerin von Vanessa. Sie mußte folgende Zeilen lesen: „Es hat sich bei mir in den letzten Monaten der Eindruck verdichtet, daß Sie aus uns unbekannten Gründen etwas gegen Vanessa haben. Die jüngste Schikane mit der Mathe-Arbeit ist ein Beleg. Erstens: Sie haben keinerlei Beweis dafür, daß Vanessa einen Täuschungsversuch unternehmen wollte. Im Gegenteil, es sprechen mehr Indizien dagegen als für Ihre Behauptung. Zweitens haben Sie vor der ganzen Klasse gesagt, daß Sie genau wüßten, wer außerdem noch getäuscht hätte. Aber nur Vanessa mußte diese Arbeit nachschreiben. Wenn das keine Diskriminierung ist! Aus diesen Gründen möchte ich jetzt sicher gehen und lasse die beiden Klassenarbeiten von einem neutralen Mathematik-Lehrer erneut korrigieren und benoten. Deshalb kann Vanessa sie vorläufig nicht zurückbringen. Da Vanessa bei Ihnen offenbar auch nichts zu verlieren hat, scheue ich eine weitergehende Auseinandersetzung nicht. Ich bitte Sie auch, Vanessa mit Fragen nicht noch mehr zu belasten. Falls Sie Fragen haben, stehe ich jederzeit zur Verfügung."

Damit kein Mißverständnis aufkommt: Wir sind glücklich mit Vanessa. Sie hat ihre Probleme gemeistert und die waren weiß Gott nicht harmlos. In solchen Situationen ist das Zur-Seite-Stehen wichtiger als der pädagogische Schulterschluß mit dem Lehrkörper. Erst recht, wenn es sich um einen Lehrer handelt, der diese Solidarität offenbar selten erlebt hat. Jedenfalls fiel er mit Methoden auf, die der Vater ihm schriftlich als „Psychoterror" bescheinigte. Beim Elternsprechtag nannte er ihn auch einen „Terroristen", aber das war Anfang der 90er, also lange vor dem Krieg gegen Osama bin Laden. Sonst hätte er vermutlich eine politisch korrektere Beschimpfung gewählt. So blieb es bei diesen Zeilen: „Es scheint, daß Sie mit Ihren Methoden den Mädchen mehr Furcht als Formeln beibringen. Da es sich offensichtlich um einen Wiederholungsfall handelt, bin ich nicht gewillt, die Sache auf sich beruhen zu lassen. Dies umso weniger, als die psychologischen Umstände völlig unnötigerweise die Versetzung von Vanessa in einem Lebensabschnitt gefährden könnten, der ohnehin von Labilität geprägt ist und in dem Jugendliche aufrichtige Zuwendung brauchen und keine Drohungen, sinnlose Strafarbeiten oder klassenöffentliche Verspottungen. Ich frage mich auch, was für ein Familien-und Elternbild Sie haben, wenn Sie damit drohen, die Eltern anzurufen in der Absicht, die Schülerinnen damit einzuschüchtern."

Weiter schrieb ich: „Da Sie Vanessa offenbar keinen Glauben schenken, wenn sie sagt, daß sie wegen ihrer Unfallnarbe auf der Stirn operiert wurde (Vollnarkose) und kurz darauf wegen einer von starkem Fieber begleiteten Angina das Bett hüten mußte, möchte ich für ihr Fehlen hiermit nochmals um Entschuldigung bitten. Auch möchte ich Sie bitten, meiner Frau gegenüber den Kasernenton zu unterlassen und ihr zu glauben, wenn sie sagt, daß sie erst vor ein paar Tagen entbunden und im Moment andere Dinge zu tun hat, als sich um ‚Ihre' Entschuldigungen zu kümmern. Dennoch mit Gruß …"

Natürlich müssen solche Briefe in Kopie auch an den Direktor gehen. Das erhöht die Wirkung des Einschlags. Und es ermöglicht eine Vermittlung zwischen Lehrer und Eltern, noch dazu mit gesteigerten Kompromißchancen.

Das Wichtigste an der Schule

Wie immer die Autorität gelagert ist, Pauschalurteile sind allemal ein Privileg der Chefs und Mächtigen. Schon weil die Untergebenen nur selten widersprechen. Das ist im Büro so, in der Redaktion, in der Schule und generell im Beruf. Aber auch in der Politik. Leichtfertige Worte wie „faule Säcke" belegen das. Wer in der hohen Politik weiß denn, wie es an den Schulen in Deutschland aussieht? Daß jeder zweite Lehrer vorzeitig aus dem Schuldienst ausscheidet und im Schnitt Lehrer mit 57 Jahren krankheitsbedingt in Frühpension gehen? Daß jede dritte Lehrkraft am Burn-out-Syndrom leidet, also ausgebrannt, emotional erschöpft ist und das vor allem an den von den 68ern so beliebten Gesamtschulen? Daß das Durchschnittsalter der rund 900.000 deutschen Lehrer bei 47 Jahren liegt und damit das höchste in Europa ist? Zu wenig Anerkennung, zu große Klassen, zu kleine Budgets – die Arbeit in der von der Politik organisierten Pädagogik gilt mittlerweile als Risikoberuf. Das mag manche menschliche Fehlreaktionen erklären. Es entschuldigt nicht die Fehlleistung der Politik.

Das Wichtigste an der Schule ist, wie der zwölfjährige Gwenael seinen älteren Brüdern sagt, „das Lernen". Momo ergänzt: „Das Lernen in Gemeinschaft" – und stößt damit in den Kernbereich der antiken schola, der Gemeinschaft der Freunde, die mittels geistreicher Gespräche zu Erkenntnissen gelangten. Ein erzbischöfliches Gymnasium ist zwar kein Symposion à la Platon (Duden: Trinkgelage, bei dem das philosophische Gespräch im Vordergrund stand), aber lernen ist noch gut möglich. Für viele deutsche Schüler gilt das nicht mehr. Im internationalen Vergleich rangiert Deutschland bei den Fächern mit Zukunftsberufen, vor allem Mathematik und Naturwissenschaften schon im unteren Mittelfeld. Nach der jüngsten Untersuchung aus dem November 2000 mangelt es bereits an der Grundbildung, die man braucht, „um in einer mathematisch-naturwis-senschaftlich geprägten Welt erfolgreich handeln zu können". Die jüngste OECD-Studie sieht Deutschland bei der Zahl der Studierenden weit unter dem Durchschnitt der Industrieländer, das Land drohe nach Ansicht von Experten den „bildungspolitischen Anschluß zu verlieren". Der damit verbundene wirtschaftliche Abstieg Deutschlands ist für die Politik dennoch kaum ein Thema, ähnlich wie das jetzt durchschlagende demographische Defizit – erstmals wurden zum Schuljahr 2000/2001 weniger Erstkläßler eingeschult als in den zehn Jahren zuvor. Für Bevölkerungswissenschaftler bahnt sich hier „gerade für die Berufe, die unsere permanente Wissenschaftsrevolution braucht, eine Katastrophe" an (Josef Schmid, Bamberg).

Aus der Sicht vieler Schüler fängt das Leben erst nach der Schule an. Doch der Blick zurück in die eigene Schulzeit zeigt, daß bereits damals das Leben eingeübt wurde auf diesem „Schlachtfeld der Beziehungen". Man wird zwar nicht jeden Tag eine Rühmannsche Feuerzangenbowle zubereiten und über die Streiche des nächsten Tages reden. Aber das Nachdenken, Reden und Sinnieren über dieses Schlachtfeld lohnt sich allemal. Es ist sozusagen das Experimentierfeld, die Schule des Lebens, die hier erzielten „Noten" decken sich nicht immer mit den Noten für die schulische Leistung. Das Reifezeugnis des Lebens sagt mehr aus als die Überwindung eines

Numerus clausus. Insofern können nach der Schlacht auf diesem Feld durchaus auch mal nur Sieger stehen. Und wenn ein Lehrer in seiner Abschiedsrede mit erstickender Stimme am Ende sagt: „Geht, geht jetzt. Ihr seid frei und reif für die Welt", dann haben alle gewonnen.

Teil III
Geld und Gesellschaft

Groschen des Staats und Groschen des Glücks

Wie man mit Geld umgeht, das man nicht hat

Von Martine und Jürgen Liminski

Es gibt viele Methoden, sich dauerhaft zu ruinieren. Im Deutschland von heute ist eine der erfolgversprechenden die Gründung einer mehrköpfigen Familie.

Hellmut Puschmann, Caritas-Präsident

Die Sache mit dem Geld ist selten unterhaltsam. Aber immer lehrreich. Sie lehrt, wenigstens bei der normalen Familie mit Kindern, wie man planen, organisieren, verteilen, mit Leben und Ämtern kämpfen und den Pfennig und sich selbst in Ehren halten kann. Meistens sogar muß. Gelegentlich kommt es zu Hinrichtungen. Zum Beispiel wenn die Einzelrechnung von der Telekom eintrifft. Die Szene hat natürlich nur symbolischen Charakter, ist aber mit der Hoffnung verbunden, daß die psychologische Wirkung der Exekution anhält – wenigstens bis zur nächsten Rechnung. Anhand der Einzelposten rechnet David – einer seiner angenehmen Jobs – rasch aus, wer über sein Limit „hinausgeblubbert" hat. Ausgenommen ist der Vater, der zwar auch blubbert, aber professionell blubbert. Für ihn gilt: reden ist Silber, für die anderen: schweigen ist Geld.

Neulich traf es die Mutter. Sie hatte doch tatsächlich die Hälfte des Betrags mit den Töchtern in Spanien vertelefoniert. Da man der Schwestern nicht habhaft werden konnte, wurde die wehrlose Mutter von den triumphierenden Jungs an den Kühlschrank gestellt. Es war fünf vor zwölf. Da kam der Profi-Blubberer und meinte, um zwölf wollte man eigentlich Essen fassen. Das war die Rettung, denn ohne Mutter läuft ja doch nichts. Immerhin, es wurde beschlossen, künftig den rosaroten T-Orden zu verleihen, eine Auszeichnung von 5 Euro für den hartnäckigsten Schweiger. Nach dem Motto: Ruf doch mal nicht an.

Wer nun glaubt, so mühelos habe noch keiner einen Fünfer verdient, der weiß nicht, wie unerträglich es für junge Leute ist, vom sprudelnden Leben draußen abgeschnitten zu sein, wie grausam die Isolationsfolter eines befristeten Telefonverbots sein kann. Geradezu eine Beeinträchtigung der Menschenwürde ist es, wenn ein Elternteil neben dem jungen Telefonwaltmeister steht, der gerade seine Intimität über das Kabel verbreitet. Dann steht da gleichzeitig die Abwägung zwischen Diskretion und Sparzwang im Raum. Wie schnell man doch wegen ein paar Groschen ins Gespräch über große Themen und Grundsätze kommen kann ...

Das Argumentieren mit dem Groschen ist übrigens zweideutig geworden, seit der Vater ein Zitat von Heinz Rühmann, Idol und Vorbild der kleinen Leute, entdeckt hat: „Das Lächeln ist der Groschen des Glücks".

Die Gerechtigkeitslücke

Man müsse nicht immer gleich für jeden Gefallen die Hand aufhalten, meinen seither die Familienfans von Rühmann. Manche seien mit einem Lächeln zufrieden. Auch bei dem einen oder anderen Unglück – Ärger mit Freunden oder Freundinnen, Verlust einer Sache oder Niederlage beim Fußballspiel – sei eine materielle Kompensation vielfach weniger wert als ein Lächeln, als Zuhören oder gemeinsames Ratsuchen. Das kostet mehr als Geld, nämlich Zeit, ist aber eine Investition in die Persönlichkeitsbildung und in die Stärkung familiärer Beziehung, die mit Geld eigentlich nicht zu bezahlen ist. Der Haushalt menschlicher Beziehungen hat seine eigenen Posten und Größen.

Das hört sich an wie ein Spruch aus dem Mund des Finanzministers. Eine Sache jedoch ist der persönliche Trost von Mutter, Vater, Bruder oder Schwester, eine andere der billige Trost der Politiker für die Familien. Denn das pfeifen mittlerweile sämtliche Berichte von Caritas, DGB, Wohlfahrtsverbänden, den Ländern, dem Deutschen Jugendinstitut oder selbst großer Banken von deutschen Dächern: Kinder sind das Armutsrisiko Nummer eins. Das läßt sich an Tausenden Fallbeispielen belegen, auch bei relativ gut verdienenden Eltern im Vergleich zu Kinderlosen. Selbst eine fünfköpfige Familie mit einem Nettoeinkommen von 50.000 Euro pro Jahr – hat pro Kopf nur rund 825 Euro im Monat zur Verfügung, während ein kinderloses Doppelverdienerpaar mit 30.000 Euro netto im Jahr bereits 1250 Euro pro Person und Monat ausgeben kann. Beide Haushalte profitieren vom Ehegattensplitting, aber unter dem Strich gilt immer: Das deutsche Steuerrecht fördert die Ehe, nicht aber die Familie, geschweige denn die Kindererziehung. Caritas-Präsident Hellmut Puschmann formulierte das einmal in einem Vorwort zum Werkheft seiner Organisation mit dem Jahresthema „Arme Familien – arme Gesellschaft" schon leicht resignierend so: „Es gibt viele Methoden, sich dauerhaft zu ruinieren. Im Deutschland von heute ist eine der erfolgversprechenden die Gründung einer mehrköpfigen Familie."

Das Ergebnis: Heute lebt jedes siebte Kind in Deutschland im Haushalt eines Sozialhilfeempfängers. Und gleichzeitig beläuft sich der Transfer von Familien mit Kindern zu den Kinderlosen auf eine Größenordnung von jährlich mindestens 80 Milliarden Euro, die Deutsche Liga für das Kind, ein Dachverband von rund 30 Verbänden, spricht deshalb von einer „Transferausbeutung der Familien". Deshalb formuliert der Fünfte Familienbericht auch folgerichtig als „zentrales Ziel" den „Abbau der wirtschaftlichen Benachteiligung von Eltern mit Kindern im Vergleich zu Kinderlosen". Das ist eine Umschreibung für eine Gerechtigkeitslücke, die darin besteht, daß die Leistung der Eltern für die staatlichen Sozialsysteme – Erziehen künftiger Krankenkassen-, Renten- und Steuerzahler – sozialisiert wird, die Kosten für diese gesellschaftlich unverzichtbare Aufgabe aber privat bleiben. Allein bei der Mehrwertsteuer werden die konsumstärkeren Mehrkopf-Haushalte schon kräftiger herangezogen als andere; des Finanzministers Kasse füllt sich bei jeder Erhöhung – auf Kosten der Familien.

Attacken der Kindergeldkasse

Für die Familien ist die Sache mit der Mehrwertsteuer gar nicht lustig. Jede Woche geht Mutter Liminski mit einem oder zwei Jungs einkaufen. 24 oder 36 Liter Milch, etliche Konserven, Familienpackungen, zwei Einkaufswagen sind schnell voll. Man kennt die Preise, kann schnell vergleichen. An der Kasse das große Packen. Und dann der Familien-Tribut für Vater Staat: Zu den rund 500 Euro

kommen jetzt noch 80 Euro Mehrwertsteuer hinzu. Und Luxus-
güter liegen da nicht im Wagen. Leute, die nur für 100 Euro einzu-
kaufen brauchen, zahlen eben auch nur 16 Euro Mehrwertsteuer
und haben im Zweifelsfall ganz andere Köstlichkeiten im Korb, obwohl sie auch nicht mehr gearbeitet haben als Mutter oder Vater. Da
ist sie wieder, die Lücke, mit der man zwar leben kann, die aber
dennoch existiert. Die Politik hat dafür den Familienlastenausgleich
erfunden, eine Leerformel im wahrsten Sinn des Wortes, die Familien und vor allem Alleinerziehende tagtäglich zu füllen haben.

Die Sache mit dem Ausgleich hat sich bei manchen Ämtern offenbar noch nicht herumgesprochen. Dem muß man gelegentlich
nachhelfen. Kostprobe aus Briefen an die Kindergeldkasse, die zum
Beispiel trotz eines fristgerecht erhobenen Widerspruchs das Kindergeld für Tobias einbehalten und damit die Spannkraft des väterlichen Kragens überfordert hatte; dieser platzte mit den Worten:
„Ich habe den Eindruck, daß der zuständige Sachbearbeiter keinerlei Verständnis für die Nöte einer Familie mit zehn Kindern und
einem Schuldenberg von ... (hier wollen wir mal diskret sein) hat.
Die sogenannten negativen Einkünfte (Zinsen und Tilgung) werden
sowieso nie berücksichtigt. Dabei sind sie entstanden, damit diese
Familie nicht als asozial betrachtet wird. Das Risiko, das diese Familie trägt und die Ersparnis, die der Staat dadurch gewinnt, werden
von Ihnen in keinster Weise anerkannt. Ich verlange das auch
nicht. Aber seit Jahren werden wir zusätzlich von der Kindergeldkasse attackiert. Ich habe diese latenten Vorwürfe des Abkassierens
satt. Das Kindergeld und die Freibeträge decken höchstens ein Drittel der tatsächlichen materiellen Kosten der Erziehung. Den Rest
zahlen wir drauf. Die Kosten bleiben privat, die Leistungen und Ergebnisse der Erziehung aber werden über Rente, Steuern, Kranken-
kasse, etc. sozialisiert. Auf diese Weise verdient Vater Staat an den
Familien ... Ich vermag nicht mehr einzusehen, warum wir von familienfeindlichen Funktionären so schäbig behandelt werden." Das
mit dem einen Drittel ist jetzt auch wissenschaftlich erwiesen.
Nach der Studie Nr. 1071 des Kieler Instituts für Weltwirtschaft beträgt die „Nettoförderung" von Familien etwa ein Drittel der echten
Kinderkosten.

Oder am Schluß einer anderen Philippika: „Mir ist das bürokratisch-
unsoziale Verhalten des Arbeitsamtes völlig unerklärlich. Zumindest

zeigt es, daß Familien mit Kindern trotz der Phrasen der Politiker in Deutschland eine unwürdige Behandlung erfahren" ... Es ist nicht mehr erklärbar, „warum die Familien jetzt durch bürokratische Verschleppung ihnen zustehender Beträge das eine oder andere Loch im Bundeshaushalt kurzfristig stopfen sollen. Es nützt auch nicht viel, auf die versprochenen Erleichterungen im nächsten Jahr zu hoffen, die, wie das Bundesfinanzministerium übrigens einräumt, nur eine Rückgabe von Beutegut sind. Die Familien müssen jetzt leben können, nicht erst im nächsten Jahr."

Geschlossen ist die Gerechtigkeitslücke mit den winzigen Kindergelderhöhungen, die noch nicht einmal den Preis einer Pampers-Packung ausmachen, längst nicht. Allein der steuerliche Freibetrag für Kinder machte in den 50er und 60er Jahren noch rund 400 Arbeitsstunden pro Jahr aus, heute sind es weniger als 200.

Während Sozialleistungen, Löhne, Renten etc. in den letzten Jahrzehnten zum Teil kräftige Steigerungen verbuchten, blieben die Leistungen des Familienlastenausgleichs weit zurück. Dadurch gehören kinderreiche Familien heute zu den ersten Kategorien von Sozialhilfeempfängern. Auf junge Leute wirkt das abschreckend, wenn es darum geht, vom Status der über dem Normalstandard lebenden Dinks (double income no kids – doppeltes Einkommen, keine Kinder – und später doppelte Rente) in den der meist unter dem normalen Standard lebenden Familie mit nur einem Einkommen zu wechseln.

Der halbe Moses von Mutter Martine

Keine Jammerei. Die Politik wird handeln müssen oder größten sozialen Konflikten gegenüberstehen. Für die einzelne Familie und die Familienwilligen heute sieht es so aus: Dinks haben mehr, sind aber deshalb nicht unbedingt glücklicher. Materieller Wohlstand ist nicht alles. Sie brauchen vielleicht auch keine Prioritätenliste beim Einkaufen. Und auch nicht den „halben Moses" von Mutter Martine, bestehend aus den fünf Geboten: Du sollst nicht kaufen, was Du nicht brauchst. Du sollst nicht kaufen, was Du woanders billiger bekommen kannst. Du sollst nicht kaufen, wenn Du mit dem Erwerb noch warten kannst. Du sollst nicht kaufen, wenn du darauf verzichten kannst. Und: Kaufe, wenn es der Allgemeinheit dient oder für eine/einen der Zwölf ganz wichtig ist. Es gibt es, jenes Gefühl der Freiheit, wenn einer der Jungs mal verzichtet und mit diesem Bewußtsein der Unabhängigkeit von den Dingen (Süßigkeiten, Zigaretten, etc.) sich selbst beschenkt. Das ist mehr als nur Frust überwinden.

Solche und ähnliche Überlegungen gehören zum Alltag einer Familie. Die permanente Abwägung ist sozusagen die zweite Haut der Haushälterin. Man kann das manchmal als Belastung empfinden, vor allem dann, wenn die grundsätzliche Abwägung aus dem Blick gerät. Diese besteht in der Lebens-entscheidung für oder gegen Kinder und liefert, ähnlich wie der „ganze Moses", die Zehn Gebote des Alten Testmanets, das Fundament für die kleinen Entscheidungen des Alltags. Sie macht die kleinen Entscheidungen zu Groschen des Glücks. Ohne die gelegentliche Erinnerung an diese grundsätzliche Orientierung für ein Leben mit Kindern werden die Preise der Waren nur noch zur Belastung, zum reinen Kostenfaktor, mit der gelegentlichen Erinnerung aber schwingen bei den Kosten auch andere Überlegungen und Erfolgserlebnisse mit. Man freut sich auf Reaktionen und Gespräche zu Hause, nach dem Einkauf.

Aber hier geht es nicht um das Aufrechnen von Glücksgefühlen. Natürlich kann eine kinderreiche Familie nur selten ein Haus am Meer mieten. Die Liminskis sind jahrelang mit einem alten Wohnwagen und zwei Zelten wie ein Indianerstamm in die Bretagne gezogen. Pannen, Hitze, Regen, Action-Einlagen in der eingezäunten Wiese der Stiere nebenan oder auch gemütvolle Blicke in den Sternenhimmel (während die Kinder vermeintlich schliefen, weshalb man ja auch mal kurz am Strand spazierengehen konnte, wo man aber dann einige der Kinder traf ...). All das kann kein Hotel bieten. Der Verzicht bringt eine Nähe zum Leben, die andere nur aus dem Fernsehen kennen. Er ermöglicht intensivere Beziehungen. „Unsere Kinder haben gelernt, was anderen nicht so selbstverständlich ist", sagte eine ebenfalls kinderreiche Freundin des Hauses einmal im Gespräch mit den Autoren. Zu dieser Selbstverständlichkeit gehört das offene Umarmen nach dem Verzicht, das dankbare Wort, wenn wider Erwarten doch ein Wunsch erfüllt werden konnte, das gebrummte 'Tschuldigung, wenn Unnötiges die Rechnung verlängerte, oder ganz allgemein die verschämte Träne oder der laute Jubel – lauter Mitteilungen des Herzens, lauter Groschen des Glücks.

Sicher, auch Kinobesuche sind selten. Dafür holt man sich ein paar Wochen später – entsprechend dem halben Moses – das Video des Films und erlebt für ein paar weitere, diesmal reale Groschen das kleine Glück der Gemütlichkeit, herrlich zusammengequetscht auf dem großen Sofa. Apropos Kino: Es gibt keine eifrigere Kinokritik-Leserin als die Mutter. Sie weiß warum: verblüfft sie doch stets durch Kenntnisse von Inhalt, Produktion und Aussage eines Streifens, wenn sie überzeugt werden soll, daß man „diesen Film unbedingt sehen muß" – und zwar jetzt, heute, sofort, was eben teurer ist.

Knappe materielle Ressourcen waren schon immer Quelle von Phantasie und Schaffenskraft. Väter kinderreicher Familien haben viel zu tun, Mütter noch viel mehr. Politik und Gesellschaft nehmen das manchmal zur Kenntnis, honoriert wird es kaum. Auch nach dem Trümmer-Urteil (Rente), dem Familienurteil (Leistungsausgleich und Betreuungsaufwand) oder dem Pflege-Urteil (Pflegeversicherung) änderte sich nicht viel. Die Rente ist Lohn für Lebensleistung, behauptete jahrelang der zuständige Minister. Mütter konnte er dabei nicht im Sinn gehabt haben. Für deren Lebensleistung galt und gilt das nicht. Nach der jetzigen Gesetzeslage muß eine Mutter, wenn sie eine Rente in Höhe der Sozialhilfe bekommen soll, fast 30 Kinder gebären und erziehen. Hier wird der Lohn zum Hohn. Insofern bringt das Pflege-Urteil eine Wende, weil es die Erziehungsleistung als Beitrag in die Sozialversicherungssysteme einführt. Nur, das kann und das wird noch dauern. Vorerst erinnert das heuchlerische Lächeln der zuständigen Herren und Damen mehr an die dreißig Silberlinge eines bekannten Kassenwarts. Mit den Groschen des Glücks in einer Familie, sei sie arm oder reich, hat das nichts zu tun. Diese Groschen verhindern, daß Armut zum Elend wird.

„Turbo-geile Kisten" und phantasieanregende Rabatte

Wie lange der Vorrat an Groschen in der deutschen Familie aber noch reicht, ist angesichts des Wandels der sozialen Strukturen nicht nur eine Frage des Einzelfalls, sondern auch der Zukunft unserer Gesellschaft. Das von den Familien geschaffene Humanvermögen wird langsam zur Mangelware. Auch für die Kinderlosen wird das Glück demnächst nur noch in kleiner Münze gemessen. Aber das sind keine Groschen des Glücks. Einsamkeit ist oft die andere Seite der Medaille materiellen Reichtums. Gemeinsamkeit und familiäre Beziehungen auch im Alter sind dagegen nicht selten der Lohn früher Entbehrungen.

Gemeinsamkeit und dennoch Entbehrungen – meist für die Eltern – bringt der Urlaub. Das fängt an mit der Autofahrt. Jahrelang waren „die Krachmacher aus der Neckarstraße", wie die Jungs sich selber nennen, ungeheuer stolz auf unseren alten VW-Bus. „Eine turbogeile Kiste", meinten sie, wobei es sich tatsächlich um einen Turbo-Diesel handelte, die Information ist also nicht ganz verkehrt. Die Eltern nannten das Gefährt übrigens Christoph – in Anlehnung an Christopherus, weil der ja auch, gemäß den Abbildungen, Kinder durch unwegsames Gelände schleppte. Man sehe ihnen den Vergleich nach, sie sind auch überzeugt, daß der betreffende Heilige die Erklärungen seines Namens und die Versuche der Eltern, anhand von Lesestoff über ihn und anderes etwas Ruhe im Bully zu organisieren, amüsiert zur Kenntnis genommen hätte. Nun, unbelesen zeigten sich die Krachmacher im hinteren Teil des Busses nicht. Ihre Selbstbezeichnung haben sie einer herrlichen Lesegeschichte von Astrid Lindgren entnommen – oder war es nur der Titel auf dem Deckel des Buches?

Wie immer, der Chistopherus hatte bei Nummer sieben eigentlich ausgedient, ab neun Personen braucht der deutsche Autofahrer eine Sondererlaubnis für Kleintransporter. Der war im Budget nicht vorgesehen, Christopherus trug also noch ein paar Jahre Überlast. Da die Kinder aber tatsächlich größer wurden und ihr Gestaltungsdrang nicht kleiner, ferner der Vater für seine Pendelei zum Arbeitsplatz ebenfalls mobil sein mußte, entschied man sich für einen kleinen und einen mittleren Wagen. Alles Turbo-Diesel, weil die Kilometerleistung beträchtlich ist. Übrigens: Journalisten bekommen beim Kauf eines Neuwagens von fast allen Firmen 15 bis 20 Prozent Rabatt eingeräumt. Warum weiß der Waigel, sagte der Vater immer entschuldigend und behielt das auch nach dem Regierungswechsel bei, der Versuch mit Eichel stieß auf wenig Resonanz. Für die handelstüchtigen Jungs im Hause Liminski ist der an Bestechung erinnernde Journalistenbonus jedenfalls eine beständige Versuchung, den Vater zum Kauf von Autos zu animieren, die er dann sofort wieder verkaufen sollte, mit Gewinn natürlich. Neue Autos zehn Prozent billiger, das lohne sich allemal.

Die Geheimnisse des Kreditwesens

Solche Vorschläge sind Gelegenheiten, die nachwachsende Generation in die offenen Geheimnisse des Kreditwesens einzuweihen. Erste Lektion: Zum Kauf braucht man Kapital. Für die Aufnahme eines Kredits muß man Sicherheiten hinterlegen. Wer zudem glaubwürdig erscheint, ist eigentlich schon aus dem Schneider, jedenfalls bei den größeren Banken. Da wir kleinen Leute für große Banken selten glaubwürdig sind, die Sicherheiten aber bis unter den letzten Dachziegel hinterlegt sind, haben wir keine Chance für Kredite, die ein Jahresgehalt übersteigen. Beim Satz: „Auch Dein Zimmer gehört de facto der Sparkasse" gab es für einige selbstbewußte und an ihrem Eigentumssinn arbeitende Heranwachsende schon manch einfache Lebenserkenntnis. Man ist dann ziemlich schnell zufrieden, daß das Zimmer nur mit einem Bruder geteilt werden muß (die Kleinen wollen sowieso zusammenbleiben).

Außerdem muß man Kredite bedienen, fährt dann der pater familias noch mit seinem üblen Herrschaftswissen fort, also Zinsen und Tilgung zahlen. Dieses Geld muß man erst mal reinholen. Vater macht das mit sogenannten Nebenarbeiten, zum Beispiel Vorträge oder Artikelschreiben für seinen „Bauchladen" (Zeitungen und Zeitschriften im In- und Ausland). Er verdient mit seinem Standbein (Deutschlandfunk) und seinen Nebentätigkeiten insgesamt zwar mehr als etliche seiner Kollegen, aber dafür arbeitet er wahrscheinlich auch mehr als die meisten von ihnen. Da ihm das auch Spaß macht, ist die Sache in Ordnung. Zugeben darf man das allerdings nicht so ohne weiteres, sonst errechnet irgendein findiger Knappe der Raubritter in Bonn einen Vergnügungs-Mehrwert, den es vielleicht zu besteuern lohnt. Und dann gibt es wieder frustrierende Lanzenritte gegen die Windmühlen der Ämter. Deren Logik entspricht der familienfeindlichen Politik der letzten Jahrzehnte. Beispiel: Eltern dürfen die rechtlich zwingend vorgeschriebenen (!) Unterhaltsaufwendungen für ihre Kinder nur bis zu einem Betrag von rund 3000 Euro pro

Jahr steuerlich geltend machen (die Durchschnittskosten für den Barunterhalt eines Kindes betragen nach statistischen Angaben 6000 Euro), für die Förderung von Karnevalsvereinen oder anderen Freizeitvergnügungen kann man jedoch Spenden zu 30.000 Euro und mehr steuermindernd absetzen.

Nach solchen Lektionen, meist beim Essen, sonst verflüchtigt sich das Publikum – das ist so ähnlich wie bei Pressekonferenzen mit „Schnittchen" von Firmen, die ungefragt etwas mitteilen wollen – sind Diskussionen über das Taschengeld meist leichtes Spiel. Deshalb finden sie auch nicht statt. Man ist vorläufig mit dem Bundesdurchschnitt von 15 Euro pro Monat ab 14 Jahre, den „der Alte" aus irgendeinem Archiv herausgekramt hat, zufrieden. Freilich nicht ohne einen kurzen Blick auf das Datum des Artikels, es könnte ja sein, daß der Artikel älter ist als der darauf spekulierende Empfänger. Das ergäbe dann ein gewichtiges Argument. Das Ur-Argument wird nicht mehr erhoben, nur noch als Antwort wiederholt, falls ein jüngerer Bruder ohne diese Lebenserfahrung mal die kleine Hand aufhält: „Anspruchsberechtigt ist hier keiner, Papa ist kein Sozialamt."

Die Pery-Bank – ein Bankhaus mit Tradition

Ein Hauch von Sozialamt allerdings liegt über der Einrichtung namens „Pery-Bank" (abgeleitet von Père – Vater). Dieses von Sekretär Momo akribisch geführte Institut hält genau fest, wer wann was ausgibt oder bekommt. Jeder, der will, hat ein Konto auf der Pery-Bank. Ostern bekommt er auf das gerade bestehende Guthaben zehn Prozent Zinsen ausgezahlt oder gutgeschrieben. Klar, daß in den acht, neun Wochen vor Ostern der Vater bemüht ist, bei Ausgaben die Kontoinhaber irgendwie zu beteiligen, und sei es beim Kauf von Schuhen, einer Hose oder einer Jacke, die man jetzt zu Beginn des Frühlings unbedingt haben muß, weil das gerade „in" ist. Jeder Euro weniger bringt Vater einen Groschen. Da wird auf einmal viel gelächelt und gelacht.

Ein weiterer Vorteil der Pery-Bank: Die Kontoinhaber können jederzeit darauf zurückgreifen und werden dabei auch noch vom Inhaber des Bankhauses selbst beraten. Zwar würde der eine oder andere gerne auf den Rat verzichten. Es läuft nämlich meistens darauf hinaus, daß man, wenn es nicht gerade kurz vor Ostern ist, dann auf die Ausgabe verzichtet. Aber nicht selten ist man auch froh über den Rat und sinnvoll ist es allemal, über Nutzen und Notwendigkeit einer Ausgabe nachzudenken oder wenigstens darüber zu diskutieren.

Für Momo, der in dieser Funktion noch den Beinamen Jitzhak Stern erhielt, in Anlehnung an den Film „Schindlers Liste", der für diesen Streifen aus dem familiären Leben zu „Schinders Liste" umgetauft wurde, ist der Buchhalterjob ein Stück Macht. Er hat die Übersicht, er kann im „Jitzhak-Buch" nachschauen und aufgrund der Bewegungen auf dem Konto ebenfalls beraten und er hat die Hand auf einer kleinen Kasse, aus der man ohne große Nachfrage mal ein paar Euro für Süßigkeiten oder ähnliches entnehmen kann. Erst ab 5 oder 10 Euro wird der Chef des Hauses eingeschaltet. Subsidiaritätsprinzip nennt der Bankchef diese Regel. Um politisch korrekt zu bleiben: Unsere zahlreichen Freunde in Israel nehmen an den Namen keinen Anstoß. Es ehrt sie, sagen sie, daß wir von ihnen annehmen, sie könnten gut und gerecht mit Geld umgehen.

Es kann natürlich auch mal böse Überraschungen geben: wenn einer eine größere Ausgabe tätigen will, aber die Kasse leer ist, sowohl die kleine als auch die große. Auf das Argument, „aber das war das Geld für meinen Geburtstag" bekam schon mancher zu hören: „Das ist im Moment leider verfressen." Die Familie muß schließlich leben, und da müssen Sonderwünsche auch mal warten. Aber wie das Leben so spielt: Dieses Gegenargument kann zum Bumerang werden. Als der Chef des Bankhauses kurz nach der Geburt des ersten Enkelkindes den glücklichen Eltern einen kleinen Geldbetrag für Gwenn, so heißt das Enkelkind, überwies, im Bewußtsein und in der Erinnerung, daß junge Eltern Geld mehr brauchen als die vierte oder fünfte Babywäschegarnitur, da rief die Tochter aus Spanien an und es kam am Telefon zu folgendem Dialog: „Übrigens, ganz herzlichen Dank für die Überweisung, Ihr seid prima." – „Das ist für Gwenn, nicht für Euch." – „Ja, aber wir haben hier eine Gwenny-Bank gegründet und verwalten das jetzt." – „Und wie habt Ihr das angelegt?" – „Gar nicht. Ist alles schon verfressen." Das wirkliche Leben ist eben unschlagbar. Es entwickelt von ganz selbst herrliche Traditionen. Die Pery-Bank hat jetzt also eine Filiale in Spanien.

Im Mutterhaus gilt, auch wegen manch ähnlicher Erfahrung, der Grundsatz: Diskussion über das Taschengeld nur am Monatsanfang, wenn das Konto blüht. Außerdem gibt es ja immer die Möglichkeit, durch außergewöhnliche Arbeiten am oder im Haus einen Teil des gesparten Handwerkerlohns zu verdienen. Allerdings ist „der Alte" da auch schon klüger geworden: Er öffnet das Portemonnaie nur noch nach getaner Arbeit. Übrigens, das Portemonnaie ist aus pädagogischen Gründen winzig, Geld soll nicht viel Platz einnehmen. Das tut es schon mangels Masse nicht. Aber selbst wenn diese Familie mal im Überfluß leben sollte, was eine Utopie ist: Geld muß immer ein Instrument bleiben. Darauf weisen die Eltern desöfteren hin. Denn zugegeben, ohne Geld läuft nichts, aber mit zuviel Geld läuft es nicht unbedingt besser.

Wohin fließt das Geld?

(Ausgegebenes Haushaltsgeld der Deutschen in Milliarden)

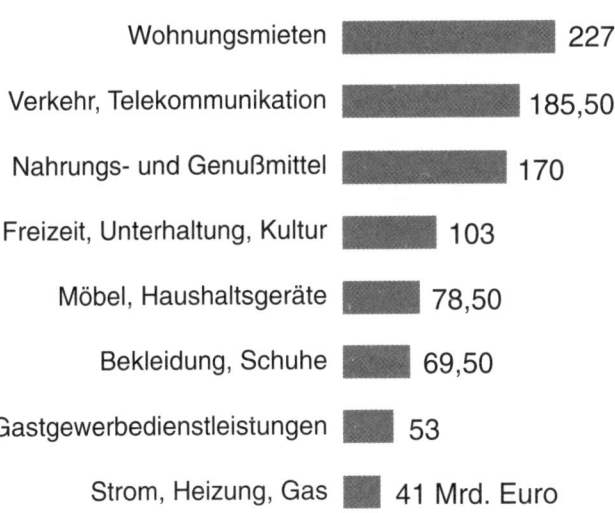

Wohnungsmieten	227
Verkehr, Telekommunikation	185,50
Nahrungs- und Genußmittel	170
Freizeit, Unterhaltung, Kultur	103
Möbel, Haushaltsgeräte	78,50
Bekleidung, Schuhe	69,50
Gastgewerbedienstleistungen	53
Strom, Heizung, Gas	41 Mrd. Euro

Wir sind das Zeitalter

Erziehen gegen die Konsumgesellschaft

Von Martine und Jürgen Liminski

Bescheidenheit ist das Gewissen des Körpers.

Honoré de Balzac

Er war ein Freund aus Kindertagen. Sie hatten den Jungen seit Jahren nicht mehr gesehen. Nun standen sie an seinem Grab, selber im Alter von 24, 23, 20 und 18 Jahren. Die älteren der sieben Brüder waren mit Marco in Kindergarten und Schule gegangen, die Nachricht von dem tödlichen Unfall hatte sie getroffen, unvermittelt, wie der Blitz aus blauem Himmel in die heitere Erinnerung. Marco hatte nach einem Disco-Besuch nachts auf dem Nachhauseweg die Kontrolle über das Auto verloren. 240 junge Menschen kommen so jedes Jahr ums Leben. Marco war kein wilder Discogänger, einfach nur ein Kind seiner Zeit. Sein Lieblingslied stammte von Bob Dylon und heißt übersetzt: „Klopfen am Himmelstor". Da schwang eine tiefe Sehnsucht mit, die Sehnsucht nach dem großen Glück.

Die evangelische Pastorin faßte es treffend zusammen, nachdem sich die Melodie von „Knockin' on heaven's door" über dem offenen Grab in der Weite des Friedhofs verloren hatte: „Er war ein normaler Junge, der sein Glück suchte. Wie so viele Kinder unserer Zeit suchte er es oft in Extremsituationen und vergaß, daß das Glück nicht im Konsum oder in emotionalen Erlebnissen zu finden ist, sondern in persönlichen Beziehungen. Dort ist die Liebe, dort ist Geborgenheit, dort ist Annahme ohne Preis. Da Gott die Liebe ist, ist auch dort das Glück zu finden."

Die Freunde schluckten. Wenig Worte, wahre Worte. Sie klopften eine existentielle Situation ab, ein großes Stück Leben. Wenig Worte und so viel zum Nachdenken. Auch nachdem sich der Gefühlsstau gelöst hatte, mit der einen oder anderen Träne auf dem so oft so unnahbaren und unerschrockenen Antlitz der jungen Männer, lagen die Worte der Pastorin im Magen wie Felsbrocken. Vielleicht war es nur Einbildung, aber mir schien die Fahrt nach Hause trotz der gewohnten Strecke etwas langsamer.

Die Worte gingen nach und wurden zum Gegenstand mancher Diskussion. Was ist das Glück? Wann wird Konsum gefährlich? Kann Konsum befriedigen? Warum soll Konsum schlecht sein? Oder auch gut? Sind Glücksgefühle, die Musik, Tanz und vielleicht auch Alkohol vermitteln, böse? Gibt es ein Recht auf Rausch, und sei es nur auf einen kleinen? Warum nicht einfach fröhlich sein? Ist es unmoralisch, etwas oder viel zu besitzen? Warum ist das Streben nach Markenkleidung nicht gut? Warum die Skepsis gegenüber der Mode, den Trends? Warum Fernsehen oder die Talkshows verteufeln?

Wir schaffen unsere eigene Marke

Die Liste der Fragen ist länger, viel länger. Fragen hebt die eigene Sehnsucht ins Bewußtsein. Die Suche nach Antworten bringt die Routine des Alltags ins Stocken. Auch die Eltern sind da gefordert. Es reicht nicht, in solchen Situationen den Jugendlichen mit den „Bekenntnissen" des hl. Augustinus zu kommen und sein auf Gott bezogenes „Unruhig ist unser Herz, bis es ruht in Dir" zu zitieren, auch wenn die Teile der „Confessiones", die über die Zeit vor seiner Bekehrung berichten, auch für heutige Situationen interessant zu lesen sind. Auch die Parallele zu Bob Dylan ist spannend: Klopfen am Himmelstor – ist es nicht das unruhige Herz, das da klopft? Und das, obwohl Augustinus weit weg ist, rund 1600 Jahre. Er hat auch gesagt: „Das Zeitalter, das sind wir". Im Klartext: Es ist nutzlos, über die Zeitläufe oder den berühmten Zeitgeist zu jammern. Wir selber prägen unsere Zeit – oder auch nicht. In der konkreten Situation jeder Familie heißt das, wir selber bestimmen unser Glück mit, wir selber machen uns immun gegenüber äußeren Einflüssen, wir selber bestimmen unseren Konsum, wir setzen unseren eigenen Trend, wir schaffen unsere eigene Marke.

Aber ist für diesen guten Vorsatz die Übermacht der Straße, der Gesellschaft, der Schule nicht doch zu groß? In seiner geballten Kraft vielleicht schon, aber der Alltag mündet nur sehr selten in eine offene Feldschlacht. Meist geht es um Kleinigkeiten. Ein Beispiel. Familien können in der Regel keine teure Markenware für die Kinder kaufen, müssen es übrigens auch nicht. Aber das kann zu einem Problem mit dem Ansehen in der Klasse führen. Marken vermitteln ein besonderes Lebensgefühl, meint auch der Bielefelder Bildungs- und Jugendforscher Klaus Hurrelmann („Konsum-Kinder. Was fehlt, wenn es an gar nichts fehlt", Herder), sie sind mit Bedeutung aufgeladen, auch wenn die jungen Leute diese Bedeutung nicht immer artikulieren können.

Annabelle löste dieses Problem so: Sie hole, sagte sie in der neunten und zehnten Klasse, ihre Sachen in der Boutique „Claudio & Andrea". Es war ihr Geheimnis. Die Mitschülerinnen wollten unbedingt wissen, wo diese Boutique sei, die Klamotten seien doch sehr chic, sie habe etwas Singuläres und doch Modisches. Lange blieb es Annabelles Geheimnis, irgendwann später lüftete sie es, kurz vor dem Abitur, indem sie die Abkürzung nannte: C & A. Sie hatte Kleid oder Jacke von der Stange meist mit einem kleinen persönlichen Extra versehen und so zum Stück aus der Boutique gemacht. Sie war ihr Zeitalter – in Straße, Schule und Gesellschaft.

Das Handy – Statussymbol im Taschenformat

Dieses Zeitalter, wie immer es im Einzelfall beschaffen sein mag, ist die Gesprächs- und Erkenntnisgrundlage für die Kinder und Jugendlichen. Es ist ihre Lebenssituation, hier muß man sie treffen, ihnen begegnen und sie manchmal auch abholen. Es ist ihre Zeit und ihr Alter. Aber auch die Zeit der Eltern. Wer behauptet, die Zeit heute gehöre nur der Jugend, der ist dem Jugendwahn verfallen. Sie gehört uns allen. Deshalb ist ihre Gestaltung und Nutzung auch immer ein Kompromiß.

Auf den ersten Blick sind die allgemeinen Lebensumstände nicht schlecht. Der technische Fortschritt hat die Bedingungen des menschlichen Lebens erheblich verbessert. Man denke nur an die Waschmaschine, den Trockner, die Spülmaschine, die Kaffeemaschine, den Staubsauger, diverse Küchengeräte. Sie haben die manuelle Arbeit in Haushalt und Familie erleichtert, die Lebensqualität erhöht. Man könnte sich jetzt eigentlich besser auf Erziehungsfragen konzentrieren, mehr lesen, sich „schlau machen", wie die Kinder sagen. Vielleicht reicht auch schon die genauere, intensivere Beobachtung und das Nachdenken darüber. Wichtig ist, die notwendige Empathie zu entwickeln, das Verständnis für die Lebensumstände und die Bedürfnisse, die realen und imaginären, der Kinder.

Beispiel Auto, Handy oder Laptop – sie haben die Mobilität erhöht und die Kommunikationswege verkürzt. Kurzum: Es lebt sich leichter als früher. Aber diese Leichtigkeit des Seins hat ihren Preis. Die glänzende Medaille wird, auf der Zahlenseite betrachtet, zur kleinen Münze: Überschuldung vieler Jugendlicher und auch junger Haushalte, nicht selten wegen der Handy-Rechnung. Aber auch wegen des häufigen Fast-Food. Es ist doch so viel einfacher, schnell einen Hamburger zu kaufen, beim Drive-in, als aus dem Auto auszusteigen, und selber etwas aus der Gefriertruhe in die Pfanne zu hauen (von traditioneller Nahrungszubereitung ganz zu schweigen). Die Geschäftskurven von Gefrierwaren erleben übrigens seit Jahrzehnten über alle Konjunkturwellen- und dellen hinweg einen steten Verlauf nach oben. Einen regelrechten Boom allerdings erleben „Sandwich-Shops" oder „Fast-Pizzas", vor allem in größeren Städten. In Paris müssen sie zwischen zwölf und eins einem Run ohnegleichen standhalten, in Rom und Madrid, New York, Chicago oder London dauert der Run fast den ganzen Tag. Aber ob Hamburger, Pizza oder Sandwich, das kostet. Und warten, das bedeutet Verzicht, möglicherweise sogar Frust. Also lieber schnell, wenn auch teuer, als warten und preiswerter. Von der Qualität dieser neuen Eßkultur mal ganz abgesehen. Viel und sofort heißt die Devise.

Nun, die nachteiligen Folgen, der Umtausch der Devise in Heller und Pfennig, lassen sich berechnen. Kommunikationsmensch Tobias telefoniert gern. Seine Brüder nennen das Handy „sein Atemgerät". Er hauche mehr und öfter in dieses Gerät hinein als in die Luft. Am interessantesten sei das „Schweigen per Telefon". Meist sind es „chicas", mit denen er auf diese Weise am anderen Ende die Rechnung erhöht, entweder die eigene oder die der jeweiligen Freundin. Für Arnaud dagegen, dessen Sinn für das Angemessene bei den Eltern immer wieder ungläubiges und bewunderndes Erstaunen hervorruft, sind Mobiltelephone schlicht „unnötig". Schüler bräuchten kein Handy und er sei Schüler. Falls er dringend telefonieren müsse, gehe er ins Sekretariat, zur Telefonzelle oder leihe er sich eins, schließlich hätte nachweislich jeder dritte Mitschüler heute dieses „Statussymbol im Taschenformat".

Die Zahl der Inhaber des Statussymbols Nummer eins wächst. Viele können es sich leisten. Die „Kids-Verbraucher-Analyse 2001" der Verlage Lübbe, Bauer und Axel Springer ergab, daß die sechs- bis 17jährigen insgesamt über mehr als elf Milliarden Euro verfügen, das sind 6,5 Prozent mehr als im Vorjahr. Zusammen mit den 18- und 19jährigen sind es sogar knapp 16 Milliarden an Taschengeld, Sparguthaben, Geldgeschenken und Lohn für Jobs. Im Durchschnitt verfügen die rund elf Millionen Kinder und Jugendlichen von 6 bis 19 Jahren über 55 Euro im Monat. Während es bei den sechs bis neunjährigen zwischen zehn und zwölf Euro schwankt, liegen die Beträge bei den 16 bis 19jährigen schon bei 140 Euro. Davon werden – von den Kleinen – meist Süßigkeiten gekauft oder – von den Größeren – CDs, Kino- und Discogänge finanziert.

Eltern, Mäzene im Hintergrund?

Die Zahlen stimmen mit den Erhebungen des Instituts für Jugendforschung in München überein, die wiederum vom Bundesverband Deutscher Banken zur Grundlage einer Analyse über die Kaufkraft der Jugend und ihr Einfluß auf das Kaufverhalten der Familie herangezogen wurde. In dieser Analyse kommt der Verband zum Schluß: „Der Einfluß auf die Familie setzt schon bei den Jüngsten ein. Sie haben eine Art genereller Orientierungskraft, was an Kleidung, Medien und Süßigkeiten beschafft wird, und im Blickfeld sind meist amerikanische Trendmarken ... Es gibt sehr viele Produkte im Haushalt, die oftmals nur auf Wunsch der Kinder erworben werden. Ihr Einfluß auf das, was gekauft wird, ist im Bereich von Getränken und Nahrungsmitteln groß, er nimmt neuerdings im Bereich der Körperpflege stark zu. Eine Sonderposition ergibt sich bei der Kleidung, hier sind 40 Prozent – vor allem Mädchen – der Meinung, sie würden selbst entscheiden, welche Sachen sie tragen und die Eltern bezahlen." Seit Jahren im Trend liegt auch das Handy. Zu den wichtigsten Wünschen der Jugendlichen, vielfach auch der Kinder, gehören Handy und Fotoapparat. Für diese Anschaffung wird auch gespart. Beim Unterhalt der Geräte hingegen stehen viele Eltern aber schon als Mäzene im Hintergrund.

Das handliche Statussymbol ist heute auch die Kostenfalle Nummer eins. Vor allem Extras wie Logos und Klingeltöne werden von der Branche oft mit indirekten und auf den ersten Blick nicht als hoch erkennbaren Preisen angeboten. In gezielten Anzeigen in Jugendzeitschriften gehen diese Unternehmen auf Kundenfang. Ihre psychologisch studierten Sprüche lauten: „Damit kannst du deine Freunde verblüffen" oder „So unterscheidest du dich von der Masse". Die Verbraucherzentralen warnen denn auch vor den Anbietern, die ihre Logos und Klingeltöne feilbieten, indem man „nur" eine Nummer anrufen braucht. Dummerweise fangen diese Nummern mit 0190 an und das Telefonat dauert mehrere Minuten, weil man über langatmige Ansagen über ein telefongesteuertes Menü bis zur Ware durchgereicht wird. Eine Minute aber kostet schon anderthalb bis zwei Euro und das Logo selbst nochmal fünf oder zehn. Oder das „essemmessen". Damit meinen die jungen Leute, so ließ sich der neugierige und gelegentlich auf Sprachpflege achtende Vater belehren, das Verschicken von „short messages", SMS, auf gut deutsch von Kurzmitteilungen. Im Durchschnitt sind es pro Jugendliche/r knapp zwanzig SMS pro Woche. Die Zahl der SMS oder Kurzmitteilungen per Handy erreichte in Deutschland bereits im Dezember '99 allein bei einem Anbieter 350 Millionen, Fachleute schätzten sie zwei Jahre später auf mehr als eine Milliarde. So kurz sie sind, sie kosten auch Geld und die mobilen Taschengeldvernichter summieren gnadenlos. Ob kurz oder lang, Kommunikation kostet. Es ist eine Schuldenfalle im Sekundentakt.

Arnaud weiß, daß die Liminskis für ihr Handy selber aufkommen müssen. Er kann Kosten abschätzen. Tobias lernte es mühsam. Mit den ersten Rechnungen kam der Schock, nach mehreren Monaten gehörte zu seinen regelmäßigen Handy-Gesprächspartnern auch der früher „nette Kerl von der Bank", dann endlich folgte die Recherche in Sachen Tarife. Nach vielen hoffnungsfrohen Anläufen zu partnerschaftlichen Gesprächen mit dem Vater (ohne „Atemgerät") und ebenso bitteren Erfahrungen wußte er, daß die Eltern tatsächlich nicht von dem Prinzip abwichen: wer sich ein Handy leistet, muß es sich auch leisten können. Sie gewährten keinen Kredit. Der Überziehungskredit bei der Bank war teuer. Die Gespräche mit dem netten Kerl waren nervig bis schmerzhaft. Heute schweigt und redet Tobias ganz bewußt und vor allem kürzer. Es sei denn, er sitzt gerade in Vaters Büro und spricht übers Festnetz.

Die neue Gefühlskultur

Es geht nicht immer nur um das Geld. Die Kosten in Euro und Cent sind eine Sache, die möglichen und unsichtbaren Folgen für das Zeitbudget oder gar die Charakterbildung und Persönlichkeit des Gewohnheitstieres Mensch eine andere. Hier werden die Negativ-Salden gern verharmlost und in anderen Posten versteckt. Wer denkt als junger Mensch beim Telefonieren schon über seine Charakterbildung nach? Oder darüber, was man in dieser Zeit alles tun und erledigen könnte? Das sind Elterngedanken. Eltern äußern sie und zeigen sich, schlimmer noch, argumentationsbereit. Das lange Telefonieren lähme, bereits das Sich-Drücken vor kleinen Pflichten und Anstrengungen zeigen den bereits erreichten Grad an Passivität und Bequemlichkeit. Mangelnde Bewegung des Geistes als Motorpannen des Charakters ließe das Ego verfetten. Ob die Argumente immer stimmen, ist eine andere Frage. Sie provozieren und regen an. Oder bewirken das Gegenteil. Auf einmal kann es beim Küchendienst nicht langsam genug gehen. „Kann man das nicht auch später machen?" „Muß das jetzt sein?" – verzögern, Zeit gewinnen, den eigenen Strafraum frei halten, vielleicht ist das Spiel ja gleich vorbei. Im Klartext: Die Mutter wird's schon richten.

Aber das geht nur ein paarmal gut. Bei der Abwägung zwischen Pflicht (Küchendienst, Schuhdienst, Zimmer aufräumen, etc.) und Telefonieren auf der einen und Pflichtvergessenheit und Telefonaskese oder lästiger Gesprächsbeobachtung (der Vater bleibt nach Ablauf der vereinbarten Zeit – eine Stunde! – so lange neben dem Telefonierer stehen, bis der Hörer auf der Gabel liegt) auf der anderen Seite, gewinnt auf Dauer immer die Kombination Pflicht und unbeschränkte Telefon-Freiheit. Welcher Vater, welche Mutter kann schon das unendliche Glück nachempfinden, zwei, drei Stunden mit glühenden Ohren und flammendem Herzen telefonische Hingabe geprobt zu haben? Sicher, es kostet Nerven, die der Eltern und die der Jugendlichen. Aber dieses Glück der „permanent message" – Eltern würden das mit „andauernder oder nachhaltiger Kommunikation" übersetzen – , kann keine Maschine ersetzen. Es gibt so etwas wie den Telefonrausch oder den Kick am Hörer.

Das Phänomen verdient wieder einen Blick über den Tellerrand des Alltags. Der technologische Fortschritt ist wertneutral. Er kann gut sein, er kann aber auch zu neuen Abhängigkeiten führen. Die Konsumgesellschaft hat ihre eigenen Werte, manchmal auch Unwerte. Gesetze hat sie nicht oder allenfalls nur eines: Den Trend zur Maßlosigkeit. Sattheit ist längst schon nicht mehr das Maß aller Dinge, war es schon bei den Römern nicht, Stichwort Pfauenfeder. Maßlosigkeit auch in den Gefühlen. Wir haben eine neue Gefühlskultur. Das Glück liegt nicht mehr darin wie die Klassiker sagten, „secundum naturam esse", gemäß der Natur zu leben. Das Glück ist der Kick, das rauschhafte Gefühl der Höchstleistung, des Außerordentlichen oder auch das Suhlen im satten Wohlbefinden.

Sicher können Höchstleistungen Glücksgefühle auslösen. Aber wer immer nur den persönlichen Adrenalin-Ausstoß und Endorphin-Kick sucht, der verlegt das Glück auf die biologische Ebene – und läuft Gefahr, dieses Gefühl vom Geist zu trennen. Auf diese Weise verliert die Vorstellung vom Glück eine wesentliche Dimension und damit auch an Tiefe. Sie wird materialisiert und damit auch entmenschlicht. Hier liegt sicher eine Hauptwurzel des Jugendkults, der Wellness- und Fitnesshuberei oder auch der Sexualisierung der Gesellschaft. Die naturgegebene Suche des Menschen nach Sinn erschöpft sich im Körperlichen. So wird, wie der Philosoph und Medientheoretiker Norbert Bolz schreibt, „der Körper zum Kontinent des Sinns ... Das Heil liegt im sportlichen Körper. Sport kompensiert die Virtualisierung und Immaterialisierung unserer Lebenswelt durch eine Eigenkomplexität der reinen Körperlichkeit. Noch deutlicher: Im Sport wird der Körper zum Schauplatz des Sinns".

Es handelt sich, folgert Bolz, um eine Fluchtbewegung aus der Komplexität der postmodernen Welt. Aber die Komplexität ist nur eine Ursache. Es gibt noch weitere für die Materialisierung des Gefühls. Etwa die Werbung im Fernsehen. Das Ergebnis ist immer dasselbe: Man verwechselt Haben mit Sein, auch der Gefühlskick ist nur eine andere, eine bio-neuronische Form von Sattheit. Die gesunden Sehnsüchte der Menschen, vor allem der jungen Menschen, nach Glück und Zufriedenheit werden so in die Irre geführt, nicht selten mißbraucht und mit falschen, kurzfristigen Antworten abgespeist. Bedürfnisse werden kompensiert, ruhig gestellt, aber nicht befriedet. Die einen suchen die Befriedigung vor dem Fernseher, die anderen beim Essen, wieder andere beim Kaufen. Immer wird Glück mit Wohlbefinden und Wohlbefinden mit Konsum in Verbindung gebracht. Innere Ruhe und Zufriedenheit ist es nicht. Es bleibt eine materielle Kompensation. Augustinus wäre das zu wenig. Und Georges Bernanos würde schreien. Für ihn war „das Glück – seine Freude in der Freude des anderen finden". Das setzt Kommunikation voraus. Deshalb ist der glückhafte Telefonrausch auch noch menschlich.

Die Kompensation des Konsums ist nicht per se schlecht und böse oder sonstwie moralisch zu bewerten. Sie ist eben nur die falsche Antwort auf tief menschliche Fragen. Denn der Materialismus allein kann diese Fragen nicht beantworten, auch wenn er in Formen und Erscheinungsweisen daherkommt, die auf den ersten Blick harmlos, immateriell, ohne Geldwert sind. Ihm fehlen Sinn und metaphysische Ziele, die über die animalischen Bedürfnisse des Menschen hinausreichen. Bei jungen Menschen ist die Sehnsucht nach Sinn, wie Viktor Frankl und die Schule der Logotherapie betonen, besonders stark. Sie sind wegen ihrer Fähigkeit zu Leidenschaft und Gefühlsstärke deshalb auch besonders anfällig für die unsichtbaren Fallen des Konsums. Und wenn die Frage nach dem Sinn unbeantwortet bleibt, wächst die Gefahr, daß sich der Konsum schleichend zum Sinnersatz und gar zur kleinen Sucht ausweitet. Fachleute zählen mittlerweile 300.000 Internet-Süchtige in Deutschland. Es wird stundenlang im Internet gesurft als gäbe es die blaue Blume online.

Streßkiller, Trugbilder, Einsamkeit

Im Konsum steckt Profit. Stundenlanges Surfen kostet Geld. Also wird Surfen leichtgemacht. Der Handy-Markt bringt gigantische Gewinne, also werden neue Raffinessen in die immer kleineren und leistungsstärkeren Konsum-Geräte eingebaut (aufladbare Klingeltöne, Sprachwahl, Notizbuchfunktionen, Verbindung zum PC, Datenversand, Bildanzeige, grafisches Display, usw. usf.). Fernsehen fesselt, also werden immer mehr Programme angeboten. Längst preisen Wirtschaft und Handel den Konsum auch als Streßkiller. Fernsehen, Kaufen, Essen, Sex sind Mittel, um vom Alltags- oder Berufsstreß abzulenken oder um Konflikten aus dem Weg zu gehen. Kinder spielen stundenlang am Computer, um die Einsamkeit zu bewältigen, jenes Massenschicksal, dem die Caritas immerhin das Jahresthema 2001 widmete. Konsum als Mittel zum Zweck, aber ohne

Ziel. Konsum um Frust und Angst abzubauen. Die Gesellschaft hat sich darauf eingestellt. Die Werbung suggeriert Sicherheit und Geborgenheit, Freundschaftz und Gemeinschaft, Souveränität und Persönlichkeit, Freiheit und Natur, wenn man eine bestimmte Biermarke trinkt oder Zigarettenmarke raucht oder auch ein bestimmtes Auto fährt. Immer werden Emotionen angesprochen, die Saiten der Seele angestimmt.

Marketingspezialisten setzen immer neue Gefühle und Wunschspiralen in Gang. Die Gefühlsindustrie par excellence ist der Film. Er schaltet das Mitdenken weitgehend aus, nicht selten auch das Nachdenken. Das hat schon Lenin erkannt und gesagt: „Der Film ist die wichtigste Kunst". Damals gab es noch kein Kino, geschweige denn Fernsehen. Und was Lenin auch nicht wußte, aber instinktiv in seiner Bedeutung erfaßte, beschreibt Marco Rauland in seinem jüngst erschienenen Buch „Chemie der Gefühle": „Wie wichtig gerade das Sehen für uns Menschen ist, zeigt sich allein daran, daß etwa ein Drittel der Großhirnrinde mit der Bearbeitung von optischen Reizen beschäftigt ist. Etwa 70 Prozent unserer täglichen Wahrnehmungen verdanken wir unseren Augen. Im Vergleich hierzu werden zum Hören nur zwei Prozent der Hirnrinde aktiv." Das erklärt unter anderem, warum man beim Radiohören noch einiges nebenher machen kann, beim Fernsehen jedoch kaum. Das bewegte Bild fesselt. So wie die gestenreiche Rede. Und es produziert biochemische Prozesse, vulgo Gefühle.

Wer sich heute die Talkshows anschaut, wird feststellen: Sie haben einen gemeinsamen Nenner, das Aufputschen von Gefühlen. Der steigende Gefühlspegel entscheidet über Interesse oder Abschalten, über Konsens oder Dissens. Es geht nicht mehr um falsch oder richtig, um gut oder böse. Es geht um den Konsens, weil der den Zuschauer bindet. Auch der Konsens kann produziert oder zur Schau gestellt werden, zum Beispiel durch Applaus. So wird in der virtuellen Welt der Glotze „richtig", was viele, sprich die vermeintlichen Mehrheiten meinen. So werden Begriffe pervertiert und Ideologien zu Lebensphilosophien hochstilisiert und schließlich zum Heil erhoben. Besonders deutlich ist das beim Thema Homosexualität. Wer es heute wagt, den Krankheitscharakter dieser Neigung zu nennen, wird nicht mehr toleriert. Hier ist die Relativierung der Werte bereits in die totale Ideologie, in das kritik-, bedenken- und gedankenlose

Festhalten an der Meinung der Mediennomenklatura gekippt. Die Intoleranz wird nicht mit Argumenten zum Ausdruck gebracht, sondern mit Gefühlen. Wer nicht mit mir fühlt, der ist gegen mich – das ist die neue Drohbotschaft. Kritischer Geist wird zur Eigenschaft einer Minderheit. Und damit auch die Freiheit. Es ist kein Zufall, daß die meisten Zukunftsromane im Kern alle genau dies behandeln: Den Verlust der Freiheit durch die Ausschaltung des Denkens und durch die Herrschaft, ja die Diktatur der Gefühle.

Wir oder die anderen – Es gibt kein Vakuum in der Erziehung

Täuschen wir uns nicht: Wir sind mitten in dieser Zukunft, unsere sogenannte Wissens-oder Informationsgesellschaft ist in manchen Bereichen schlicht eine Manipulationsgesellschaft zur Maximierung des Profits oder der Lust. Dazu haben wesentlich die sogenannten Miterzieher – die Medien, die Straße, die Peer-group – beigetragen. Ihr Einfluß auf die Kinder ist mindestens in dem Maße gestiegen, wie die Familie in den letzten Jahrzehnten geschwächt wurde. Der Medienkonsum kostet Zeit. Diese Zeit geht in der Regel der Erziehung verloren, denn Zuwendung kostet auch Zeit. Und Erziehung ohne Zuwendung ist nicht möglich. Es gibt kein Vakuum in der Erziehung. Man kann Kinder nicht auf Eis legen. Wenn Eltern ihren Kindern keine Zeit widmen, wird diese Zeit von anderen ausgefüllt. Das muß nicht immer zum Schlechten des Kindes sein. Aber sicher ist, daß die Eltern natürlicherweise das größte und gesündeste Interesse am Wohlergehen des Kindes haben. Wolfgang Tietze, Leiter der ersten bundesweiten Studie zur Qualität von Kindergärten kam im November 1998 zu dem Schluß: „Fest steht, daß die erzieherische Qualität der Eltern wesentlich wichtiger für die Entwicklung der Schützlinge ist als die in Kindergärten oder Schulen ... Deutschland muß sich von der Vorstellung der 70er Jahre verabschieden, daß die Einrichtungen Fehlentwicklungen in den Familien korrigieren könnten." Und daß die Fehlentwicklungen zunehmen, liegt auf der Hand, schon weil die Zeit, die Eltern ihren Kindern (bis 18 Jahren) und der Erziehung widmen, sich in den letzten 25 Jahren von 33 Stunden pro Woche auf heute 16 Stunden mehr als halbiert hat.

Angesichts des größer werdenden Erziehungsvakuums in vielen Familien – angestachelt noch von Politik und Medien durch eine gedankenlose Propagierung von Ganztageseinrichtungen wie Krippe, Hort, Kindergarten und Schulen von früh bis spät – ist auch die Zahl der Miterzieher gestiegen. Zu ihnen darf man auch Sportvereine zählen. Auch ihr Einfluß ist nicht mehr ohne weiteres positiv. Eine wissenschaftliche Studie der Universität Paderborn belegt, daß die organisierte Sportjugend weder sportlicher noch harmloser ist als junge Menschen, die nicht ins deutsche Vereinswesen eingebunden sind. Vereine seien mit der Fülle von sozialen und sportlichen Ansprüchen überfordert, sie förderten die Herausbildung stabiler Persönlichkeiten weit weniger als bisher angenommen und auch die emotionale Stabilität werde durch das Vereinsengagement nicht trainiert. Sogar ein Negativtrend sei zu beobachten. Vor allem in Fußballvereinen werde so viel Bier getrunken und geraucht wie in keiner anderen Disziplin. Jeder fünfte Kicker greife regelmäßig zu Kippe und Flasche. Rund zwölf Prozent rauchten regelmäßig Haschisch, außerhalb der Vereine seien es fünf Prozent.

Die Erziehungswissenschaftler begründen das neue Phänomen so: „Man konsumiert eher in Gesellschaft, und möchte sich dann beweisen". Das war freilich schon immer so, aber früher gab es zwischen Verein und Familie einen pädagogischen Konsens. Der hat sich im Zeitalter der Beliebigkeit und der Erziehungsleere aufgelöst. Auch im Verein ist der Jugendliche auf sich selbst angewiesen, wenn die Familie ihn nicht stützt oder die Eltern sich der Erziehungsaufgabe entziehen. Wenn das Zuhause keine Alternative bietet, wird der Verein zum Familienersatz, ohne allerdings die erzieherischen Aufgaben in vollem Sinn wahrnehmen zu können. Es fehlt die Intimität. Das gemeinsame Interesse am sportlichen Sieg reicht nicht in die Tiefe der Existenz. Das Alleinsein bleibt.

„Nimm, was du kriegen kannst", heißt die Devise der Konsumgesellschaft, und ein Graffiti, das jahrelang an einer Mauer der Universität in Frankfurt zu lesen war, ergänzte mit ungewöhnlichem Tiefgang: „Es ist doch egal, wovon dir schlecht wird." Solche Devisen aus der schillernden Ideenwelt des Hedonismus und des Nihilismus bereiten den Nährboden, aus dem der Konsumterror und die Versüchtelung der Gesellschaft wuchern. Die Familie, die erzieht, hält dagegen. Wer nicht weiß, was er will, wer er ist, wohin er geht, was ihm gut tut oder fehlt und wo für ihn der Sinn des Lebens liegt, der ist anfällig für jedes Angebot, das Genuß verheißt. Ihm fehlen die Kriterien der Auswahl. In der Familie, die erzieht, werden sie ihm vermittelt. Um Chance zu sein, darf die Familie, das heißt vor allem die Eltern, die Auseinandersetzung mit den anderen nicht scheuen. Das erfordert auch einen hohen Energieaufwand (Diskussionen, Überzeugungsarbeit) innerhalb der Familie und natürlich das eigene Beispiel. Ohne das ist alles nichts.

Bündnisfall am Mittagstisch

Genießen und Haben, das sind die Ziele der Konsumwelt. Wer glaubt, daß ein neues Auto, ein neues Deo, teures Essen, das neueste Video oder auch ein besser bezahlter Beruf ihm echte Individualität und damit Glück verleiht, der verhält sich wie die Wirtschaft es wünscht, als Konsumroboter, als Mensch ohne Eigenschaften, der mit Robert Musil sagt: „Wir irren vorwärts." Die Erziehung in der Familie aber schenkt Eigenschaften und Persönlichkeit. Für sie zählt, was man ist, nicht was man hat. Für sie zählt die Beziehung, das Teilen-und Mitteilen-Können, nicht nur das Kitzeln der Sinne. Denn das sind die wirklich menschlichen, konsumresistenten Bedürfnisse: Liebe, Geborgenheit, Angenommensein, Sinn. Sie werden in der Familie, die erzieht, befriedigt. Familie ist eine Chance, sie ist der Verband, der immun macht gegen den Terror der Konsumgesellschaft. Sie wird aber zum Opfer dieser Gesellschaft, wenn die Erziehung fehlt.

Auch Mimi wollte ein Handy. Sie sei immerhin schon in der vierten Grundschulklasse und „fast alle" ihrer Freundinnen in der Klasse hätten eins. Der Vater fand das interessant, so wie die Väter fast immer alles interessant finden, was ihre kleinen Töchter erfinden und sagen. Er war eigentlich bereit, dieses Weihnachtsgeschenk für die kleine große Mimi anzuschaffen. So viel würde Mimi schon nicht telefonieren. Die Mutter und die älteren Brüder sahen das anders. Es folgte eine Kosten- und Nutzenanalyse am Mittagstisch. Die Mutter und ihre Verbündeten gewannen. Dann kam ein unerwarteter Angriff von außen, mitten aus der Konsumgesellschaft. Mimis Freundinnen wollten ihr zum Geburtstag ein Handy schenken. Das war der Bündnisfall. Die Familie schloß ihre Reihen um Mimi, sie bekam eine Telefonkarte und den Preis für das Handy auf dem Konto der Pery-Bank (s. S. 122–133) gutgeschrieben. Sie konnte kommunizieren und hatte die Freiheit der Wahl. Das war auch mehr als das Gerät, denn diese Option ist ja auch konvertibel in andere Waren. Die Freundinnen nickten etwas ratlos und ungläubig. Mimis Ansehen aber war gestiegen. Und der Angriff preiswert zurückgeschlagen.

Wieviele Verteidigungsschlachten haben die Eltern dieser zehn Kinder nicht schon auch zu Hause geschlagen, weil man ihnen vorhielt, sie seien genußfeindlich, zu asketisch, weltabgewandt. Zwar ist schon der Leibesumfang des Vaters ein unübersehbares und hinreichendes Argument gegen solche Thesen. Aber der Schlachtenlärm wird dadurch kaum gedämpft. Er verlagert sich auf das Feld der geistigen bzw. geistlosen Genüsse, zum Beispiel Fernsehen, Kino und andere Orte der modernen Gefühlskultur. Sinnlose Entspannung – muß ich sehen, weil alle es sehen – steht hier gegen anspruchsvolle Aussagen in filmischer Form. Da kann man nur mitreden, wenn man Filme aus den Kritiken kennt und Alternativen zu bieten hat. Also: Zeitschriften und Feuilletons lesen oder selber mal mit den Kindern ins Kino gehen und nachher darüber reden.

Der Wunsch, sich mal anders zu fühlen, etwas nicht Alltägliches zu erleben, ja sogar außer sich zu sein – dieser Wunsch nach Hochgefühl und Ekstase ist in jedem von uns. Gleiches gilt für das Bedürfnis, ein einmal erlebtes Hochgefühl oder ein Lustempfinden erneut erleben zu wollen. Jeder Mensch hat nicht nur seinen Adrenalinpegel, sondern auch sein körpereigenes Dopingmittel, die Endorphine, jene Schmerzkiller oder Gefühlsstimulatoren, die auf Befehl des Hirns in die Blutbahn ausgeschüttet werden und Hochgefühle, Euphorie und Wohlbefinden erzeugen. Das sind die neuro-biologischen Stimmungsmacher, sie sind mitten unter uns und so gesehen sind die Ursprünge einer Sucht schon in vielen von uns vorhanden. Wehe, wenn sie losgelassen? Nein, es geht wie immer um das rechte Maß. Die Vernunft muß bestimmen, wann sie losgelassen werden sollen. Das ist bei jungen Leuten auf dem Sprung nicht immer leicht zu vermitteln.

Verlorene Schlachten gegen „Haben und Kriegen"

Nun gibt es Schlachten, die verloren sind, noch bevor die erste Fanfare schmettert. Man sollte sich das beizeiten eingestehen und nur noch eine Strategie des Containments, der Eindämmung verfolgen. Der Kampf gegen den Bereich einer globalen Fastfood-Kette, die im Kreis der Familie nur „McPlastic" heißt, ist ein klassischer Fall für so einen im vorhinein schon verlorenen Kampf. Das Essen ist geschmacklos, macht fett, füllt ab, ist stillos und trotz allem nicht so preiswert, wie es scheint. Dennoch lieben die Kinder den Fraß über alle Maßen. Wenn niemand Hunger hat, bei McPlastic bekommt er ihn. Wer verwöhnt sein will, wünscht sich ein Menü von diesem Fließband der Massenmenschhaltung. Wenn Vater punkten oder vor einem schwierigen Familienrat die Stimmung heben will, bringt er Tüten von diesem Fließband mit. Das trägt Verwirrung ins Lager potentieller Gegner, ein Stratagem des bereits erwähnten Sun Tsu (s. S. 110–121).

Apropos Strategie und Eindämmung: Als Momo besonders erpicht war auf kleine Soldaten und nach und nach sein gesamtes Taschengeld in neue Einheiten investierte, also einfach „haben und kriegen" wollte (Synonym für Konsum im Familien-Jargon), verbanden die Eltern des kriegslüsternen Militaristen und zeitweiligen Meisters im Stratego-Spielen den Erwerb neuer Einheiten mit vorher geleisteten Anstrengungen. Der Kredit für die Kriegskasse war nicht umsonst. Bei guter Verrichtung eines Dienstes oder einer Arbeit im Hause beteiligten sich die Eltern sogar an der Aushebung neuer Reservisten. Die Belohnung für die Dienstleistung war doppelt und dreifach. Zum einen kam der General der Plastikarmeen in den Genuß, das Schlachtfeld vielseitiger zu gestalten und das Spiel gedanklich zu vertiefen. Zum anderen erhöhte die Eigenleistung das Selbstwertgefühl. Und zum dritten lernte er, den Konsum häppchenweise zu genießen, sich zu bescheiden.

Vielleicht ist diese Dreifach-Strategie der Eindämmung und der Belohnung überhaupt eine geeignete Prävention gegen Konsumrausch und Versüchtelung. Sie ist nicht nur bei Plastik-Armeen oder bei Fast-Food nützlich. Sie führt auch zu einer gewissen Bescheidenheit. Honoré de Balzac meinte, Bescheidenheit sei „das Gewissen des Körpers". Damit reichte er nah an die Tugendlehre der christlichen

Klassiker heran. Thomas von Aquin würde darin gewiß einen Zug der Kardinaltugend der Temperantia, des Maßhaltens, erkennen. Natürlich maß ihr Thomas von Aquin eine erhöhte Bedeutung bei: sie halte Geist und Leib zusammen, sie bewahre dem Menschen die Entscheidungskraft, die Fähigkeit zur Klugheit, die er die Vollendung des Gewissens nannte. Sie beziehe sich auf die Wurzel des gesamten geistlich-sinnlichen Lebens, nicht umsonst handelt es sich bei der Temperantia um eine Kardinaltugend. Und bei Augustinus ist zu lesen, diese Tugend ziele dahin, den Menschen unversehrt und unangetastet zu bewahren für Gott. Man steht heute, vor dem Hintergrund der neuro-biologischen Erkenntnisse, eigentlich staunend vor der Tiefe und Stimmigkeit dieser Gedanken.

So weit und so tief denkt ein Vater freilich selten, wenn er die Kinder zum Maßhalten ermahnt. Die Mutter mag diese Tiefe vielleicht noch erahnen. Sicher ist die Wirkung dieser Tugend: gelassene Heiterkeit. So wie die Maßlosigkeit zur übermäßigen Endorphin-Ausschüttung drängt und Süchte verursacht, so führt die Temperantia zur Selbstlosigkeit und zur „Heiterkeit des Herzens als Siegel der Selbstlosigkeit" (Josef Pieper). „Die Genügsamkeit lacht häufiger und herzensfroher als die Genußsucht", schreibt eine andere große Gestalt der Christenheit, die hl. Theresa von Avila. „Genügsame Menschen sind deshalb so angenehm im Umgang, weil sie nicht ständig klagen und jammern über die Not der Zeit."

Die Konsum-Mentalität ändert Beziehungen

Die Menschenkennerin Theresa legt mit diesen Worten den Finger auf eine Wunde der Moderne. Die Konsum-Mentalität beeinflußt und verändert menschliche Beziehungen. Professor Horst Opaschowski, Wissenschaftlicher Leiter des BAT-Freizeit-Forschungsinstituts in Hamburg, hat in diesem Sinn einen Wandel im menschlichen Verhalten empirisch festgehalten. Sich vergnügen und amüsieren werde für eine Mehrheit der Menschen in Deutschland wichtiger als die Gemeinschaft mit anderen. Die Spaßgesellschaft atomisiert sich, sie zeigt jetzt deutlicher ihre individualistische Fratze. Zweimal, 1990 und 2001 führte Opaschowski repräsentative Umfragen zum Thema Spaß und Freizeit durch. 1990 war eine Mehrheit (60 Prozent) glücklich, weil sie unbeschwert und sorglos leben konnte. Nur für die 14–29jährigen war Spaß und Amüsement mehrheitlich (60 Prozent) wichtiger als Sorglosigkeit. Elf Jahre später denken auch andere Altersgruppen ähnlich. 55 Prozent identifizieren heute Spaß im Leben mit persönlichem Vergnügen. Das Zusammensein, die Gemeinschaft mit anderen ist zweitrangig geworden. 1990 hielten es 53 Prozent für erstrangig, heute nur noch 44 Prozent. Das Amüsement wird zum persönlichen Gefühlserlebnis, der Spaß am Leben zur monadenhaften Selbsterfahrung. „Ich und meine Endorphine" lautet der Titel der modernen Single-Romanze.

Diese Zahlen zeigen, daß der ichbezogene Konsum die menschlichen Beziehungen der Gesellschaft zu Funktionen degradiert. Der Mensch macht sich selbst zum neuro-biologischen Roboter. Zumindest wächst die Gefahr für solch eine Entwicklung durch die neue Gefühlskultur und nehmen die Abwehrmechanismen gegen solche Gefahren ab, weil vernunftgeleitete Haltungen seltener werden. Es fehlt die Erziehung, die diese Haltungen vermittelt. Hinzu kommt der Einfluß des Marktes. Er hat sein trojanisches Pferd in unserem Wohnzimmer stehen. Werbung berieselt, elektronisches Wohlbefinden fesselt uns. So hat die marktgemäße Angebotshaltung unmerklich auch die menschliche Beziehung erfaßt. Der einzelne erwartet ein Angebot vom anderen und wenn diese Erwartung enttäuscht wird, verliert der andere an Wert. Das ist sicher auch einer der Gründe für die rasante Steigerung der Scheidungsraten. Beziehungen werden konsumiert, eine moderne Form des Kannibalismus.

Ganz anders wieder Augustinus. Nach dem Kirchenlehrer ist es ganz und gar gleichgültig, was und wieviel einer esse, es müsse nur das Wohl derer, mit denen er Gemeinschaft habe, und sein eigenes Wohl und seine Gesundheit bewahrt bleiben. Nun gut, aber was ist das Wohl der anderen? Kann es nicht zu meinem Schaden sein? – Die Frage des 20jährigen ist prima vista berechtigt. Er hat beim Monopoly-Spielen und auch beim Tipp-Kick fast immer verloren. Dennoch hat er eine gute Erinnerung an die Spiele in den Ferien. Sie haben ihm geholfen, Strategien zur Bewältigung von Konflikten zu entwickeln und fast wie durch Osmose in sich aufzunehmen. Das kann er heute gut gebrauchen. Er ist teamfähig, sozial kompetent. In der Schule hat er das nicht gelernt. Dort herrschte schon zu seiner Zeit Wettbewerb. Gelernt hat er es in der Familie – beim Spielen.

Stunden- und tagelange Rollenspiele haben die Fähigkeit der Kinder zu Verzicht und selbstloser Akzeptanz trainiert. Sie haben gelernt, beim „Stadtspiel" mit kleinen Autos, Verkehr, Unfällen, Vater-Mutter-Rollen, Arzt-Anwalt-Verwaltungsdiensten usw. Rechnungen zu akzeptieren, Knöllchen zu zahlen, für Reparaturen aufzukommen, Krankheiten und Verletzungen zu ertragen, auch Lehrer und Polizei zu ertragen, kurzum: Sie haben gelernt, die Beziehungswelt in Beruf und Amt, zwischen Arbeit und Familie zu managen. Und zwar als Menschen, die Verantwortung übernehmen und Verzicht üben, die Freiheiten kennen und sie einordnen, die den Markt kennen und ihn als Tauschplatz sehen, nicht als Markt der unzähligen Optionen, die man auch alle ausprobieren soll. Sie haben gelernt, und das ist vielleicht das Wichtigste, daß das Leben Entscheidung verlangt und Entscheidung Verzicht bedeutet. Man kann kein hypothetisches Leben leben, schreibt Robert Spaemann, weil man nicht alle Optionen er- und ausleben kann, schon die Zeit reicht dafür nicht aus. Der Markt und die Konsumgesellschaft bieten zwar alles Mögliche an, aber für den einzelnen ist es eine Illusion. Er muß sich entscheiden. Darin liegt seine Freiheit.

Verzicht, Selbstwertgefühl, Freiheit

Es stellt sich die Frage: Wie erziehe ich zur Freiheit? Wie mache ich gute, gesunde Gefühle bewußt? Wie vermittle ich, was Spaß, Freude, Entspannung ist – ohne Kick? Die Strategie der Eindämmung hat auch eine positive Seite. Sie befreit. Als Thomas gerade in seine neue Wohnung eingezogen und sozusagen auf sich selbst gestellt war, ging er mit seiner Mutter einkaufen. Er hatte sich ein Limit gesetzt: 50 Euro. An der Kasse des Supermarkts betrachtete er die Einkaufswagen der anderen und plötzlich überkam ihn ein Gefühl der Freiheit: „Ich habe nichts Unnötiges, ich hab' es geschafft, ich bin frei, konsumfrei". Annabelle berichtete jüngst ähnliches. Nach zehn Jahren hatte sie sich entschlossen, mit dem Rauchen aufzuhören. Ganz und kompromißlos. Es war hart aber befreiend. Ein Hochgefühl, ein Kick des Selbstwertgefühls, die große innere Freiheit. Mimi wiederum war stolz, kein Tamagotchi pflegen zu müssen, obwohl viele ihrer Klassenkameraden so ein

„elektronisches Haustier" aus Japan hatten. Sie wollte keins, sie wollte „frei sein".

Mimi hatte die Diskussionen mitbekommen, die am Tisch über dieses Phänomen geführt worden waren und die zu einem Kommentar aus der Feder von Momo, damals 14 Jahre alt, in der Lokalzeitung führten. Leseprobe: „Viele denken, sie halten ein Haustier in der Hand, doch dem ist nicht so. In Wahrheit haben sie eine mechanisierte Terrormaschine erworben, die nach Essen schreit, das Kind unter Druck setzt und es bei wichtigen Sachen stört. Diese Kinder können nach einiger Zeit nicht mehr ohne ihr Tamagotchi auskommen. Der Markt jedoch blüht. Das geht so weit, daß einige Unternehmen sich nicht scheuen, auf die Verpackung zu schreiben: Puppy – das kleine Pflegekind. Doch viele merken nicht, daß sie Opfer einer cleveren Strategie der Tamagotchi-Industrie sind. So ein Computer-Programm zeigt keine Gefühle und Liebe, weil es so etwas nicht besitzt. Viele nehmen das Tamagotchi als Geschwister-Ersatz, weil sie keine Geschwister haben, was ja in Deutschland leider immer mehr der Fall ist. Man verliert auch das Gefühl für den Umgang mit Tieren, weil viele denken: Wenn das Heul-Ei sowieso nichts fühlt, kann ich es auch ein bißchen quälen. Das andere Extrem: Das Kind liebt diesen Computer über alles. Der Kult um das Tamagotchi führt so weit, daß Kinder eine Todesanzeige für ihr „Baby" in die Zeitung setzen. Wenn es so weit ist, dann kann man gleich eine Todesanzeige auf seinen Menschenverstand mitaufgeben. Denn dann ist man der Tamagotchi-Sucht verfallen."

Ein Ziel der Erziehung ist die Selbständigkeit des Kindes. Wenn das Kind, der Jugendliche, frei entscheiden kann, also Kriterien hat oder sucht für eine Entscheidung zum Guten, dann ist das Ziel erreicht. Damit ist die Er-ziehung freilich nicht am Ende, aber die Be-ziehung zum Kind hat sich geändert. Die Selbständigkeit macht die Beziehung zur Freundschaft. Dieses Ziel zu erreichen ist heute schwieriger geworden, wegen der Miterzieher, wegen der Beliebigkeit der Werte, wegen der neuen Gefühlskultur. Aber je weniger oft dieses Ziel erreicht wird, umso schwieriger gestaltet sich das Zusammenleben in einer demokratischen Gesellschaft. Sie kann ohne Freiheit der Personen auf Dauer nicht überleben. Der frühere Verfassungsrichter Paul Kirchhof hat, Montesquieu zitierend, die Gefahr des Freiheitsverlustes für die Gesellschaft auf dem Zweiten Europäischen Kongreß zur Aufwertung der Erziehungsarbeit im November 2000 in Straßburg auf eine knappe Formel gebracht: „Ohne Familie keine wirksame Erziehung, ohne Erziehung keine Persönlichkeit, ohne Persönlichkeit keine Freiheit." Wer also dem Menschen die Freiheit gönnt, der muß ihm auch die Familie gönnen. Sie ist die Chance zur Freiheitserziehung und damit auch zum Glück.

Großer Bruder der Quote

Fernsehen, Internet und ihre Wirkung

Von Martine und Jürgen Liminski

Wohin man auch den Blick wandte, wurde man vom Televisor beobachtet.

George Orwell, 1984

Zukunftsromane sind Medienromane. Das ist nicht verwunderlich. Alle großen Utopien greifen auf die Natur des Menschen als ein soziales, mithin auch kommunikatives Wesen zurück. Diese Kommunikationsfähigkeit soll manipuliert oder kontrolliert werden, sei es vom allgegenwärtigen Fernsehauge des Großen Bruders in George Orwells „1984", sei es durch das Verbrennen von Büchern, weil diese eigenständiges Denken fördern wie in Ray Bradburys „Fahrenheit 451". Bei Orwell achtet die „Denkpolizei" darauf, daß die Menschen nicht „falsch" denken und bei Bradbury wird der Bücher-Verbrenn-Trupp vom Fernsehen betäubt und in einem Zustand des Nicht-Denkens gehalten. Auch der Weltaufsichtsrat und die Gefühlsingenieure in Aldous Huxleys „Schöne neue Welt" haben mittels elektronischer Medien die Orte der personalen Gefühlskultur besetzt und verhindern das Denken.

Hat die Zukunft Orwells, Huxleys oder Bradburys schon begonnen? Ein amerikanischer Journalist hat nachgeprüft und errechnet, daß vier Fünftel der Voraussagen Orwells bereits Wirklichkeit geworden sind. Und seit der Jahrtausendwende haben wir es auch wissenschaftlich: Eine Studie der Universität Freiburg hat ergeben, daß Fernsehen abstumpft und den Intelligenzquotienten senkt. Die Forschungsgruppe Psychophysiologie unter Leitung von Professor Michael Myrtek ermittelte mit empirischen, also auch meßbaren Methoden, daß übermäßiger Fernsehkonsum negative emotionale und körperliche Folgen für Schüler hat. Was die Forscher unter „übermäßig" verstehen, geht aus einer dringenden Empfehlung an die Eltern hervor: Sie sollten die Fernsehgewohnheiten ihrer Kinder kontrollieren und höchstens eine Stunde Fernsehen pro Tag zulassen.

Viel-Fernseher, so die Studie, bewegen sich weniger, führen seltener Gespräche, haben weniger Kontakt zu Freunden und vor allem im Fach Deutsch und in den Fremdsprachen schlechtere Leistungen als Wenig-Fernseher. Sie hätten in der Schule außerdem mehr Streß und schauten weniger Tier-und Dokumentarfilme. Beherrschende Programmelemente seien Talkshows und Actionfilme. Das stumpfe emotional ab, das Verhalten werde aggressiver, die Denkleistung geringer.

„Kinder denken mit den Händen"

Professor Hans A. Schieser aus Blaustein bei München formuliert es in einem Beitrag für die Zeitschrift Vision 2000 so: „Das Kind ist auf Aktivität angelegt. Montessori sagt: ‚Die Kinder denken mit den Händen.' Das Denken entwickelt sich durch Tun, und die Gefühle sind normalerweise immer mit Aktivitäten verbunden (Piaget). Natürlich rufen auch beobachtete Dinge Gefühle hervor, aber sie sind beim Fernsehen meist negativ und man hat gar keine Möglichkeit, etwas zu tun. Die Gefühle verflachen und schließlich wird man gefühllos, apathisch. Das gilt genauso für die Erwachsenen!"

Das ist die Gefahr, die uns droht und die Orwell & Co prophezeiten: Daß wir einmal aufhören nachzudenken, daß wir aufhören, nach der Wahrheit zu suchen. Das Fernsehen ist eine Einbahnstraße der Kommunikation. Es kann sehr viel vermitteln, aber es hat wie alle elektronischen Medien den Nachteil der Flüchtigkeit des permanenten Flusses. Es läuft und läuft. Es sendet und sendet, man hat kaum Gelegenheit, den Konsum zu goutieren. In der Zeitung kann man einen Satz zweimal oder noch öfter nachlesen. Deshalb sind Printmedien meist auch anspruchsvoller.

Die elektronischen Medien haben andere Vorzüge, aber sie stillen den Hunger nach Wahrheit nicht, allenfalls sättigen sie eine oberflächliche Neugier. „Die Wahrheit ist das Licht des menschlichen Verstandes", schreibt Johannes Paul II. in einem *Brief an die Jugend.* Und „so ist die Struktur des menschlichen Geistes. Der Hunger nach Wahrheit ist sein grundlegendes Verlangen und Merkmal." Hier wurzelt auch der Naturtrieb namens Neugier. Sie ist dieser Hunger nach Wahrheit. Der langjährige Direktor des Instituts für

Zeitungswissenschaft in München, Otto B. Roegele beschreibt die Neugier als „die Grundkraft, die sowohl die direktive Kommunikation von Mensch zu Mensch wie die technisch hochgerüsteten Massenmedien in Bewegung setzt und in Gang hält – eine anthropologische Konstante, ein Naturtrieb wie der Hunger oder die Liebe. Wie diese, so wird auch die Neugier nie ganz gesättigt und befriedigt, wie diese, so erneuert sie sich auch von selbst." Auf was richtet sich dieser angeblich unersättliche Trieb namens Neugier? Darauf Roegele: „Auf diese drei Dimensionen seiner, des Menschen Existenz: Wie er geworden ist, was er ist, wie er werden kann. Im lateinischen Wort curiositas (für Neugier) steckt cura – die Sorge. Der Mensch ist das einzige Wesen, das imstande ist, sich Sorgen zu machen, im Wissen um das Zu-Besorgende für sich und so für seinesgleichen Vorsorge zu treffen."

Für viele Bürger hierzulande ist Fernsehen zum Dogma des Alltags geworden. „Die Glotze lebt", heißt der Film, der die Nation allabendlich fesselt. Und die Glotze kann die Diskussion in der Familie, vor allem mit den Kindern so beleben, wie es den Eltern überhaupt nicht recht ist. „Ich finde sie nicht langweilig", meinen schon Kinder unter zehn. Die älteren behaupten sogar, das Argument, Fernsehen sei langweilig, sei „selber langweilig. Das ist ja nur eine Behauptung, eine versteckte Kapitulation, weil einem nicht so viel einfällt wie Thomas Gottschalk."

Und natürlich, der Konkurrenzdruck. Wenn der zehnjährige Sohn nach Hause kommt und darüber klagt, daß er „der einzige in der Klasse ist, der James Bond heute abend nicht gucken darf", dann beschleicht ein Isolationsgefühl die Mutter. Das ist der Moment, da sie die Mutter des Freundes anrufen sollte. Die war schneller und fragte etwas drucksend: „Sagen Sie, stimmt es, daß Thomas James Bond sehen darf? Unser Jojo sagt, er sei der einzige in der Klasse, der heute abend nicht fernsehen dürfe." Kommunikation sprengt jede Isolation. Und Kommunikation kann auch stark machen, indem sie manches Argument schwächt.

Es mag apodiktisch und autoritär klingen. Aber bei ein oder zwei Kindern ist die Angelegenheit noch kontrollierbar, bei drei und mehr hilft nur noch das Abschließen, am besten mit einem Elektroschloß. Noch einmal Professor Schieser: „Es geht hier nicht um eine Gewächshaus-Pädagogik, sondern um die Verantwortung der Eltern und Lehrer, die Wirklichkeit des Kindes, seine echten Bedürfnisse und Fähigkeiten anzuerkennen. Pestalozzi, Don Bosco, Montessori, selbst Rousseau mahnten eindringlich, daß man die Kinder vor allen negativen Erfahrungen bewahren solle. Das ist ein universal gültiges Prinzip, das selbst der Gärtner und Tierzüchter anwendet, um ein gesundes Wachstum der Pflanzen und jungen Tiere zu fördern. Nur durch dieses Bewahren in der Wachstumsphase wird die Bewährung in der Reife möglich ... Die Eltern und Erzieher machen es sich zu leicht, wenn sie sich nicht über die Wirklichkeit informieren, in die sie die Kinder eigentlich hineinführen sollen oder wollen. Es ist unverantwortlich, diese Aufgabe Leuten zu überlassen, die weder die professionellen Voraussetzungen, noch das Interesse am Wohl des Kindes haben."

Zwei bis drei Stunden und ihre Folgen

Bei allem Nutzen, den das Fernsehen auch bieten kann, der ungeregelte Konsum tötet die Phantasie, er führt zu einer Art Völlerei des Geistes und erstickt die gesunde Neugier, die Suche nach Wahrheit als Entdeckung der Wirklichkeit. Jedenfalls, wenn das Medium nicht dominiert wird. „Die Droge im Wohnzimmer", heißt ein Buch der amerikanischen Soziologin Marie Winn aus den 70er Jahren. Fernsehen sei, schreibt sie vor dem Hintergrund umfangreicher Forschungsarbeiten, „unabhängig von den gesendeten Inhalten Gift für die kindliche Psyche". Und ein deutscher Pädagoge betitelte seine Beobachtungen „das allmähliche Verschwinden der Wirklichkeit". Ein Buch, in dem er wie schon viele andere vor und nach ihm beschreibt, wie durch Fernsehen dem Menschen von heute die Erfahrung von Wirklichkeit enteignet wird.
Die Wirkungen des Fernsehens auf Kinder und Familie sind noch relativ wenig erforscht. Bisher halten die Statistiken vorwiegend den Zeitverbrauch, den Konsum fest. Mittlerweile sieht ein Acht- bis Neunjähriger durchschnittlich 109 Minuten pro Tag fern, bei 14–15jährigen sind es sogar 145 Minuten und bei 15 Prozent aller Kinder mehr als drei Stunden. Das sind Durchschnittszahlen. Sie liegen weit über dem Maß, das die Freiburger Forschungsgruppe für noch zulässig hält. Die jungen Zuschauer sehen vor allem Action-

filme. Täglich werden auf deutschen Schirmen mehr als 70 Menschen ermordet. Doch selbst bei Mord- und Totschlag im Spätprogramm ist nach Erkenntnissen der Universität Augsburg noch jeder sechste Erst- und Zweitklässler dabei. Nach einer Untersuchung der Universität München verwenden Kinder und Jugendliche durchschnittlich vier bis fünf Stunden am Tag für Mediennutzung. Dabei verbringen sie nur eine halbe Stunde mit Printmedien und die Hälfte der Zeit mit auditiven Medien.

Die Forschung über die Wirkungsweise der elektronischen Medien auf Denken und Fühlen steckt noch in den Kinderschuhen. Das hat auch mit der Neurobiologie zu tun. Es ist noch weitgehend ungeklärt, welche Prozesse im Hirn während des Fernsehens ablaufen. Man weiß immerhin, daß die intensive Lichtquelle des Bildschirms das noch unentwickelte Auge des Kindes stärker schädigt als das Auge des Erwachsenen. Das wird jeder Augenarzt bestätigen und die Kinderärzte dürften es auch wissen. Man weiß ferner, daß Kinder, die viel fernsehen, weniger schöpferische Phantasie und Vorstellungskraft entwickeln als Kinder, die mehr lesen. Dieses Ergebnis ist immer gleich, unabhängig von den Methoden, mit denen die Häufigkeit des Fernsehkonsums und das kreative Denken gemessen wird. Als gesichert gilt auch, daß Kinder das Gesehene dann viel besser verarbeiten, wenn sie zu Hause Liebe und Zuneigung erfahren, wenn die Eltern häufig mit ihnen sprechen und mit ihnen gemeinsam fernsehen. Aber auch sie bleiben vor den Folgen nicht verschont und erfahren das Fernsehen nur selten als kognitive Bereicherung, als Mittel zur „Enthüllung der Wirklichkeit", wie der 1998 verstorbene Philosoph des christlichen Menschenbildes, Josef Pieper, das Erkennen der Wahrheit nannte.

Die vielen und raschen Bewegungsabläufe können die Sinne neurobiologisch in Bann schlagen. Kinder werden vom Fernsehen gefesselt. Ein Ergebnis dieser Tatsache schlug im wahrsten Sinn des Wortes Kinder nieder. Im Dezember 1998 mußten rund 700 Kinder in Japan im Krankenhaus behandelt werden, die blitzartigen Bewegungen und Lichteffekte einer Comic-Fernsehsendung hatten sie betäubt, Kopf und Sinne kamen nicht mehr mit.

Ähnliche Folgen eines übermäßigen Fernsehkonsums, wenn auch nicht so kraß, sind auch in unseren Breitengraden zu beobachten. Die Freiburger „Forschungsgruppe Kinderschlaf" ist den psychischen, familiären und gesellschaftlichen Ursachen von Schlafstörungen bei Kindern nachgegangen. Eines der Ergebnisse: Kinder brauchen mindestens eine Stunde fernsehfreie Zeit vor dem Schlafen. Das Schlafritual, das Sicherheit vermittelt, werde heute aber häufig durch Abendsendungen ersetzt, was wiederum dazu führt, daß Kinder die Eindrücke erst verarbeiten müßten und deshalb oft schlecht träumten oder überhaupt Ängste hätten. Vielfach kommt es deswegen zu Schlafmangel und „subdepressiven" Empfindungen.

Keine seltene Geschichte. Immerhin leidet heute bereits jedes vierte Kind an Schlafstörungen. Der Professor für Klinische Psychologie an der Universität Bremen, Franz Petermann, konstatiert: „In der psychologischen Forschung herrscht Übereinstimmung darüber, daß gefilmte Gewalt bei Kindern einen vielleicht geringen, aber dennoch bedeutsamen Einfluß auf die Neigung ausübt, auch aggressives Verhalten zu zeigen." Eine Studie der schwedischen Universität Lund ergab, daß Kinder, die mehr als zwei Stunden pro Tag fernsehen, besonders aggressiv sind und daß Sechsjährige, die täglich mehr als zweieinhalb Stunden vor dem Gerät sitzen, im Alter von zwölf Jahren als besonders unkonzentriert auffallen.

Neue Wirklichkeiten, die Werbung macht's möglich

Mindestens ebenso gravierend dürfte auch die emotionale Verarmung sein, die durch die Mattscheibe in Seele und Gemüt der Kinder erzeugt wird. Das Gespür für Takt und Geschmack geht verloren, wenn man sich überwiegend passiv verhält. Man beobachte einmal heute eine Theatervorstellung für Kinder. Viele der Kleinen haben verlernt zu klatschen, Applaus zu spenden. Das tut vor dem Fernseher ja auch keiner. Und wenn die Wirklichkeit im Fernsehen gleichbedeutend ist mit der Wirklichkeit im Leben, dann verhält man sich eben auch so wie vor der Glotze.

„Am nachhaltigsten betroffen davon sind", so Professor Petermann, „Kinder in der Altersgruppe von acht bis zwölf Jahren. Die Reizvielfalt kann im Schulischen zu Konzentrationsproblemen und im sozial-emotionalen Bereich zur Herausbildung von Ängsten führen". Außerdem könne „der Verlust an unmittelbaren sozialen Erfahrungen (gefördert etwa durch fehlende familiäre Kommunikation) die Realitätswahrnehmung verzerren".

Wir haben es hier mit einer philosophisch-anthropologischen Grundfrage zu tun, mit der Wahrnehmung von Wirklichkeit. Die Wirklichkeit ist kein Film. Sie erschließt sich nur dem, der sie sucht. Das Leben ist Erkenntnis durch Begegnung, meinte Romano Guardini, und die letzte Begegnung ist die mit Gott. Bilder können diese Suche begleiten oder abstützen. Das Licht der Erkenntnis muß aber innen, in Kopf und Herz aufgehen, nicht zwei Meter vor uns per Knopfdruck auf der Fernbedienung. Diese Rahmenbedingungen gilt es auch zu bedenken, wenn man über Fernsehen und Kinder, Medienwirkung und Erziehung nachdenkt.

Professor Helmut Zöpfl, Lehrstuhlinhaber für Schulpädagogik an der Universität München, schlägt einen Bogen vom familiären Fernsehhalbkreis zur Lebensart der heutigen Konsumgesellschaft mit dem dominanten Faktor Werbung: „Mit einer Fülle von Umfrageergebnissen wird belegt, daß die Lebenswelt der Kinder und Jugendlichen im Jahr 1997 von Werbung und Konsum bestimmt ist. Unbestritten scheint, daß die Dingwelt, in der die Kinder einst lebten, von einer Markenwelt abgelöst wurde, in der Auto nicht mehr Auto, sondern Mercedes oder Benz heißt, Taschentuch Tempo, Joghurt Fruchtzwerge und Schokolade nur noch als lila Kuh präsent ist, die auf den Namen Milka hört."

Der Kinderpsychiater James Smith hat sich auf diese Problematik spezialisiert. Er hat herausgefunden, daß die Wirkkraft des Adrenalins bei einem eingebildeten Ereignis ebenso groß ist wie bei einem tatsächlichen und daß 90 Prozent der Kinder bis zu sechs Jahren die Werbespots für Wirklichkeit halten. Auch der Hamburger Medienpädagoge Stefan Aufenanger warnte deshalb bei einer Veranstaltung des „Komitees Sicherheit für das Kind" in München vor den alljährlich zu erwartenden Werbewellen in der Adventszeit. Werbung könne Kinder in ihrer natürlichen Entwicklung gefährden. Gerade im Vorschulalter sei es für Kinder schwer, die Inhalte der Werbung zu verstehen und vom eigentlichen Programm zu trennen. Sie glaubten wirklich, daß manche Produkte die Probleme des Alltags lösen könnten und daß man sich damit besser fühle.

Die Werbebranche macht sich das freilich zunutze. Ein Kind, das eine Familie am flackernden Kaminfeuer sieht und zuschaut, wie

Vater, Mutter und zwei Kinder – natürlich Junge und Mädchen – Erdnüsse knabbern, die Marke wird durch Großaufnahme ins Bewußtsein gehievt, dieses Kind wird die angenehmen, warmen Gefühle des Familienglücks mit Erdnüsse-Knabbern verbinden. Werbung in Kindersendungen ist zu einem Riesenmarkt geworden. In Amerika enthält jede Fernsehstunde mindestens 15 Minuten Werbung. Mit 20 Jahren hat ein Amerikaner, so rechnet Neil Postman vor, 650.000 Werbesendungen gesehen. Die Kinder in God's own country sehen täglich im Schnitt vier bis sieben Stunden fern und pro Jahr mindestens 30.000 Werbespots. Sie sehen auch entsprechend aus. Der Verband der Kinderärzte – in Amerika und in Deutschland – warnt immer lauter vor den Gefahren der Fettleibigkeit und der Cholesterinschäden. Vergebens hat der Verband in Amerika versucht, die Werbung für Eßwaren im Fernsehen zu reduzieren. Das sei, so die abschlägige Antwort der Behörden, gegen die in der Verfassung verankerte Rede- und Meinungsfreiheit.

Gut 20 Prozent der Spots werben für Cornflakes, mehr als ein Viertel für Softdrinks und Fast-Food. Die Spots spielen mit Angst und Erfolgsgefühlen. Da ist zum Beispiel Johnny, ein Versager auf der ganzen Linie. Aber seit er Cornflakes von einer bestimmten Marke ißt, loben ihn die Lehrer und lieben ihn die Mädchen. Auch in Deutschland ist die TV-Werbung wirkungsvoll. Nach einer Umfrage des Emnid-Instituts aus dem Frühjahr '99 gaben fast drei Viertel der befragten Eltern an, daß die Fernseh-Werbung die Quelle der Kinderwünsche sei. Mehr als 63 Prozent halten daher den Einfluß dieses Mediums auf ihre Kinder für „schädlich".

Verarmung der Sprache und Gedanken

Auf die Konzentrationsmängel von Kindern und selbst Kleinkindern macht auch der Berufsverband der Kinder- und Jugendärzte aufmerksam. Er warnt vor allem vor dem Konsum von Fernsehsendungen wie „Teletubbies", eine Trickfilmserie aus Großbritannien, die sich an Kinder unter drei Jahren richtet. Solche Sendungen würden die Kinder schon früh ans Fernsehen binden und später dann zu unkontrolliertem Fernsehkonsum führen. In die Praxen kämen zunehmend wahrnehmungsgestörte Kinder, die unter Sprachmängeln, Konzentrationsschwächen, Lern- und Kontaktproblemen litten. Viele von ihnen würden „brabbeln", so wie die Teletubbies.

Aber nicht nur die Teletubbies führen zu einer Verarmung der Sprache bzw. zu einer Verhinderung von Sprachentwicklungen, auch die sogenannten Soaps, wie „Big Brother" und davor „gute Zeiten, schlechte Zeiten" (RTL) oder „Verbotene Liebe" (ARD) haben eine Verarmung der Sprache zur Folge, wie der Experte für Kinderfernsehen und Erfinder der ARD-„Sendung mit der Maus" Gert Müntefering erklärt. Die einfache Ausdrucksweise und immer wiederkehrenden Motive dieser Seifenopern wirkten einschränkend auf Phantasie und Sprache. Von den Folgen für das Wertebewußtsein und das Selbstwertgefühl (man ist nur „wer", wenn man sich ähnlich verhält wie die Helden in den seichten Geschichten) ganz zu schweigen.

Hier könnte man nun kassandrisch auf die Themen Gewalt und Sexualität im Fernsehen eingehen. Darüber ist viel geschrieben worden, ein Prozeß der Bewußtseinswerdung ist in Gang gekommen, hier und da gibt es Ansätze des Protestes und der Gegenwehr aus dem Publikum. Denn der Anteil der Nachrichten über Gewalt ist, wie der Mainzer Kommunikationswissenschaftler Hans Mathias Kepplinger herausgefunden hat, in den Nachrichten aller Sender zwar gestiegen (von 25 Prozent im Jahre 1986 auf 40 Prozent bis 1994), aber die Zahl schwerer Verbrechen hat in den letzten 15 Jahren nicht zu-, sondern abgenommen. Die Medien, insbesondere das Fernsehen, verzerren die Wirklichkeit und prägen die Vorstellung junger Leute.

Amerikas „National Coalition on TV-Violence" hat ausgerechnet, daß ein amerikanischer Jugendlicher bis zu seinem 18. Lebensjahr durchschnittlich 22.000 Stunden fernsieht. Das sind doppelt so viele Stunden wie er in der Schule verbracht hat. In diesen 22.000 Stunden hat er insgesamt 24.500 Morde gesehen und 175.000 weitere Gewaltakte. Das Ergebnis ist in Kleinstädten wie Littleton zu beobachten oder bei anderen Massakern in Schulen, wo Jugendliche sozusagen ihren persönlichen Film gedreht haben. Mit dem Unterschied: Außerhalb des Wohnzimmers endete er tödlich. Der Psychologe Leonhard Eron warnte bei einem Hearing im Kongreß die amerikanischen Senatoren: „Es gibt heute keine Zweifel mehr, daß die intensive Darbietung von Gewalt im Fernsehen einer der Hauptgründe für das wachsende aggressive Verhalten in unserer Gesellschaft ist." Und auch in Deutschland mehren sich die Stimmen, die der Gewalt im Fernsehen einen Riegel vorschieben wollen. Die frühere bayerische Staatsministerin für Arbeit, Familie und Sozialordnung, Barbara Stamm, meinte in einem Beitrag für die Wochenzeitung „Christliche Familie": „Es muss Schluß sein mit einer weiteren Verharmlosung oder gar Verherrlichung von Gewalt. Es muß auch Schluß sein mit dem schrankenlosen Zugang zum Morden und zum Gemetzel auf dem Bildschirm. Medienmacher müssen endlich Ernst machen mit ihrem Versprechen zur Selbstbeschränkung und zur freiwilligen Selbstkontrolle."

Sex und Gewalt – selbst den Feministinnen wird es zuviel

Der Bielefelder Jugendforscher Klaus Hurrelmann nennt eine Grenze, die die Medien bei ihrem sogenannten Reality-TV überschreiten: „Besonders bei Sendungen mit Magazin-Charakter ist die Gefahr sehr groß, zu dicht an den Fall heranzugehen, Nachbarn und Freunde zu befragen, sie am liebsten noch als Schauspieler auftreten zu lassen. Dann wird es schrecklich real und für verwirrte Gemüter nachvollziehbar und vor allem nachahmbar. Wenn diese Schwelle überschritten wird, dann verletzen Medien ihre Verantwortung." Für verheerend hält Hurrelmann die Auswirkungen von Gewaltvideos auf Jugendliche. Ihre Wiederholung führe dazu, daß man die Fähigkeit zur Unterscheidung zwischen Wirklichkeit und fiktiver Welt verliere.

Videos haben vor allem in Zusammenhang mit Pornographie Bedeutung erlangt. Professor Kurt Starke, Leiter der Leipziger Forschungsstelle für Partner und Sexualforschung, konstatierte bereits Anfang der 90er Jahre: 83 Prozent aller Jungen und 43 Prozent aller Mädchen in Deutschland hatten Pornoerfahrung. Bei den zwölf bis 15jährigen hatte jeder dritte und jedes vierte Mädchen mindestens einen Pornofilm gesehen. Die Videos und Schriften wurden meist von Eltern gekauft oder geliehen. Auch spielt der Versandhandel eine Rolle, bei dem zwar nach dem Alter gefragt, dieses aber nie überprüft wird.

Die amerikanischen Feministinnen – man merke, selbst ihnen wird es zuviel – sprechen seit den 90er Jahren von der „Porno-Generation". Eine ihrer Vertreterinnen, Naomi Wolf, meint völlig zu Recht: „Zum erstenmal in unserer Geschichte wachsen Kinder auf, die ihre früheste sexuelle Prägung weder durch ein menschliches Wesen noch durch eigene Phantasie erfahren. Seit in den sechziger Jahren eine Welle von Pornographie über uns hinwegging, wird die kindliche Sexualität von etwas geprägt, was seinen Ursprung nicht im Menschlichen hat. Die Kinder bauen ihre sexuelle Identität auf Phantomen auf, die ihnen eine künstliche Papier- und Zelluloid-Welt ins Haus liefert."

Die wichtigsten Porno-Medien sind mittlerweile das Fernsehen, Videofilme und der Computer. 34 Prozent der zehnjährigen Kinder in Deutschland besitzen einen eigenen Fernsehapparat im Kinderzimmer. Sie haben freien Zugriff auf die Filme der Privatsender. Der Porno „Faszination nackter Schenkel" wurde 1994 auf Sat1 von 450.000 14–19jährigen gesehen. Wieviele jüngere Kinder ihn auch sahen, wurde von dem Sender nicht erfragt. Im Durchschnitt rechnen die Programmgestalter mit 150.000 Zuschauern aus diesem Altersbereich für ihre Pornofilme. Darüberhinaus schätzen Jugendforscher, daß in Deutschlands Videotheken rund zehn Millionen Erotika und Pornos angeboten werden.

Der Hamburger Erziehungswissenschaftler und Medienexperte Professor Horst Scarbath hat in einer großen Untersuchung zu Sexualität und Geschlechterrollenklischees im Privatfernsehen darauf hingewiesen, daß noch nicht einmal das gebannte Starren auf Nacktbilder das Denken verändert, sondern „die verdeckten, nebenbei eingeschmuggelten Botschaften über Sex und Geschlechtsrollen in Spielfilmen, Serienfilmen und Werbespots, in Zeichentrickfilmen, Kindersendungen und in kinderspezifischer Werbung". Und er resümiert die Ergebnisse der Studie folgendermaßen: „Die menschliche Sexualität wird vielfach reduziert auf die bloß maschinenartige Aktion, den Techno-Sex, und entspricht dem männlichen Blick auf die sexuell bedeutsamen Körperregionen der Frau. Sexualität und Nacktheit, besonders der Frau, wird zum Zuschauerköder. Oft sind die sexuellen Einsprengsel für die Story völlig unnötig. Weiterhin werden bis in die Kindersendungen und die Kinderwerbung hinein die Klischees vom aktiven, starken, aggressiven Mann und der eher passiven, schwachen, gefühlsbetonten Frau ständig wiederholt." Wie ernst die elektronische Bewußtseinsindustrie, wie Hans Magnus Enzensberger die Medien nennt, solche Ermahnungen nimmt, ist täglich zu beobachten. Dazu nur die Titel der Talkshows einer Woche, wie sie vor einiger Zeit das deutsche Fernsehen bot und wie sie heute in anderer Besetzung durchaus auch geboten werden könnten:

SAT 1 am Montag brachte in „Vera am Mittag": „Ich kaufe mir deine Liebe". Pro 7 bot am Dienstag bei „Arabella Kiesbauer": „Rocker – echte Kerle oder Schlappschwänze?", die ARD in „Fliege" am Mittwoch: „Ich hab mich für die Kamera ausgezogen". SAT 1 überbot am selben Tag in „Sonja" mit der kulturtriefenden Aussage: „Meine nächste Frau bestell ich mir". Am Donnerstag konnte man bei „Bärbel Schäfer" in RTL den lichten Ausführungen zum Thema „Jetzt dreh ich mir meinen Porno selber" folgen oder aber umschalten zu „Vera am Mittag" in SAT 1, die sich zum spannenden Thema „Körperbehaarung" ausließ. Am Freitag meinte „Ilona Christen" in RTL „Kleine Männer bringen's nicht" und selbst „Hans Meiser" ist zum Ende seiner Talkmaster-Laufbahn auf der schiefen Ebene des deutschen Talk-Niveaus beim Thema „Glutäugig und heißblütig – der Reiz des Südens" angelangt.

Vielen Deutschen ist das Problem offenbar bewußt. Jedenfalls sind nach einer Umfrage von Emnid aus dem Herbst '99 gut die Hälfte (52 Prozent) der Ansicht, daß im Fernsehen zu viel Sex gezeigt werde, und 43 Prozent verlangten, daß Erotik-Sendungen erst nach Mitternacht gezeigt werden sollten – was das Problem freilich wegen der virtuosen Videoaufnahmefähigkeiten der jungen Leute kaum definitiv lösen würde. Wieder einmal: Hier ist die Verantwortung der Eltern gefragt.

Elektromagnetische Strahlen – eine Gefahr?

Es gibt auch unsichtbare Gefahren. Professor Jacques Surbeck, Elektrochemiker und Biophysiker sowie Mitglied der ältesten Weltgesundheitsorganisation, hat in Genf fast 20 Jahre lang die Wirkung der elektromagnetischen Wellen erforscht, die vom Fernsehapparat, von Computer-Monitoren und Videospielgeräten auf lebendige Organismen ausgeübt wird. Er hat festgestellt, daß das Verhalten der Konsumenten sich ändert. Er hat u. a. den Adrenalin-Pegel gemessen je nachdem wie lange ein Mensch den Strahlen ausgesetzt ist. Sein Ergebnis: die Auswirkungen sind auf Dauer auch schädlich für die Gesundheit. Das Immunsystem wird geradezu durchlöchert. Es kommt zu typischen Streß-Symptomen, zu chronischer Müdigkeit, Kopf- und Augenschmerzen, Aggressivität, Schlafstörungen, Lustlosigkeit, Konzentrationsmängel, etc. Bei weiblichen Organismen wird vor allem die Schilddrüse in Mitleidenschaft gezogen, bei männlichen die Hoden. Möglicherweise besteht hier ein Zusammenhang zwischen der zunehmenden Unfruchtbarkeit gerade bei Männern in den Industrienationen. Es versteht sich von selbst, daß die Schäden bei Kindern nachhaltiger sind als bei Erwachsenen. Angesichts der Bedeutung der Geräte zu Hause und vor allem in der Arbeitswelt haben Professor Surbeck und sein Team auch einen Filter entwickelt, um die Strahlung zu neutralisieren. Er funktioniert, ist aber bisher wenig bekannt.

Es dauert, bis die elektromagnetische Umweltverschmutzung ins Bewußtsein dringt. Aber es hat ja bei anderen Faktoren der Gesundheitsschädigung ähnlich lange gedauert. Man denke etwa an BSE oder an Aids. Als praktischen Sofort-Tip empfiehlt Surbeck, sich vom Gerät zu entfernen und zwar auf eine Distanz, die achtmal so groß ist wie die Diagonale des Bildschirms, bei einem Bildschirm von 30 Zentimeter diagonalem Durchmesser wären das zwei Meter vierzig. Das ist bei Arbeitscomputern freilich nicht möglich. Hier wäre der Kauf des Schutzschirms sinnvoll. Eine Frage der Kosten, die früher oder später auf die Arbeitgeber zukommt. Bei größeren Fernsehgeräten werden die Entfernungen schon beachtlich. Ein Bildschirm von 50 Zentimeter strahlt in einem Radius von vier Metern. So große Fernsehzimmer hat eine Familie in der Regel nicht. Hier ist mindestens eine zeitliche Begrenzung des Konsums geboten, damit der Körper die Einwirkung der Strahlen neutralisieren und regenerieren kann.

Trotz all dieser Erkenntnisse und Beobachtungen bleiben viele Fragen offen: Wie speichern wir die Information, wie wird sie verdrängt, wie wird sie gelöscht oder aufgestaut, wie funktioniert der Austausch zwischen den einzelnen Hirnregionen bei der Aufnahme und Verarbeitung von Informationen? Kann der Kinderarzt solche Schädigungen erkennen, messen? Wie mißt man die Folgen für das moralische Verhalten? Sicher ist: Wer nicht denkt, kann sich schwerlich moralisch korrekt verhalten. Sein Denken wird ihm von den Vor-Bildern der Mattscheibe diktiert, falls diese Vorbilder nicht durch andere Ideen neutralisiert und ersetzt werden. Das hat instinktiv schon Lenin erkannt, er kannte das Fernsehen freilich noch nicht, hielt aber den Film für „die wichtigste Kunst". Die heutigen Filme- und Fernsehmacher sind in ihrer Mehrheit sicher keine Ideologen. Aber ihr – oft unbekanntes – Prinzip ist die Libertinage, der Nihilismus. Dieses Prinzip erlaubt es, daß die Einschaltquote zum obersten Prinzip erhoben wird. Da kommt es nicht mehr auf das Maß an Gewalt und Pornographie an. Die Quote schlägt für die Fernsehmacher auf Dauer allemal die Werte.

Selbst die Europäische Kommission und das Europa-Parlament haben das Abgleiten der Fernseh-Programme erkannt und sorgen sich um die körperliche und geistige Gefährdung von Minderjährigen durch Fernsehen und – das kommt zunehmend hinzu – das Internet. Die Kommission ließ Möglichkeiten der Kontrolle durch Eltern mittels Filtersystemen prüfen, das Parlament verabschiedete eine Entschließung, in der es eindringlich fordert, „die Verbreitung von Gewalt und anderen jugendgefährdenden Inhalten in TV-Programmen und audiovisuellen Diensten im Internet zum Schutz des psychologischen Gleichgewichts von Minderjährigen drastisch einzuschränken". Aber weder Kommission noch Parlament gehen den Ursachen auf den Grund. Sie können es nicht. Denn die Hauptursache ist der Verlust der Werte und die Relativierung aller Werte in Europa – in den USA ist es ähnlich.

Wo die Wahrheit als Option oder Meinung verkauft wird, da ist kaum ein Konsens über Werte möglich. Zudem ist es reine Rhetorik, wenn man fragt: Ist der Mensch durch das Fernsehen oder Internet sanfter, mildtätiger, ruhiger, großherziger, tapferer, treuer, anständiger, ehrlicher, fleißiger, tugendhafter geworden? Statistisch läßt sich immerhin sagen: Seit wir in den Industrienationen in Europa und den USA in fast allen Familien ein Fernsehgerät haben, haben sich weder das Bildungsniveau noch das soziale Verhalten verbessert. Im Gegenteil. Es gibt in Schulen und Familien mehr Probleme als zuvor. Die Gewaltbereitschaft steigt und die Scheidungszahlen ebenso, obwohl die massive Aufklärung über Sexualität doch eigentlich die Ehen glücklicher (was nicht unmaßgeblich zu ihrer Akzeptanz beitrag/beigetragen haben mag) zu machen behauptete.

Natürlich sieht es im Einzelfall und bei manchen Sendungen anders aus. Das Fernsehen ist nicht an sich schlecht. Es ist ein Instrument. Aber es ist eines, das, sobald es flimmert, vor allem auf Kinder eine lähmende Wirkung entfaltet. Es kann süchtig machen, beim Internet ist das schon offenkundig. Immer mehr Beratungsstellen klagen über Fernseh- und Surfersucht. Mehr als 300.000 Fälle von klarem Suchtverhalten sind in Deutschland bekannt, die Dunkelziffer liegt oder sitzt im Halbdunkel vor der Glotze.

Verlust von Primärerfahrungen

Es besteht kein Zweifel, schreibt all diese Tendenzen resümierend Helmut Zöpfl, „daß der in den letzten Jahren rasant gestiegene Medienkonsum die Freizeit und Lebenswelt unserer Kinder und Jugendlichen dramatisch verändert hat". Zöpfl sieht eindeutige Zusammenhänge zwischen zu großem Medienkonsum und „eingeschränkter Rumpf- und Schulterbeweglichkeit, Übergewicht, Koordinationsschwierigkeiten, Eßstörungen, Nervosität und Schlafstörungen sowie einer Reihe psychosomatischer Erkrankungen". All das führe zu „Bequemlichkeit, Verweichlichung und im psychischen Bereich zu mangelnder Frustrationstoleranz." Der Verlust sinnlicher Betätigungen reduziere den „Menschen auf ein Funktionswesen nach dem Reiz-Reaktions-Schema, das weitestgehend durch den Konsumdruck gesteuert wird. Dieser Zusammenhang wird zum Beispiel bei den jenen Phänomenen der Massenpsychose unter Jugendlichen deutlich, deren Ersatzreligion in der fanatischen Verehrung bestimmter Jugendgruppen wie Take That, Backstreet Boys oder der Kelly-Family besteht". Die Zunahme passiven Konsums habe zur Folge, „daß die Entscheidungs- und Urteilsfähigkeit von Jugendlichen reduziert wird. Medial vermittelte Lernprozesse, die sich in der Weitergabe von Klischees und Infos erschöpfen, werden zunehmend ein Teil der Grundsozialisation junger Menschen, etwa im Bereich der Sexualerziehung. Die vermeintliche Freiheit weicht dabei Entscheidungszwängen, die Gefahr nimmt zu, daß Jugendliche unbemerkt manipuliert werden, indem sie herrschende Trends und Modeideale internalisieren".

Zöpfl zählt noch eine ganze Reihe von negativen Folgen und Abhängigkeiten auf, die durch übermäßigen Gebrauch von Computern oder Fernsehkonsum entstehen können. Sie münden, so der Pädagoge, alle in einen Verlust von Primärerfahrungen und seien „deshalb für die jungen Menschen so gefährlich, weil sie verhindern, daß Kinder und Jugendliche fähig werden, ihr Leben zu bejahen, ein gesundes Selbstbewußtsein zu entwickeln und dadurch ihren Alltag sinn-orientiert und verantwortungsbewußt zu gestalten". Er folgert daraus: „Familie und Schule müssen daher ihren Erziehungsauftrag wieder ernster nehmen."

Mehr noch: Die Verantwortung der Eltern ist in dem Maße gestiegen, in dem Politik und Gesellschaft verantwortungslos geworden sind. Um auf die neuen Herausforderungen durch sittenloses Fernsehen und Internet antworten zu können, brauchen sie Information. Die muß man sich suchen. Hier wiederum könnten die Kirchen hilfreich zur Seite stehen. Leider ist in den entsprechenden Pastoral- und Medienabteilungen die Gefahr noch nicht hinreichend erkannt. Nur wenige Ehe- und Familienberater befassen sich mit dem Thema. In einigen geistlichen Bewegungen der katholischen Kirche, die zukunftsorientiert sind und deshalb auch gemäß den Worten des Papstes die Familienpastoral ernst nehmen (Schönstatt, Jugend 2000, Focolari, Legionäre Christi, u.a.m.), macht man sich mit der Thematik vertraut. Das Feld ist weit. Mit gutgemeinten Tips zur Medienaskese oder zum Abschalten allein ist es jedenfalls nicht mehr getan. Die Eltern und Erzieher müssen wissen, warum sie abschalten sollen, um es den Kindern erklären zu können. Der Druck der Außenwelt – Schule, Straße, Kindergarten – ist zu stark geworden. Man muß nicht gleich den „großen Bruder" Orwells hinter jedem Programm wittern. Der „Big Brother" von RTL reicht schon. Es ist der große Bruder der Quote und der Triebe.

Wer den Verfall der menschlichen Zivilisation zur medialen Barbarei verhindern will, muß zu Hause anfangen. „Die Eltern sind die ersten und hauptsächlichen Erzieher der eigenen Kinder und haben auch in diesem Bereich eine grundlegende Zuständigkeit", schreibt Johannes Paul II. in seinem *Brief an die Familien.* Eltern seien „Lehrer ihrer Kinder in Menschlichkeit". Daraus resultiert letztlich die Verantwortung, die Kinder vor der Entmenschlichung auch durch die audiovisuellen Medien zu bewahren. Allerdings räumen 38 Prozent ein, daß sie keinen Einfluß mehr auf den Fernseh-Konsum ihres Nachwuchses haben. Diese Kapitulation ist verfrüht. Die Dominanz über das Fernsehen ist eine Frage des guten Willens und konkreter Maßnahmen. In allen Industriestaaten gibt es außerdem mittlerweile Organisationen, die dabei helfen, die Zeitstehlmaschine Fernsehen zu domestizieren.

Total-Askese oder Diät?

Also nie mehr klassische Spielfilme, nie mehr ordentliche Western in Pro 7 oder Komikerstreifen? Und nie mehr Unterhaltung mit Gottschalk? Mitnichten. Der totale Konsum verdummt den Konsumenten, wenn er – besonders bei Kindern – die emotionale und intellektuelle Innenwelt besetzt und keinen Freiraum mehr läßt für eigenes Denken und Fühlen. Die Dauerberieselung schafft die fiktiven Welten, führt zum „allmählichen Verschwinden der Wirklichkeit". Die Frage heißt nicht: Glotze total oder gar keinen? Sondern die Devise lautet: Fernseh-Muße mit Maß.

Es geht also nicht um eine totale Abstinenz, keine Entspannungsaskese pur, sondern, wie Josef Pieper schrieb, um eine „Mediendiät", um ein „Immun-Machen gegen die Massenmedien", insbesondere das Fernsehen, „weil es einfach lebensnotwendig ist, durch eine Art von Askese den Raum der inneren Existenz abzuschirmen gegen den optischen wie akustischen Lärm einer bloß fiktiven Realität – um auf solche Weise zu bewahren oder zurückzugewinnen, worin ein sinnvolles menschliches Dasein seit eh und je besteht." Dieses sinnvolle Dasein besteht darin, immer noch Pieper, „daß wir die Wirklichkeit, wozu Gott und die Welt und wir selber gehören, soviel als nur möglich sehen, wie sie ist, und daß wir aus der so ergriffenen Wahrheit (die ja nichts anderes ist als das Sich-zeigen von Wirklichkeit) leben und wirken."

Wie hält man nun Maß beim TV-Konsum? Vor allem, wenn die Kinder noch nicht diese Reife besitzen, um das rechte Maß selber zu erkennen? Ein Geheimtip: Seit Jahren gibt es im Haus der Autoren ein Elektroschloß. Man gibt eine Zahlenkombination ein und ist alle Sorgen los. Aber das ist ein Tip für Überforderte. Pädagogisch wertvoller ist freilich das Umgehenlernen mit dem Gerät und mit dem Programm. Eine Jugendumfrage in den USA zum Thema Werte und Überzeugungen im Fernsehen kommt zu dem Schluß: „Eltern sollten sich mit ihren Kindern über die moralischen Entscheidungen, die sie sehen, unterhalten." Das setzt allerdings eines voraus: Daß man die Flimmerkiste gelegentlich ab- und das Licht anschaltet, um den stummen Halbkreis aus dem Dunkel zu holen und selber zu beleben. Nicht immer einfach, schließlich sind auch Eltern nur Menschen.

Eine schweizer Untersuchung unter Familien ohne Fernseher hat nachdenkenswerte Ergebnisse zutage gefördert. Einige Beispiele: Eltern und Kinder lesen mehr, die schulischen Leistungen der Kinder sind deutlich besser, sie sind kreativer und konzentrierter und sie langweilen sich selten. Es gibt weniger Streit in der Familie. Die Familie unternimmt mehr. Die Eltern suchen und finden öfter gemeinsame Aktivitäten. Die Wirklichkeitswahrnehmung von Eltern und Kindern ist meist schärfer und nicht durch Bilder im Kopf verzerrt. Die Sprache ist gewählter. Es wird mehr musiziert als in Fernsehfamilien. Auch hat man mehr Hobbies. Beim Essen läuft auch kein Radio. In fernsehfreien Familien gibt es mehr Kinder.

Das sind nur einige der Gründe und Folgen von Fernsehdiät bis Fernsehabstinenz. Eine Liste von Anregungen, einen TV-Dekalog, hat John McCloskey, ein amerikanischer Ökonom, Publizist, Squash-Spieler und Priester vorgelegt. Er ähnelt sehr den zehn Vorschlägen des Präsidenten des spanischen Verbandes der Fernseh-und Radiokonsumenten und läßt sich so zusammenfassen:

1. Rechnen Sie ehrlich die Stunden zusammen, die die Familie vor dem Bildschirm verbringt und überlegen Sie, ob sich diese Zeit nicht mit mehr Gewinn nutzen ließe (ein Buch lesen, Hobbies nachgehen, Sprachen lernen, schöne Musik hören, telefonieren, im Haushalt helfen, etc).

2. „Okay, Sie sind mit der Radikallösung nicht einverstanden", meint McCloskey, „dann stellen Sie den Fernseher in einen Schrank, möglichst hoch und schließen Sie ihn ab. Behandeln Sie den Apparat wie andere gefährliche Dinge auch, zum Beispiel Alkohol oder Waffen. Den Schlüssel verwahren die Eltern.

3. Auf jeden Fall nur einen Fernseher im Haus haben. Auf keinen Fall dem Kind einen eigenen Apparat in seinem Zimmer zugestehen.

4. Das Fernsehen nur begrenzt laufen lassen. Das Programm vorher aussuchen. In diesem Sinn ist es auch als Bildungsmittel einzusetzen.

5. In der Regel gemeinsam fernsehen. Das erhöht die Chancen für ein anständiges Programm, dient dem Familienzusammenhalt und es ermöglicht eine Diskussion über das Gesehene. Das kann man auch regelmäßig Samstagabend tun und dafür sollte man auch Freunde einladen. Es ist auf jeden Fall die bessere Alternative als eine Disco.

6. Fernsehen ist kein Babysitter. Lieber vorlesen. Die Kinder werden es später danken, daß die Eltern sich Zeit genommen haben für Verstand und Herz der Kinder. Auf jeden Fall das Zappen vermeiden.

7. Niemals Fernsehen als Belohnung für Hausarbeit oder andere Leistungen.

8. Schließen Sie sich nicht der ntv-Kirche an. Nach deren Credo verpaßt das Heil, wer nicht weiß, was gerade jetzt passiert. Gewöhnen Sie sich und die Kinder daran, sich über die Nachrichtenlage aus der Zeitung zu versorgen.

9. Kein Fernsehen während der Mahlzeiten. Die Mahlzeiten in der Familie sind oft die einzigen Gelegenheiten, sich auszutauschen.

10. Vorsicht vor Video-Spielen. Wenn Fernsehen Marihuana ist, sind Video-Spiele Heroin. Was nützt es der Familie, wenn sie sich „zu Tode amüsiert" aber an der Seele Schaden erleidet?

Übrigens: Es gibt in Deutschland 1,5 Millionen Haushalte (die Zahl wächst), die bewußt auf das Fernsehgerät verzichten. Auch in ihnen lebt man menschlich, wahrscheinlich sogar intensiver als in permanenten Flimmer-Familien.

Was machen Kinder den ganzen Tag?
(Durchschnitt in Minuten)

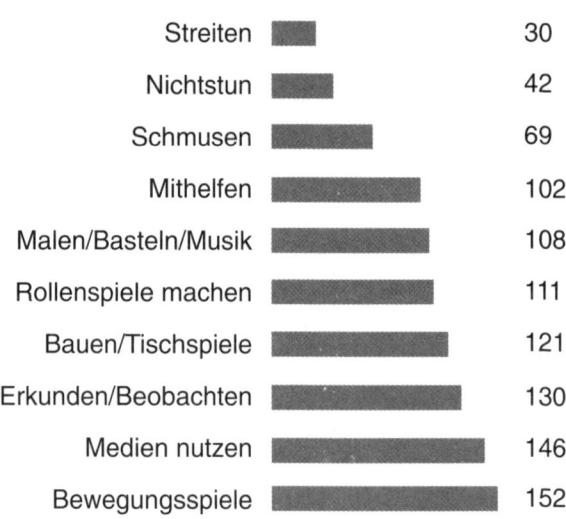

	Minuten
Streiten	30
Nichtstun	42
Schmusen	69
Mithelfen	102
Malen/Basteln/Musik	108
Rollenspiele machen	111
Bauen/Tischspiele	121
Erkunden/Beobachten	130
Medien nutzen	146
Bewegungsspiele	152

Alle oder keiner und jedem das Seine:

Bürger, Familie, Politik, Parteien

Von Martine und Jürgen Liminski

Wer Schweine erzieht, ist ein produktives, und wer Menschen erzieht, ein unproduktives Mitglied der Gesellschaft.

Friedrich List, Nationalökonom

Es geschah an einem der goldenen Tage im Spätherbst. Wetter und Wald waren wunderschön, aber die Heimfahrt war wieder mal schrecklich. Vanessa ärgerte Tobias, Thibaut stichelte David, Thomas tyrannisierte Arnaud. Nur Nathanael, den alle Momo rufen, hielt sich ruhig. Er war müde und schlief. Ermahnungen an die tobende Bande im Fond des Bullys nutzten nichts. Wiederholungen folgten in verschiedenster Lautstärke. Keine Reaktion, jedenfalls nicht die erhoffte. Der Innendruck stieg. Da passierte es. Der Kragen platzte. „Heute abend kriegt keiner was zu fressen", tönte es vom Fahrersitz. Totenstille. Draußen brummte der Motor. Ein erstes Knurren durchbrach drinnen die unheimliche Ruhe. Zu Hause deckte Momo den Tisch. Sechs Gedecke zuviel. Momo räumte wieder ab. Da reute es den Vater, daß der Kragen nicht ein paar Nummern weiter gewesen war. Aber nun hieß es, konsequent bleiben, sonst war wieder für längere Zeit landunter. Die Mutter schwieg, den Blick nachdenklich gesenkt. Der leere Tisch schien länger als sonst. Am nächsten Tag war Schule und ruhig schläft es sich nicht mit knurrendem Magen. Vor allem Thibaut sollte etwas essen, er ist so mager und bekommt leicht Kreislaufprobleme ohne Vitamine etc. So dachte auch der Vater und schon wurde Momo losgeschickt, um den Bruder zu holen. Der lauschte bereits an der Tür, hinter ihm die anderen. Mit einer Botschaft kehrte Momo zurück: „Thibaut sagt, alle oder keiner." Der Vater vergaß für einen Moment das Kauen. Das kam unerwartet. Sekunden später war der Tisch wie immer zu klein.

Thibaut wurde nun ein offenes Lob ausgesprochen. Er habe Sinn für die Gemeinschaft bewiesen. „Ein Kommunionkind", meinte David, der sich – mit vollen Backen – daran erinnerte, daß communio Gemeinschaft heißt. Jetzt lief der pater familias zu großer Form auf. Solidarisches Verhalten habe mit Gemeinschaft, mit Teilen und mit Liebe zu tun. Das lerne man eben zuerst in der Familie, der kleinen Gemeinschaft zu Hause. Praktiziert werde es auch in den größeren Solidargemeinschaften des Volkes, bei den Steuern, bei den Renten, etc. pp. „Wenn der Thibaut den Braten allein gegessen hätte, hätte er nachher Zimmerkeile gekriegt", meinte völlig ohne Pathos Tobias. Und seine Version hatte sicher auch etwas mit Solidarität, mit der Wirklichkeit von Geben und Nehmen zu tun.

So ist normal erlebte Solidarität. Sie wird in der Familie zuerst gelehrt, gelernt und gelebt. Freilich bedarf es eines gewissen intellektuellen Überbaus. Solidarität muß auch verstanden, plausibel gemacht werden. Der Überbau braucht ein Wertegerüst, deren Stangen und Stufen das Gespräch, die Kommunikation, das Beispiel, die Fürsorge, das Denken und Handeln für den anderen in der Familie sind.

Sachgemeinschaft versus Personengemeinschaft

Kann Wertevermittlung nicht auch in der Arbeitswelt oder der größeren Solidargemeinschaft namens Gesellschaft geschehen? Kaum, denn die Gesellschaft ist im Vergleich zur Familie ein Kollektiv ohne Gesichter, ohne Namen. Nur die Familie kennt die Person, hier wird die Konstante der persönlichen Beziehung lebendig. Gesellschaft ist namenlose Sachgemeinschaft, sie erzeugt weder Liebe noch Solidarität, sie lebt aber von ihr. Als Sachgemeinschaft ist sie auch dem raschen Wandel der Arbeitswelt unterworfen. Man weiß, daß von 100 Kindern, die heute auf einem Schulhof spielen, 50 Berufe ausüben werden, die heute noch gar nicht existieren. Konstant aber bleibt die persönliche Beziehung. Für sie zählt nicht, was der andere hat – Geld, Güter, Ideen -, sondern was er ist: Vater, Sohn, Mutter, Tochter, Freund – alles Menschen, Gesichter mit Namen.

Die Familie ist der gesunde Nährboden für die Sozialisierung der Person, das geistige Umfeld für das Hineinwachsen in die Gesellschaft. Die Erzeugung solidarischen Verhaltens wird gern als ein Grund für den verfassungsrechtlichen Schutz der Familie genannt. Es sei, wie im ersten Teil bereits ausgeführt wurde, eine Leistung, die in der Familie „in einer auf andere Weise nicht erreichbaren Effektivität und Qualität" erbracht werde. In der Allgemeinen Menschenrechtserklärung heißt es, die Familie ist der „natürliche und fundamentale Kern" der Gesellschaft, ihre „Keimzelle". Und „aus der Familie erwächst der Friede für die Menschheitsfamilie", schrieb Papst Johannes Paul zum Jahr der Familie 1994. Dennoch muß sie sich oft gegen die Politik behaupten.

Sie kann es – von finanziellen Aspekten einmal abgesehen, die es in der Tat heute erheblich erschweren, eine Familie zu gründen und zu ernähren – , weil diese Lebensform der Natur des Menschen entspricht, seinen Hoffnungen und Sehnsüchten, seinem Durst nach Liebe, seinem Hunger nach Anerkennung in der Gemeinschaft, seinem Bedürfnis nach Intimität, die Geborgenheit schenkt und Gefühl für existentielle Sicherheit. Vielleicht hat der Vater in unserem Beispiel eingangs das damals nicht so gewußt oder verstanden, als er die Botschaft vernahm: Alle oder keiner. Aber er hat es geahnt und, wie die meisten Väter und Mütter, instinktiv versucht, in der Familie zu leben.

„Die Familie sichert die Zukunft", schreibt Johannes Paul II. Eine Binsenweisheit, die allerdings gerade in Deutschland nicht mehr so selbstverständlich ist. Mit der Familie ist es wie mit der Solidarität, der Umwelt oder der Gerechtigkeit. Sie ist in fast aller Politiker Munde aber kaum in deren Herz. Dabei wäre angesichts des demographischen Defizits und der an Schwindsucht leidenden geistig-moralischen Verfassung der Deutschen eine echte Familienpolitik nötiger denn je. Die Frage stellt sich wie von selbst: Warum behandeln so viele Politiker die Familie wie ein Aschenputtel? Oder können sie nur die Politik nicht (mehr) verwirklichen, die sie in Sonntagsreden zum besten geben?

Unter Nationalismusverdacht

In Deutschland steht Familienpolitik in der Tat seit Jahrzehnten allen Lippenbekenntnissen zum Trotz unter mehrfachem Vorbehalt. Die Vorbehalte sind historischer, ideologischer, sozio-ökonomischer und sozio-politischer Natur. Sie verzahnen einander zu einer Maschine, die mittlerweile so gewaltig ist, daß sie wie eine Müllpresse die Familie zu erdrücken und somit die Gesellschaft zu „entseelen" droht.

Einfach, aber in der Wirkung regelrecht durchschlagend ist die conditio historica. Die Gleichschaltung und Funktionalisierung der Familie im Dienst der Rassen-und Völkerideologie des Dritten Reiches stellt jeden Versuch, Familie im Zusammenhang der Zukunft des deutschen Volkes zu denken, unter Nationalismusverdacht. Wer heute, wie einmal Werner Bergengruen schon vor 50 Jahren, daran erinnert, daß Völker auch älter werden und sterben können, der wird gerne mit dem Totschlagargument bedacht, daß er das Mutterkreuz wieder einführen wolle. Und dann kommt regelmäßig das Argument, Deutschland sei ohnehin Einwanderungsland. Das mag sein. Aber selbst bei einer Einwanderung von jährlich einer halben Million Menschen würde die Einwohnerzahl sinken und die Veralterung fortschreiten – und die Probleme zunehmen. Das Multikulti-Motto verkennt die Problematik der Integration und der kulturell unterschiedlichen Mentalitäten, die in älter werdenden Völkern in der Regel schärfer sind als bei jüngeren, anpassungsfähigeren Völkern. Und wo sollen die Grenzen der Multikulturalität sein? Würde eine konsequente Multikulti-Politik (in der Konsequenz sind die Deutschen ja bekanntlich Weltmeister) nicht zum allmählichen Verschwinden der einen oder anderen Kultur führen, zum Beispiel der deutschen?

Ähnlich, wenn auch keineswegs so radikal, verläuft die Diskussion in Sachen Familienpolitik in den lateinischen Ländern Europas, wo faschistische oder autoritäre Regierungsformen die Familie in den Dienst des Regimes zu nehmen versuchten. Die Vichy-Regierung in Frankreich förderte massiv „la famille" und ließ somit den Schatten der Kollaboration auf die Familie fallen. Das Franco-Regime in Spanien stellte ihre Politik unter das Dreigestirn „Dios, patria, rey" und sah in der Familie die grundlegende Institution und die natürliche Ausprägung dieser Politik. Für Mussolini war ähnlich wie für Hitler Familie ein Instrument des Volkes und der Rasse und im Portugal Salazars sah es nicht anders aus. Petain, Franco und Salazar zogen außerdem die Kirche in den Sog ihrer autoritären, antidemokratischen Politik, eine Art Kainsmal, von dem sich die (katholische) Kirche in diesen Ländern nur langsam lösen und befreien konnte. Noch heute sind Linksintellektuelle – die von der Kirche freilich keine vorurteilsfreie Meinung haben – rasch mit dem Vorwurf zur Hand, die Kirche wolle zurück zur heilen Welt der traditionellen Familie, um sie, wie Weiland die Faschisten, besser manipulieren zu können.

Was ist Familie? Definitionen

Die heile Familienwelt, wenn sie je existiert hat, muß übrigens erst einmal definiert werden. Hier verbirgt sich die vielleicht größte Schwierigkeit der Familienpolitiker. Es gibt weltweit etwa 100 ethnologische Definitionen von Familie. Sie reichen vom Stammesverband bis zur Ein-Eltern-Familie. Das Statistische Bundesamt in Wiesbaden hält für Deutschland zwölf Familienformen fest. Der fünfte Familienbericht begreift „Familie als eine dynamische Form menschlichen Zusammenlebens". Der Familienreport 1994, der Bericht der Deutschen Nationalkommission (rund 120 Vertreterinnen und Vertreter der Familienverbände, der Freien Wohlfahrtsverbände, der Tarifvertragsparteien, der Wissenschaft, der Kirchen, der Medienanstalten und der Politik) zum Internationalen Jahr der Familie versteht Familie als „eine auf Ehe, Abstammung oder Ausübung der elterlichen Sorge gegründete Verbindung von Personen". Der große Naturrechtler Johannes Messner definierte Familie als Lebens-, Wirtschafts- und Hausgemeinschaft. Rechtlich ist Familie in Deutschland die Lebensgemeinschaft von Eltern und Kindern unter dem Gesichtspunkt der verantwortlichen Elternschaft.

Früher gab es noch die Großfamilie. Von den rund 14 Millionen Familien sind das heute weniger als ein Prozent, wenn man „groß" ab fünf Kindern mißt. Heute machen Ein- und Zwei-Personenhaushalte mehr als 60 Prozent aller Haushalte aus, vor 100 Jahren waren es gerade mal 20 Prozent. Der Wandel der Familienstrukturen reflektiert den Wandel der sozialen Strukturen insgesamt. Begonnen hat dieser Wandel allerdings lange vorher. Die Arbeitsteilung hat in den letzten zwei Jahrhunderten eine negative Wirkung auf die Familie ausgeübt, indem sie mit Beginn der Industrialisierung den Arbeitsplatz und vielfach auch den Arbeitsort von der Familie entfernte, ja entfremdete und somit die Hausgemeinschaft als „Einheit von Produktion und Konsum, von Erwerbsleben und Privatleben" sprengte. Produktion und Erwerb wurden außer Haus verlagert, es blieb der Konsum und die Erziehung (s. S. 20–34, 51–66).

Selbst Bundespräsident Herzog hat während seiner Amtszeit wiederholt darauf hingewiesen, daß es zu viele kleine Narzisse gebe, zu viele Kinder, die so sehr zum Mittelpunkt ihrer eigenen Welt geworden seien, daß sie den Wert des Gegenübers nicht mehr zu erkennen vermögen und sich nicht in die Gemeinschaft einfügen könnten. Ihre Träume bestünden nur noch in Konsumwünschen. Aber das ist nur eine logische Folge der familiären und wertbezogenen Atomisierung.

Familie ist da, wo ein Kühlschrank steht

Die SPD zieht aus all diesen Verhältnissen die Konsequenz und definiert Familie offiziell so: Familie ist da, wo Kinder sind. Inoffiziell allerdings heißt es bei manchen Sozialdemokraten und übrigens auch bei der FDP: Familie ist da, wo ein Kühlschrank steht. Zur Rettung des familienpolitischen Lendenschurzes der SPD sei jedoch darauf hingewiesen, daß auch der Bundeskanzler nicht mehr von „Frauen und das ganze Gedöns" redet. So hatte er zu Beginn seiner Amtszeit über das Ministerium für „Familie, Senioren, Frauen und Jugend" gelästert. Nach einem Aufsatz von Schröder in der französischen Zeitung Le Monde und auch in der WELT ist aus dem „Gedöns" das „Kernelement der Zivilgesellschaft" geworden. Die Familie stehe im Zentrum „aller Restrukturationsbemühungen der Sozialsysteme", sie sei die letzte Zufluchtsstätte des Menschen. Aber nach den Lobeshymnen kommen die Nachrufe auf die sogenannte „traditionelle Familie", auf die „überholte Rolle der Mutter und Hausfrau". Was Familie für diesen Kanzler eigentlich ist, bleibt also offen. Man hat es aber immerhin schwarz auf weiß, daß es zu den „absoluten Prioritäten" der Regierung gehört, der undefinierten Familie und vor allem den Frauen zu helfen, Familie und Beruf miteinander zu vereinbaren.
Darum und auch um weitere Definitionselemente bemüht sich die stellvertretende Parteivorsitzende Renate Schmidt. Sie will die Förderung der Familie kräftig anheben. Sie hatte sich auch schon für eine Erhöhung des Kindergeldes bis zu 300 Euro ausgesprochen, war dafür aber aus der Partei gerügt worden. Handlungsbedarf sieht die Familienexpertin bei der Betreuung. Sie will den Anteil von Ganztagsschulen erheblich steigern. Damit stimmt sie mit den meisten Familienpolitikern auch der anderen Parteien überein. In allen Parteien wird heute das Hohelied der Vereinbarkeit von Familie und Beruf für die Frau gesungen und vollmundig in den Chor der Verfemung des Herdes eingestimmt, so als ob dieses arme Küchengerät Teufelswerk wäre. Abgesehen davon, daß der Herd, wie Alfred Biolek unermüdlich zeigt, ein

durchaus menschliches Arbeitsfeld ist, hat er auch eine kulturelle Vergangenheit. Auf dem Forum Romanum sind noch heute die Reste des Tempels der Vesta, der Göttin des Herdfeuers zu sehen. Das Herdfeuer war Mittelpunkt des Hauses und des Staates, das Feuer der Vesta hatte immer zu brennen. Im Französischen ist Foyer, die Feuerstelle, gleichzeitig das Heim. Mit der Aufgabe der Feuerstätte zugunsten von Fastfood hat man die Wärme der familiären Gemeinschaft auf die Temperatur des Kühlschranks abgekühlt. Es gibt kaum einen Ort der Erziehung, der markanter wäre als das regelmäßige gemeinsame Essen. Natürlich kann man auf diese Gemeinsamkeit verzichten und den Tisch warmer Gemeinsamkeit durch den Kühlschrank ersetzen, aus dem sich jeder einzeln bedient. Menschlich gesehen ist das ein Rückschritt. Und mit Familie hat das auch nicht mehr viel zu tun.

Die Politik sollte endlich aufhören, den armen Herd zu verfolgen. Die Absicht ist so durchsichtig. Es geht ihr natürlich um die Wählerstimmen, das ist noch legitim, aber vor allem geht es vielen Vereinbarkeitsfanatikern darum, die Frauen mit ideologischer Gewalt in eine sozialpflichtige Erwerbsarbeit zu drängen und somit die Sozialsysteme noch über ein paar Runden weiter, sprich über die nächsten Wahltermine zu schleppen. Wer es ehrlich meint, der schafft Wahlfreiheit. Das ist auch zu finanzieren. Statt jährlich 9 Milliarden Euro für Kindergärten, -krippen, und -horte aufzuwenden und demnächst noch mehr Geld in diese Orte der Betreuung zu investieren, sollte man es den Eltern freistellen, ob sie selber erziehen oder fremdbetreuen lassen wollen. Das geht. Norwegen hat es vorgemacht. Dort zahlt man den Eltern die Kosten für die Betreuung und schlägt zwei Fliegen mit einer Klappe: Zum einen spart man erhebliche Gelder für Verwaltung, Unterhalt und Pflege der Betreuungseinrichtungen, zum anderen gibt man den Eltern Freiheit und damit auch Verantwortung, man entmündigt sie nicht, wie das in sozialistischen Ländern à la DDR üblich war und nun in ganz Deutschland künftig so sein soll.

Gedankliche Wende bei der SPD?

Familie ist da, wo Kinder sind. Die SPD hat ein Jahr vor der Wahl auch die dazugehörigen Eltern entdeckt. Im Leitantrag zum SPD-Parteitag wurde nüchtern die Kernfamilie als dauerhafte und stabile Lebensform in den Mittelpunkt der Überlegungen und künftigen Maßnahmen gestellt. Das war eine Wende. Man hat offensichtlich erkannt, daß für mehr als zwei Drittel der Deutschen die Lebensform Familie auch Lebenswunsch ist. Diese Einsicht ist der erste Weg zur Erhaltung der Macht. Diesen Wunsch zu erfüllen aber ist eine andere Sache. Mit 15 Euro mehr Kindergeld, die wegen der Ökosteuer an der nächsten Zapfsäule verschluckt oder über die Mehrwertsteuer den Weg zurück ins Staatssäckel finden, ist dieser Wunsch heute nicht mehr zu realisieren. Folgerichtig wird die Realisierbarkeit auf die lange Bank geschoben. Sie soll in der nächsten Legislaturperiode geprüft werden. Spätestens dann wird man feststellen, daß noch viel ideologisches Gerümpel auf dem Weg zu einer neuen Familienpolitik liegt. Zum Beispiel, daß steuerliche Abzugsmöglichkeiten für die Kosten der Kinderbetreuung nur bei Erwerbsberufen beider Elternteile oder bei Alleinerziehenden vorgesehen sind. Der Beruf Hausfrau und Mutter wird ausgeklammert, da ist er wieder, der verfemte Herd. Und außerdem ist das ein grober Verstoß gegen den Gleichheitsgrundsatz. Er würde in Karlsruhe keinen Bestand haben. Oder die Weigerung der Regierung, den existentiellen Mindestbedarf, den die Caritas auf rund 500 Euro pro Kind schätzt, auch für Familien mit mehr als zwei Kindern abzusichern. Es kommt ja nicht wie ein Blitz aus dem heiteren Himmel, daß mittlerweile jedes siebte Kind in Deutschland von der Sozialhilfe lebt.

Dennoch ist die Wende im Denken der SPD bemerkenswert. Sie pflügt neue Furchen in die Wahlkampflandschaft. Eine Art Rochade ist zu beobachten. Während die Unionsparteien eher bemüht sind, sich vom traditionellen Ehe-und Familienbild abzusetzen – auch CSU-Chef Stoiber scheint sich von der Frauenriege in der Union zurückpfeifen und, statt auf Leistungsgerechtigkeit und Wahlfreiheit zu setzen, den Verfechtern der puren Vereinbarkeit von Familie und Beruf freien Lauf zu lassen –, geht die SPD wieder auf die Familien zu. Und zwar mit Vorschlägen, die gedanklich über das Familiengeld der Union hinausgehen, etwa die „Elternzeit mit Lohnersatz" im SPD-Papier. Hier wird Erwerbsarbeit mit Familien-und Hausarbeit zeitweise und indirekt gleichgesetzt. Die klassische Form der Familie sei eben „beständiger als vermutet". Darin schwingt auch das Eingeständnis eines Irrtums mit, hinter dem man freilich die demographischen Zahlen und Zwänge vermuten darf. Mit solchen Gedanken schlägt die SPD der Union das vielleicht entscheidende Wahlargument aus der Hand und versucht sie in der Mitte zu überholen. So wie 1998. Aber ganz glaubwürdig ist die SPD damit nicht. Zusammen mit den Grünen hat sie nicht nur die „Homo-Ehe" weitgehend durchgesetzt, diese Randgruppen-Klientel somit bedient, sondern auch die Legalisierung der Prostitution auf den Weg gebracht. Prostitution soll als Beruf anerkannt werden, was man der Mutter und Hausfrau verweigert. Das muß erst noch erklärt werden. Ganz ohne Ethik geht es nicht beim Thema Familie.

Zaghafte Schritte bei der CDU

Es ist heute kein Wagnis mehr, Schwule und Lesben zu hofieren und Prostituierte salonfähig zu machen. Aber es ist mutig, für die Familie einzutreten. Die CDU probiert es zaghaft. In ihrem Papier „Eckpunkte einer neuen Politik für Familien, Eltern und Kinder" sucht sie Profil in einem Bereich, der immer noch zwei Drittel der Bevölkerung angeht und der schlicht Zukunft garantiert. Der Papst hat anläßlich des 20jährigen Jubiläums der Familienenzyklika *Familiaris Consortio* daran erinnert, daß die Familie kein Sonderbereich der Gesellschaft sei, sondern zum „Maß allen politischen Handelns" werden müsse. Alle Dimensionen des gesellschaftlichen Lebens stünden in einer Wechselbeziehung zur Familie. Familienpolitik als Querschnittsaufgabe, nennt es die Union. Allerdings enthält das Papier auch einige Widersprüche. Zum Beispiel: Elternkompetenz soll gestärkt werden, aber gleichzeitig werden etliche Maßnahmen vorgeschlagen, um die Kinder aus den Händen der Eltern in die staatlicher Einrichtungen zu stellen. Als ob die Eltern – von Einzelfällen abgesehen – nicht am besten wüßten, was für ihre Kinder gut ist. Der Staat soll und kann nicht alles richten, schon gar nicht in der Erziehung.
Oder: Man sucht nach Möglichkeiten zur Finanzierung des Familiengeldes, ohne auf das Naheliegende zu kommen, nämlich daß die Nutznießer des Humanvermögens, das in den Familien durch die Erziehung geschaffen wird, dieses auch bezahlen. Das sind zuallererst die Kinderlosen und die Wirtschaft. Oder auch: Es wird wieder von der Vereinbarkeit zwischen Familie und Beruf geschwärmt, und dabei vergessen, daß Haus-und Familienarbeit ein Beruf ist, der sich „mit allen anderen messen" kann (Johannes Paul II.) Soziale Kompetenz, Teamfähigkeit, emotionale Intelligenz und vieles andere mehr

wird in der Familie gebildet und gelernt. Wirtschaft und Kinderlose haben ein Interesse daran, daß es Kinder gibt, die gut erzogen sind. Sie sollten stärker zur Kasse gebeten werden. Aber davor hat die Union Angst. Denn das sind Sponsoren der Partei und die Wechselwähler, die man zu gewinnen hofft. Also werden sie geschont – zu Lasten der Allgemeinheit und zu Lasten des Profils.

Immerhin sind bei der CDU aber auch ethische Elemente in der Definition der Familie zu finden. Sie sieht „Familie überall dort, wo Eltern für Kinder und Kinder für Eltern Verantwortung tragen". Die Partei sieht sich selbst in der Verantwortung und verspricht ein Familiengeld von 600 Euro für jedes Kind unter drei Jahren und 300 Euro pro Kind von drei bis 17 Jahren. Das Familiengeld „wird steuer- und sozialabgabefrei sein und unabhängig vom Umfang der Erwerbsarbeit und von der Höhe des Einkommens geleistet". Ferner soll der notwendige Unterhalts-, Betreuungs- und Erziehungsbedarf von Kindern steuerfrei gestellt sein. Mit diesen Vorschlägen kommt die CDU den Forderungen des Bundesverfassungsgerichtes näher als die anderen Parteien (die CSU bleibt beim Familiengeld von 500 Euro pro Kind stecken).

Die Autoren erlauben sich, in diesem Zusammenhang einmal eine Definition von Ehe und Familie zu zitieren, die für viele immer noch selbstverständlich ist:

„Ein Mann und eine Frau, die miteinander verheiratet sind, bilden mit ihren Kindern eine Familie. Diese Gemeinschaft geht jeder Anerkennung durch die öffentliche Autorität voraus, sie ist ihr vorgegeben. Man muß sie als die normale Beziehungsgrundlage betrachten, von der aus die verschiedenen Verwandtschaftsformen zu würdigen sind. Indem Gott Mann und Frau erschuf, hat er die menschliche Familie gegründet und ihr die Grundverfassung gegeben. Ihre Glieder sind Personen gleicher Würde."

So steht es im Punkt 2202 des *Katechismus der katholischen Kirche*. Und der *Codex des kanonischen Rechts* definiert die Ehe, die der Familie als Institution zugrunde liegt, als den Bund, mit dem „Mann und Frau unter sich die Gemeinschaft des ganzen Lebens begründen, welche durch ihre natürliche Eigenart auf das Wohl der Ehegatten und auf die Zeugung und die Erziehung von Nachkommenschaft hingeordnet ist" (can. 1055, § 1).

Papst Johannes Paul II. ist in seinem Familienbrief unmißverständlich: „Nur eine solche Verbindung kann als Ehe in der Gesellschaft anerkannt und bestätigt werden. Nicht können dies die anderen zwischenmenschlichen Verbindungen, die den oben in Erinnerung gebrachten Bedingungen nicht entsprechen, auch wenn sich heute über diesen Punkt Tendenzen verbreiten, die für die Zukunft der Familie und selbst der Gesellschaft sehr gefährlich sind."

Keine Frage der Werte, sondern der Existenz

Auch wenn man den Katechismus zitiert, hier handelt es sich nicht nur um eine Frage des Glaubens, sondern schlicht der Existenz dieser Gesellschaft. Darauf weist auch der Ministerpräsident des Freistaats Sachsen, Kurt Biedenkopf, nachdrücklich hin. In den letzten 130 Jahren habe die ganze westliche Welt eine Sozialstruktur entwickelt, die sich auf Erwerbsarbeit konzentriere und soziale Beziehungen, soziales Ansehen und vor allem das Selbstwertgefühl an der Erwerbsarbeit ausrichte. Hier habe der „Grund-Fehler", nämlich die Förderung von Familien als Teil der Sozialpolitik zu sehen, seine Wurzel. Man sei immer noch der Meinung, so Biedenkopf in einem Interview mit dem Deutschlandfunk, daß „Familie von selbst existiere, obwohl ihre Gefährdung im Kern bereits evident" sei. Man müsse dagegen Familie „als den Raum der Gesellschaft stärken, in dem Humanvermögen heranwächst". Das sei eine Frage der Investition in die Zukunft, mithin „keine Wertfrage, sondern eine Existenzfrage", der sich die politische und wirtschaftliche Elite des Landes nicht länger verschließen sollte. Die überfällige Kurskorrektur bestünde darin, daß man „eine stärkere Konzentration auf die Investitionen in die Zukunft, also in das Humanvermögen" vornehme. Auf jeden Fall, so Biedenkopf wörtlich, „muß die Diskriminierung derer abgebaut und beseitigt werden, die in die Zukunft investieren und damit Zukunft überhaupt erst möglich machen, gegenüber denjenigen, die mehr in der Gegenwart leben und Zukunft Sache derer sein lassen, die Kinder großziehen".
Der französische Publizist Raymond Aron sah wenige Jahre vor seinem Tod in seiner Dekadenzdiagnose schon die Folgen der wachsenden Individualisierung voraus. In seinem fast prophetischen Appell „Plädoyer für das dekadente Europa" schrieb er vor nunmehr gut 20 Jahren: „Wenn die Wohlstandsgesellschaft das Interesse an der Zukunft verliert, dann spricht sie sich selbst das Todesurteil."

Für die Politik, deren Denken oft am nächsten Wahltermin endet, filtert sich seit Jahren aus den Statistiken vor allem eine entscheidende Zahlenrelation heraus: Singles und Zweierhaushalte machen zwar nur ein Drittel der Wohnbevölkerung aus, aber zwei Drittel der Wahlbevölkerung, während bei den Familien die Relation umgekehrt lautet, sie stellen zwei Drittel der Wohn- und nur ein Drittel der Wahlbevölkerung. Wer also Maßnahmen für die Familie auf Kosten von Kinderlosen beschließt, der muß mit dem Widerstand einer Mehrheit der Wähler rechnen. Fazit: Wenn familienfreundliche Maßnahmen, dann nur ohne Schaden für die anderen – etwa bei den wirklich familienfreundlichen Gesetzen zur Wohnungsbauförderung (2500 Euro pro Jahr bei einem Neubau plus 750 Euro) pro Kind und das acht Jahre lang). Ansonsten bedeutet dieses Fazit in Zeiten, da das Sparen die politische Philosophie ersetzt, familienpolitische Stagnation. Leider will die rotgrüne Koalition gerade diese Förderung abbauen. In der nächsten Legislaturperiode soll die Eigenheimzulage gekürzt werden. Angesichts rückläufiger Bevölkerungszahlen würden, so die Sprecher der beiden Parteien in bestem Verwaltungsjargon, Maßnahmen zur Stärkung der Städte und zur Eindämmung der Zersiedlung von Landschaft durch Eigenheimbau zur zentralen Zukunftsaufgabe. Auf deutsch: Angemessener Wohnraum für Familien ist nicht zukunftsträchtig, wir wollen lieber Stadtwohnungen (für Singles und Paare) sowie die Umwelt fördern.

Wege aus der Strukturkrise

Die Familienpolitik steckt in einer Strukturkrise. Die Parteien scheinen unfähig oder nicht willens, die Keimzelle der Gesellschaft zu retten und den strukturellen Wandel, der de facto eine Atomisierung der Gesellschaft bedeutet, aufzuhalten und umzudrehen. Diese Stagnation zu durchbrechen hat sich ein Verein namens „Allgemeines Wahlrecht" unter der Ägide des früheren CDU-Politikers Wilfried Böhm vorgenommen. Der Verein will das Wahlrecht ausweiten auf die Kinder, ausgeübt stellvertretend von den Eltern, die die Interessen der Kinder wahrnehmen, vom Parteienstaat jedoch daran gehindert werden. Namhafte Juristen sind an der Initiative beteiligt, auch mehrere Politiker sprechen sich dafür aus, zum Beispiel die frühere SPD-Justizsenatorin Lore Peschel-Gutzeit in Hamburg oder Alt-Bundespräsident Roman Herzog. Gelänge die Ausweitung, wäre das familienpolitisch fatale Ungleichgewicht zwischen Wahl-und Wohnbevölkerung aufgehoben, das sozio-politische Gleichgewicht wieder hergestellt. Eine mittelbare Folge wäre ein Run der Politik zur Verbesserung des Familienlastenausgleichs, die diesem Namen wieder eine gewisse Rechtfertigung verliehe. Immerhin ginge es um mehr als zwölf Millionen neue Stimmen.

Schon heute brüsten sich etliche Politiker häufig mit sozio-ökonomischen Maßnahmen zugunsten der Familie. Zum Beispiel mit der Erhöhung des Kindergeldes um 10 oder 20 Euro oder der Ausweitung der Erziehungszeiten nach der Geburt für Rentenansprüche. Vor einiger Zeit war eine Anzeige in der Zeitung zu lesen. Sie lautete: „Mehr Rente für Mütter". Was nicht darin stand: Um eine Rente in Höhe des Sozialhilfeniveaus zu bekommen, muß eine Mutter heute mindestens zwei Dutzend Kinder gebären. Und auch die Riester-Rente greift erst in 30 Jahren, so lange muß man noch ansparen, und ob das Rentensystem dann noch existiert, ist fraglich.

Selbst guter Wille und warme Worte können nicht darüber hinwegtäuschen, daß die Misere der Familie heute in sämtlichen Kinder-, Jugend-, Armuts- und Wohlfahrtsberichten von Banken, Verbänden, Gewerkschaften, Kirchen und auch Regierungen so definiert wird: Kinder sind in Deutschland heute das Armutsrisiko Nummer eins. Eine Zahl, die vom Heidelberger Büro für Familienfragen und soziale Sicherheit veröffentlicht wurde, zeigt, wie weit die Einkommensschere zwischen Familien mit Kindern und Kinderlosen auseinandergeht. Seit 1980 ist das verfügbare Pro-Kopf-Einkommen einer Durchschnittsfamilie um 191 Prozent gestiegen, bei Kinderlosen um 335 Prozent. In bar und für heute heißt das: Für jede Person in einer Familie mit zwei Kindern und einem Durchschnittsverdienst von rund 30.000 Euro bleiben pro Jahr 6500 Euro übrig, das ist hart an der Sozialhilfegrenze. Bei Alleinstehenden mit gleichem Verdienst sind es mit 17.000 Euro fast dreimal so viel. Deshalb gibt es ja auch immer mehr Kinder, die in einem Sozialhilfehaushalt leben.

Die Misere wird mittlerweile nur noch von wenigen, meist Wohlhabenden, bestritten. Die Parteien räumen sie ein und versprechen viel, machen aber auch alle den Vorbehalt, daß die finanziellen Spielräume auch vorhanden sein müssen. Deshalb zahlen sie nur mit so kleiner Münze und brüsten sich dann ihrer Maßnahmen, unter Kohl so wie unter Schröder. Zum Beispiel das Kindergeld: Mit 15 Euro können Familien nicht viel anfangen, dafür kann man noch nicht einmal eine Packung Pampers kaufen, die kostet mindestens 19 Euro und ist nach zwei Wochen leer. Oder: Um dem Bundesverfassungsgericht zu genügen wird der Haushaltsfreibetrag für Alleinerziehende von ursprünglich 5616 DM bis 2005 in drei Stufen auf Null gesenkt. Die Richter hatten die Ungleichbehandlung von Alleinerziehenden und Eltern gerügt. Rot-Grün hätte den Haushaltsfreibetrag also auch für alle einführen können, statt zu streichen. Doch das wäre 10 Milliarden Euro teurer geworden als die geplante Regelung.

In der Falle der Selbstverständlichkeit

Überhaupt der Familienlastenausgleich – er gilt nach wie vor als Sozialhilfe, sozusagen als Alimentation von Vater Staat für die Familien. Das ist falsch. Es geht um Leistungsgerechtigkeit. Das Denken der Politik ist noch weit entfernt von diesem Kriterium. Man steckt in der Falle der Selbstverständlichkeit, wie der Wiener Familienforscher Schattovits es nennt. Die gesellschaftlich lebensnotwendigen Leistungen der Familie (Zeugung und Erziehung künftiger Steuer- und Rentenbeitragszahler) werden an der Börse der Politik als selbstverständlicher Gewinn mitgenommen – und somit vergesellschaftet. Die Leistungen werden sozialisiert, die Kosten bleiben privat. Hier klafft eine Gerechtigkeitslücke, die die Gesellschaft als Profiteur oder als Konsument der von den Eltern erbrachten Leistung schließen muß. Solange alle an dieser Arbeit beteiligt waren, solange war es gesellschaftlich erträglich, daß diese Arbeit und ihre Leistung nicht honoriert wurde, gerecht war es nicht. Adenauer konnte noch sagen: Kinder kriegen die Leute immer. Mit diesem Argument verwarf er die Idee einer Familienkasse, die parallel zur beitragsbezogenen Rente eingeführt werden sollte, um nicht nur für das Alter, sondern auch für die Kinder bzw. einen gerechten Familienlastenausgleich zu sorgen. Es war vermutlich der größte Fehler seiner Amtszeit. Denn als er starb, setzte der Pillenknick ein, der die Rentenkassen heute in größte Bedrängnis bringt und ihre politischen Verwalter zu immer neuen Treueschwüren nötigt. Inzwischen ist die demographische Entwicklung so weit fortgeschritten, daß es kaum ein Regierungspolitiker in Deutschland mehr wagt, in Sachen Renten die Wahrheit zu sagen, geschweige denn das für die Zukunft Nötige zu unternehmen. Statt die arbeitende Bevölkerung, die sowohl Kinder erzieht als auch die Renten zu erwirtschaften hat, zu entlasten und den heute wohlhabenden Rentnern und Kinderlosen – nicht den armen – ein einkommensabhängiges Opfer zuzumuten, wird gerade der Teil stärker belastet, der am meisten leistet, es sich aber am wenigsten leisten kann, nämlich die Familie.

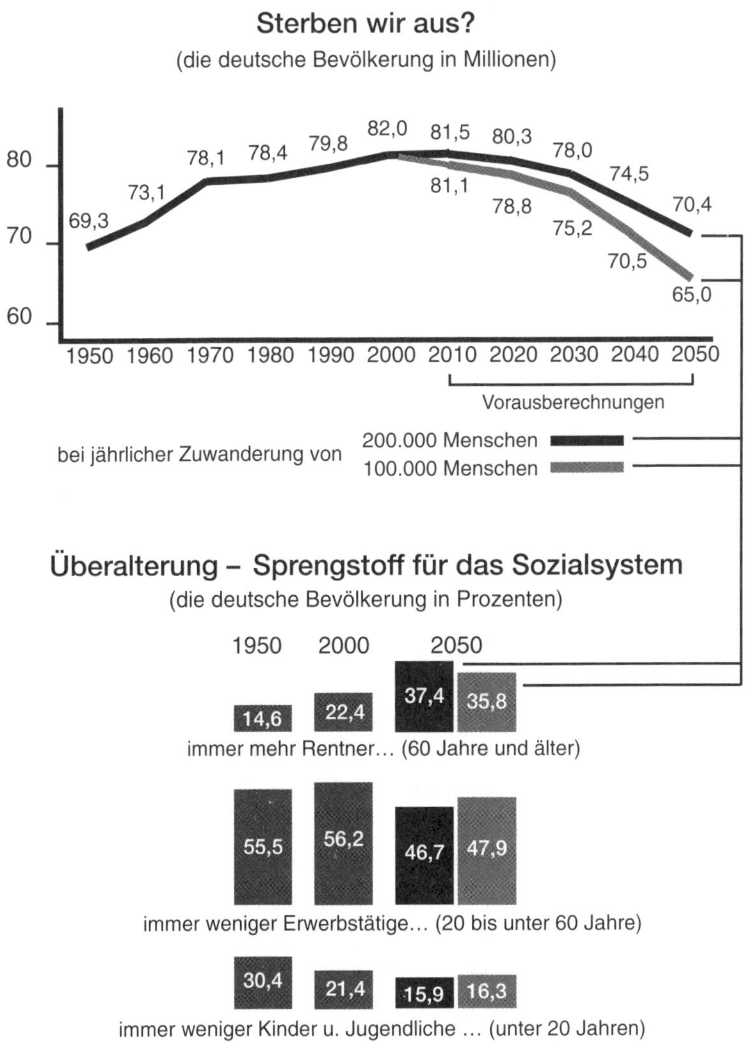
Sterben wir aus?
(die deutsche Bevölkerung in Millionen)
80
70
60
69,3
73,1
78,1
78,4
79,8
82,0
81,5
80,3
78,0
74,5
70,4
81,1
78,8
75,2
70,5
65,0
1950 1960 1970 1980 1990 2000 2010 2020 2030 2040 2050
Vorausberechnungen
bei jährlicher Zuwanderung von
200.000 Menschen
100.000 Menschen
Überalterung – Sprengstoff für das Sozialsystem
(die deutsche Bevölkerung in Prozenten)
1950 2000 2050
14,6
22,4
37,4
35,8
immer mehr Rentner… (60 Jahre und älter)
55,5
56,2
46,7
47,9
immer weniger Erwerbstätige… (20 bis unter 60 Jahre)
30,4
21,4
15,9
16,3
immer weniger Kinder u. Jugendliche … (unter 20 Jahren)

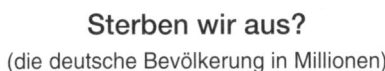

Karlsruhe und die Vorwärtsirrenden

Wie man es dreht und wendet, Kinder sind die hohe Kante für die Erhaltung des Renten-und des Sozialsystems. Sie fehlen und die Zuwanderung bringt sie auch nicht. Ohne eine eigenständige und auch natalistische Familienpolitik werden die umlagefinanzierten Sozialsysteme nicht zu retten sein. Deshalb bleibt es eigentlich ein Rätsel, warum die Politik sich nicht mit mehr Engagement und Verve dieser Zukunftsaufgabe für alle widmet. Das Rätsel hat eine Lösung: Es heißt Mut. Denn lieber wird dem Lastesel Familie noch ein Paket aufgebürdet, als das Quentchen Mut aufgebracht, um im Sinne sozialer Gerechtigkeit die Lasten anders zu verteilen. Viele Familienpolitiker ziehen es vor, nach dem Motto des Robert Musil und seines Mannes ohne Eigenschaften zu verfahren, der es frohgemut so formulierte: „Wir irren vorwärts".

Womöglich wäre der Esel längst zusammengebrochen, hätte das Bundesverfassungsgericht nicht mit mehreren Urteilen die Vorwärtsirrenden ermahnt und zu mehr sozialer Gerechtigkeit gezwungen. Leider haben die Richter es in ihren Urteilen bis zum Familienurteil vom 10. November 1998 versäumt oder es bewußt unterlassen, der Politik Fristen zur Änderung der Gesetze zu setzen. So blieb es meist bei der Feststellung, daß den Familien in Deutschland Unrecht geschieht. Es besteht, noch einmal, darin, daß die Leistungen für die gesellschaftlich notwendige Arbeit der Erziehung sozialisiert, die Kosten aber privat bleiben. Der Staat habe aber, so weiß man jetzt allgemein, im Sinne der Artikel 6 und 13 des Grundgesetzes den Schutz der Familie, mithin auch ihr Existenzminimum zu gewährleisten. Das eben geschieht nicht. Eltern werden faktisch höher besteuert als Kinderlose. Ihre Unterhaltskosten werden zu gering veranschlagt. Deshalb fordern die Richter, den Erziehungsfreibetrag oder Betreuungsfreibetrag zu erhöhen, weil Eltern sonst Steuern für Einkommen entrichten, über das sie tatsächlich gar nicht verfügen. Das ist momentan der Fall und deshalb ist es berechtigt, von einer Kinderstrafsteuer im Vergleich zu Kinderlosen zu sprechen. Die Erhöhung des Kindergeldes diente dem Abbau dieser Überbelastung. Eltern erhalten dadurch keinen einzigen staatlichen Euro an Familienförderung, sondern sie dürfen nur mehr von dem behalten, was sie sich selbst erwirtschaftet haben. Die Gönnerpose der Politik ist Hochstapelei.

Fast alle Modellrechnungen und auch der jüngste Armutsbericht aus dem Hause Riester bescheinigen, daß die staatliche Umverteilung von den Familien zu den Kinderlosen eine bittere Realität ist, die sich auf rund 80 Milliarden Euro pro Jahr beläuft.

Die Richter in Karlsruhe blieben auch in anderen Urteilen in der Logik der Sache. Die Kinderlosen, so die Richter im Pflegeurteil vom April 2001, „profitieren" von den Erziehungsleistungen der Eltern, sie hätten einen „systemspezifischen Vorteil", weil sie „lediglich Beiträge gezahlt, zum Erhalt des Bestandes der Beitragszahler aber nichts beigetragen haben". Das aber tun Familien, weshalb sie bei der Beitragszahlung entlastet werden müßten. Die Richter haben, dank der Ausführungen des bekannten Sozialdemographen Professor Herwig Birg aus Bielefeld erkannt, was Deutschland blüht: Eine graue Zukunft. Seit 1972 liegt die Geburtenrate unter jener der Kriegsjahre 1917/18 und 1944/45. Die Generation junger Frauen wird kleiner, die Lebenserwartung steigt. Mit anderen Worten: Der Anteil der Älteren gegenüber den Jüngeren wächst und damit auch der Bedarf an Pflegeplätzen. Bei dem Urteil ging es also auch um die Frage: Wie soll eine alternde Gesellschaft ihre enormen Lasten so verteilen, daß sie tragbar sind? Diese Frage scheint die Politik sich noch nicht zu stellen, sonst hätte sie längst versucht die Schieflage der Umlagesysteme ins Lot zu bringen.

Die Politik reagiert nur. In der Steuergesetzgebung wurde von Karlsruhe eine Frist gesetzt, es gab ein paar Groschen mehr durch die Steuerreform. Irgendwann werden die Renten auch Gegenstand eines Urteils werden analog dem Pflegeurteil. Denn die Begründung (Beitrag durch Bestandserhaltung des Systems) trifft noch mehr für das Rentensystem zu.

Der Erziehungslohn – Hebel für eine Strukturreform

Die Urteile und ihre Umsetzung kosten viel Zeit und helfen wegen des Widerstands auch nur schrittweise. Vielleicht dauert es zu lang. Eine größer angelegte Initiative des Deutschen Arbeitskreises zur Familienhilfe e.V. (Kirchzarten i. Br.) will mit der Einführung eines Erziehungsgehalts dieses Unrecht in größeren Schritten beseitigen, um so vielleicht noch rechtzeitig eine Wende herbeizuführen. Es

wäre, folgt man dem jüngsten und detaillierten Modell des Arbeitskreises, auch ein unschätzbarer Beitrag zur Bekämpfung der Arbeits-
losigkeit. Und das nicht nur in Deutschland, denn die Initiative des
Arbeitskreises ist mit ihrem wachstumspolitischen Ansatz auch für
andere Länder bereits jetzt von hohem Interesse, wie bereits zwei
europäische Fachkongresse zur Aufwertung der Erziehungsarbeit
1998 im Frankfurter Römer und in der Paulskirche und 2000 im
Europa-Parlament in Straßburg zeigten.

Fest steht: Wenn die Souveränität der Familie weiter ausgehöhlt
wird, dürfte das soziale Ozonloch nicht mehr zu schließen, die Tal-
fahrt in die asoziale Gesellschaft nicht mehr aufzuhalten sein. Es
mag pathetisch klingen, aber es geht mit der Familie auch um die
Zukunft der Nation. Johannes Paul II. sagt es so: Die innere Freiheit
und Souveränität der Familie „ist für das Wohl der Gesellschaft unerläßlich. Eine wahrhaft souveräne und geistig starke Nation besteht
immer aus starken Familien". Das läßt sich nachvollziehen. Denn
die Familie ist eine Gemeinschaft, die der Entwicklung eigen-und
selbständiger Persönlichkeiten dient. Familie macht verantwortlich
und frei. Diese von Vater Staat und Mutter Partei nur schwer zu
übersehende und kaum zu kontrollierende Freiheit kann auch finanziell ausgetrocknet werden. In Deutschland geschieht das aus Gedankenlosigkeit und Desinteresse, aus „struktureller Rücksichtslosigkeit", ein Begriff, den der bekannte Familienexperte Professor Xaver
Kaufmann prägte und der das Verhältnis der gesamten Gesellschaft
zur Familie meint, wie auch der Fünfte Familienbericht meint.

Es gibt hier zwei Denkschulen. Zunächst die eine: zu ihr zählen die
meisten Familienpolitiker der großen Parteien. Sie geht davon aus,
daß ein Bündel von Maßnahmen insgesamt die Situation der Familie
mit Kindern verbessern sollte. Also nach und nach Aufstockung von
Erziehungszeiten für die Rente, von Kindergeld für die Gegenwart,
von Steuererleichterungen, von Wohngeld etc. Es ist klar, daß ein
Dschungel von kleinen Maßnahmen der Politik mehr Handlungs-
spielraum läßt. Und klar ist auch, daß eine Strukturreform, die die
Erziehungsarbeit anderen Arbeiten gleichwertig macht, auf diese
Weise nicht bewerkstelligt werden kann. Deshalb befürwortet und
betreibt der Deutsche Arbeitskreis für Familienhilfe, sozusagen eine
Avantgarde der zweiten Denkschule, die Einführung eines Erziehungsgehalts oder Erziehungslohns als Hebel für eine Strukturreform

der Gesellschaft und hat dafür schon mehrere Modelle ausarbeiten und ausrechnen lassen.

Die Ergebnisse sind erstaunlich. 1000 Euro monatlich für das erste und 500 Euro für alle weiteren Kinder bis zu sieben Jahren, also bis zum Schuleintritt, dazu weiterhin das Kindergeld. All das brutto, aber nicht voll sozialabgabepflichtig, also nur versteuerbar und rentenpflichtig. Ferner ist die Höhe abhängig von der Erwerbsarbeitszeit, sofern der oder die Erziehende weiter seinem/ihrem Beruf nachgeht. Das variiert dann zwischen 100 und 30 Prozent, je nachdem, wieviele Stunden in der Woche in dem anderen Beruf gearbeitet werden. Das ist die erste Phase. In der zweiten Phase wird ab dem dritten und bis zum siebten Lebensjahr der Betrag um 300 Euro verringert, die man allerdings in Form eines Erziehungsgutscheins bekommen kann, was die vollen Kosten eines Kindergartenplatzes decken würde. Der Vorteil dieses Gutscheins ist doppelt: Die Eltern können zwischen verschiedenen Einrichtungsformen wählen und die öffentliche Hand kommt über diese Form der Subjektförderung – momentan wird ja Objektförderung, also die Förderung von Einrichtungen, nicht von Personen betrieben – ihrer Verpflichtung nach, für das öffentliche Gut der Kindererziehung die Grundversorgung zu gewährleisten. Auch hier würde eine Ungerechtigkeit abgebaut. Denn während Schulen und Universitäten überwiegend durch die öffentlichen Haushalte finanziert werden, müssen Eltern für Kindergärten trotz des rechtlichen Anspruchs einen, übrigens wachsenden, Eigenanteil leisten. Man fragt sich natürlich, was so ein Rechtsanspruch wert ist, wenn man Mühe hat, ihn zu bezahlen. Das Erziehungsgehalt würde diese Frage beantworten.

Und all das wäre nahezu kostenneutral zu haben. Finanziert wird dieses Erziehungsgehalt, das in der ersten Phase rund 28,50 Milliarden Euro kosten würde, im wesentlichen aus zusätzlichen Steuereinnahmen durch eine Reform des Ehegattensplitting und den Steuereinnahmen des Erziehungslohns selbst. Dann aus Einsparungen (bei der Sozialhilfe, dem Wohngeld, der Arbeitslosenhilfe, dem Erziehungsgeld), die das Deutsche Institut für Wirtschaftsforschung in Berlin penibel genau durchgerechnet hat. Übrig blieben, für die erste Phase, also von 0 bis drei Jahren, knapp 2 Milliarden Euro, die die Autoren über einen Solidaritätszuschlag von einem Prozent, einem Familien-Soli einbringen wollen. Das liefe auf die Einrichtung einer

Familienkasse hinaus, jene Idee, die Adenauer verwarf und die jetzt, ein halbes Jahrhundert später, da die Schieflage erkannt wird, auch in der CDU diskutiert wird.

Folgen eines Erziehungslohns

Diese zweite Denkschule postuliert und dokumentiert mit der Studie des Arbeitskreises die Gleichwertigkeit von Erwerbs- und Erziehungsarbeit, sie zeigt, wie man der wirtschaftlichen Bestrafung von Familien mit Kindern ein Ende setzen kann, wie die Arbeit der Mütter, die sich um ihre Kinder kümmern, aufgewertet werden kann, wie man den Arbeitsmarkt konkret beleben könnte – entweder durch Freistellung eines Arbeitsplatzes außer Haus oder durch die Erweiterung des Bereichs der Betreuungseinrichtungen, die die Eltern jetzt auch bezahlen könnten, wenn sie nicht selber Betreuung und Erziehung übernehmen können oder wollen. Der Arbeitsmarkt würde auch belebt durch die Anstöße bei der Binnennachfrage. Es ist ja bekannt,daß Familien durchaus mehr konsumieren würden, wenn sie die Kaufkraft, das Geld dazu hätten.

Der wirkliche Reiz des Modells liegt im Grundsätzlichen, worauf auch der Vorsitzende des Deutschen Arbeitskreises für Familienhilfe, Gerhard Wehr, unermüdlich hinweist. Die Erziehungsleistung der Eltern wird als Arbeit, als Beruf anerkannt. Die Gerechtigkeitslücke zwischen Kinderlosen und Familien mit Kindern würde ein Stück geschlossen. Und auch das Vorurteil von Erziehung als Windelaffäre würde damit entkräftet, denn in Deutschland gilt Arbeit nur etwas, wenn sie bezahlt wird. Man würde vielleicht auch stärker über die anderen Aspekte der Erziehung nachdenken, die Managementfähigkeiten, die dieser Beruf erfordert, die medizinischen, psychologischen, pädagogischen und etliche anderen Potentiale, die dieser Beruf im Menschen freisetzt. So weit ist man in der Politik bisher nur in Sachsen, wo ein Modell für ein Erziehungsgehalt des Sozialministers Hans Geisler bereits der Öffentlichkeit vorgestellt wurde.

Ein Thema für die Zukunft in Europa

In Europa ist das Thema in mehreren Ländern auf der Agenda. Auch das wurde auf den Kongressen zur Aufwertung der Erziehungsarbeit in Frankfurt und Straßburg deutlich. Die Leistung dieser Kongresse aber bestand vor allem darin, daß das Thema Erziehungslohn eingeordnet wurde in einen gesellschaftlichen und wirtschaftlichen Gesamtzusammenhang. Das kam auch in zwei beiden Manifesten zum Ausdruck. Deutlich wurde auch: Eine neue Bewegung greift Platz. Auf ihren Fahnen steht Gerechtigkeit für die Leistung der Mütter und Väter, Schutz für das Kind, Zukunft für alle. Man könnte es auch negativ ausdrücken: Schluß mit der Ausbeutung der Familien durch ein Steuer-und Rentensystem, das Kinderlose begünstigt und diejenigen bestraft, die durch Zeugung und Erziehung erst die Zukunft dieser Gesellschaft ermöglichen, Schluß mit der Gerechtigkeitslücke, Schluß mit dem gefährlichen Spiel alt gegen jung, reich gegen arm, Single gegen Familie. Schluß mit der Diktatur der Ökonomen, die im Menschen nur ein Objekt des Produktionsprozesses sehen, Schluß mit der politischen Korrektheit, die beim Wort Familie leicht die Nase rümpft. Es sind Bürger, die da initiativ werden, auf eigene Rechnung und europaweit und das vermittelt Hoffnung.

Die Bewegung ist relativ neu. Erste Anzeichen wurden sichtbar durch Familienprotesttage, die der Deutsche Arbeitskreis für Familienhilfe e.V. in den 80er Jahren in mehreren Städten Deutschlands organisierte. Aber Protest allein ist kein Programm. Programmatisch ist die Forderung nach Einführung eines Erziehungsgehalts. Das ist das große Rad, der Hebel für eine Strukturreform der Gesellschaft, eine Reform, die der Leistung der Eltern Gerechtigkeit widerfahren läßt, die den Eltern Kaufkraft gibt und dadurch den Markt ankurbelt, auch den Wohnungsmarkt, die Erziehung wieder ermöglicht und aus der Streßecke herausholt. Die Erziehung aber schafft jenes Humanvermögen, wovon die Gesellschaft und auch die Wirtschaft lebt. Diese Erkenntnis greift in Europa um sich, auf einem Kongreß in Berlin in diesem Jahr soll sie im Austausch zwischen Wissenschaftlern und Praxis ins Bewußtsein gehoben werden.

Es ist in der Tat Zeit zu handeln, wenn die vom demographischen Winter bedrohten Völker in Europa eine Zukunft haben wollen.

Wie dringlich die Lage ist, zeigte die Bandbreite der Teilnehmer des Straßburger Kongresses: Vom römischen Kardinal Lopez Trujillo (Präsident des Päpstlichen Rates für die Familie) und dem evangelisch-lutherischen Bischof Karl Ludwig Kohlwage bis zur marxistischen Feministin Germaine Greer (Weltbestseller „Der weibliche Eunuch") und der Psychotherapeutin Christa Meves, vom CSU-Vize Ingo Friedrich und dem sächsischen Sozialminister Hans Geisler bis zur SPD-Vize Renate Schmidt war Kompetenz und Herz versammelt. Im Detail nicht immer einig, war für alle jedoch klar: Die Diskriminierung der Mütter müsse aufhören, ihre Leistung endlich Anerkennung finden.

Die norwegische Politologin und christdemokratische Feministin Janne Haaland Matláry forderte: „Gebt das Geld den Eltern und nicht den Kindergärten." Norwegen, das vor drei Jahren ein Erziehungsgehalt eingeführt hat, hat heute eine der höchsten Geburtenraten in Europa. Aufgrund dieser Erfahrung postuliert Matláry, die damals in dieser Regierung war, insbesondere Frauen bräuchten eine ideelle und materielle Anerkennung ihrer Leistung in Schwangerschaft, Still-und Erziehungszeit. Dem Staat die Erziehung zu überlassen, sei eine alte „sowjetische" Einstellung. Ein Erziehungslohn bringe die Erziehung in die Familie zurück, Krippen und Kindergärten dagegen setzten die Kinder stärker den Einflüssen des Staates aus. Hier liege auch der wesentliche Unterschied zwischen Familienpolitik und Sozialpolitik begründet. Sozialpolitik, so formulierte der französische Wirtschaftsprofessor Jean Lecaillon, sei nur Korrekturpolitik, Familienpolitik hingegen sei Präventivpolitik. Ein Staat, der in seine Familien investiere, erspare sich etliche Korrekturmaßnahmen. Maria Smerecynska, die damalige polnische Familienministerin, brachte das auf eine plakative Formel: Familienförderung ist besser als Bekämpfung der Jugendkriminalität.

Im Manifest von Straßburg konstatierte der Kongreß: „Arbeit hat eine subjektive, persönliche, und eine objektive, gesellschaftliche, Dimension. Sie ist nicht nur Faktor in Bilanzen, sie bilanziert auch Leben. Ihre Summe schafft Zukunft – für den einzelnen und für die Gesellschaft." Das gelte in erhöhtem Maße für die Familien- und Erziehungsarbeit. „Ohne sie gibt es keine gesellschaftliche Zukunft. Ihre Qualität entscheidet über die soziale Kompetenz des einzelnen und über Menschlichkeit und Wärme einer Gesellschaft." Angesichts des Wandels sozialer Strukturen und der mittlerweile auf die Volkswirtschaft durch-schlagenden demographischen Defizite sei es nicht nur ein Gebot der Humanität, sondern auch der Staatsräson, der Familien- und Erziehungsarbeit mindestens den gleichen Rang einzuräumen wie anderen Berufsarbeiten.

„Versöhnung zwischen Mensch und Markt"

Wer diesen modernen Herausforderungen ehrlich begegnen wolle, müsse dafür Sorge tragen, daß der Ausgleich zwischen Wirtschaftswelt und Familienwelt möglich wird. Die drei großen Z der Erziehungsarbeit, die Pestalozzi formulierte – Zeit, Zuwendung, Zärtlichkeit – müssen, so das Manifest, „in den Raum der eigenen Entscheidung, mithin der persönlichen Freiheit gestellt werden können. Die Orte unserer Gefühlskultur dürfen nicht wirtschaftlich eingeebnet oder funktionalisiert und der emotionale Stabilitätsraum Familie darf nicht weiter besetzt werden. Es muß Freiräume vor der „totalitären Arbeitswelt" (Josef Pieper) geben". In diesem Sinn müßten die sozialen Streßfaktoren, denen Familien mit Kinder und vor allem Alleinerziehende ausgesetzt seien, abgebaut werden und dafür müsse insbesondere die Erziehung in der von den Eltern gewünschten Form materiell abgesichert werden – sei es durch ein eigenständiges Erziehungseinkommen, sei es durch öffentliche Kinderbetreuung in Kombination mit einer familienorientierten Gestaltung der Erwerbswelt. Wörtlich heißt es: „Die Politik muß Wege finden der Versöhnung zwischen der Arbeit für die Person in Haus und Familie auf der einen und der Arbeit für die Produktion in Büro, Fabrik und Verwaltung auf der anderen Seite. Es geht um die Versöhnung zwischen Mensch und Markt. Der Königsweg zur Versöhnung zwischen Mensch und Markt geht über die Familie, über die Anerkennung der Leistung der Eltern."

Diese Initiative verläßt sich offenbar nicht darauf, daß die Politik etwas tut. Sie tut selber etwas. Und sie wissen, was sie tun und warum. Der ehemalige Verfassungsrichter Paul Kirchhof zeigte die Kausalkette auf: „Ohne Familie keine wirksame Erziehung, ohne Erziehung keine Persönlichkeit, ohne Persönlichkeit keine Freiheit." Selbstbewußte Frauen forderten, daß Wirtschaft und Gesellschaft das Frau-Sein akzeptiere, mithin die Mütterlichkeit. Die Feministin Greer plädierte überraschend für „das Recht auf Mütterlichkeit", das den Frauen so oft vorenthalten werde. Eine Hausfrau und Mutter zitierte den Papst: „Erziehung ist Beschenkung mit Menschlichkeit" und faßte zusammen: Müttern und Vätern muß wieder „die Möglichkeit gegeben werden, Menschlichkeit zu schenken. Sie brauchen dazu Zeit, Wissen und Engagement. Das sollte ihnen die Gesellschaft nicht nur gönnen, sie schuldet es ihnen". Die Kinder- und Jugendlichenpsychotherapeutin Christa Meves unterstrich solche Sätze noch wissenschaftlich durch einen Vortrag über die Ergebnisse der Hirnforschung in den USA. In Europa neigt man offenbar dazu, sich solchen Erkenntnissen zu versperren. Jetzt bringen Bürger – immerhin repräsentierten die Verbände und Vertreter mehrere Millionen Menschen in Europa – diese alten Weisheiten wieder zurück. „Stärker als jede Armee ist eine Idee, deren Zeit gekommen ist", meinte Viktor Hugo einmal. Da ist so eine Idee – eine Idee mit Zukunft, der Politik und Wirtschaft sich auf Dauer nicht werden verschließen können.

Drei Forderungen an die Politik

Von dem deutsch-französischen Grenzgänger Heinrich Heine stammt der Satz: Für die Taten Robespierres ist der Gedankenmann Rousseau verantwortlich. Analog kann man aber auch sagen: Für die Radikalisierung einer Demokratie und das Ausbluten eines Sozialstaates ist die Gedankenarmut der Politikerklasse verantwortlich. Aber noch ist Deutschland kein Wintermärchen, noch gibt es Anlaß zu Zuversicht – dank Karlsruhe, dank der um sich greifenden Diskussion um das Erziehungsgehalt. Allerdings lebt die Familie heute, bildlich gesprochen, unter dem Fallbeil, sie liegt trotz der Karlsruher Urteile noch in der finanziellen Guillotine. Die Urteile müssen noch nach ihrem Geist, nicht nach dem Geiz der Regierungen umgesetzt werden, ein Erziehungslohn muß noch eingeführt, die umlagefinanzierten Sozialsysteme reformiert werden. Aber es zeichnet sich ab: Im Mittelpunkt der künftigen gesellschaftspolitischen Auseinandersetzung wird die Familie stehen und wer hier kein inhaltliches Programm, kein Profil vorzuweisen hat, der verdient das Schicksal, das Dante in seiner göttlichen Komödie den Lauen zuweist: Die Hölle. Die Opfer aber dieses Systems, die jungen Familien, werden sich mit der Situation nicht abfinden. Konrad Adam sieht voraus: Entweder wird das Sozialwesen gemäß den Vorgaben, die das Bundesverfassungsgericht in zahlreichen Urteilen präzise ausgerechnet hat, reformiert. Oder es wird, falls für eine solche Reform keine Mehrheit zustande kommt, das Familienwahlrecht eingeführt. „Sollte die Regierung sowohl zum einen wie auch zum anderen zu schwach oder zu ängstlich sein, dann bleibt der Jugend das Notrecht auf Auswanderung. Das braucht der Staat weder zu garantieren noch zu reformieren: das nehmen sich die jungen Leute selbst." Die Globalisierung macht es heute leichter als früher.

Drei Thesen könnten die bisherigen Ausführungen zusammenfassen: Die soziale Struktur Deutschlands ist im Wandel. Das Wort Adenauers „Kinder kriegen die Leute immer" gilt nicht mehr. Die Erziehungsleistung lastet auf immer weniger Schultern, sie ist aber gesellschaftlich nötig, schon wegen der sozialen Umlagesysteme. Kinder werden immer mehr zum öffentlichen Gut. Die Leistungen der Eltern werden vergesellschaftet, die Kosten aber bleiben überwiegend privat. Daraus resultiert eine Gerechtigkeitslücke, die immer größer wird und auf die das BVG mehrfach hingewiesen hat, zuletzt sogar und erstmals mit einer Frist. Zu der finanziell materiellen Gerechtigkeitslücke gesellt sich die politische. Eltern wählen nur für sich, vertreten aber ihre Kinder, also mehr Personen. Hier ist eine wählerpolitische Ungleichheit, die zukunftsgewandte Politiker (z. B. Alt-Bundespräsident Herzog) mit der Forderung nach der Einführung eines Familienwahlrechts beheben wollen. Die Forderung an die Politik lautet also:

Füllt endlich und wirklich die Gerechtigkeitslücken zwischen Familien mit Kindern und den Kinderlosen.

Der Slogan der Politik in Sachen Familienpolitik – in Deutschland redet man lieber von Frauenpolitik, was auch die konzeptionelle Rückständigkeit der parteipolitischen Ideenfabriken decouvriert – reduziert sich auf die Formel: Familie und Beruf. Man(n)/frau sieht als Ziel der Politik die Vereinbarkeit von Familienarbeit und Erwerbsarbeit. In diesem Zusammenhang wird die Erwerbsarbeit eindeutig höher bewertet, obwohl es bei ihr mehr um Produktion, bei der Familien-und Erziehungsarbeit dagegen mehr um Personen geht. Geradezu hysterisch reagiert man auf Vorschläge, die die Präsenz der Erziehungsleistenden zu Hause fördern. Diese Präsenz gehört zu den neuen Tabus der postmodernen Börsengesellschaft. Sie paßt nicht in das Denken der politischen Deutschland AG. Aber die Erziehungsarbeit hat nicht nur privaten, sondern auch öffentlichen Charakter. Sie ist notwendig für die Zukunft der Gesellschaft. Sie muß daher professionalisiert werden. Die Forderung lautet also: *Nicht nur Familie und Beruf vereinbaren, sondern auch Familie als Beruf anerkennen. Und entsprechend honorieren. Modelle dafür liegen bereits auf dem Tisch.*

Der demographische Wandel ist als politische Größe lange verdrängt worden. Das hat mit der Geschichte Deutschlands zu tun. Andere Länder, z. B. Frankreich oder Skandinavien, verhalten sich da sachlicher und komplexfreier. Die Green-card-Debatte zeigt wie ein Wetterleuchten auf, daß dieser seit mehr als 20 Jahren bekannte Wandel auch Folgen für die Volkswirtschaft hat. Für den permanenten wissenschaftlichen Fortschritt ist vor allem die Altersgruppe der 18- bis 35jährigen bedeutsam. Sie wird aber in den nächsten zehn bis zwölf Jahren halbiert (Josef Schmid, Universität Bamberg). Deutschland werden zunehmend die Fachkräfte fehlen, nicht nur im IT-Bereich. Die Zuwanderung ist ein mehrfaches Risiko, zum einen integrationspolitisch, zum anderen, weil die „richtigen", das heißt die wirtschaftlich notwendigen Zuwanderer vielleicht gar nicht nach Deutschland kommen wollen, sondern nach Nord- oder Südeuropa oder auch nach Amerika gehen. Daraus ergibt sich für zukunftsdenkende Politiker eine Forderung:
Schluß mit den historischen Vorbehalten und Komplexen. Familienpolitik darf und muß auch geburtenfördernd sein.

Alle oder keiner, das ist der Slogan der Solidarität. Für die Gerechtigkeit gibt es auch einen: Jedem das Seine. Solange nahezu alle Bürger Familie und Kinder hatten, also bis in die 60er Jahre, war die Schieflage in puncto Gerechtigkeit kaum merkbar. Seit die Zahl der Familien mit Kindern sinkt, steigt die Gerechtigkeitsfrage wie ein Massiv aus den Fluten. Wenn sie nicht beantwortet wird, indem die Familien Leistungsgerechtigkeit erfahren – gerechter Lohn für die Leistung, die sie erbringen – , wird mit der sinkenden Zahl der Familien auch der Pegel der Solidarität sinken. Solidarisch sein kann nur, wer selber Solidarität erfahren hat. „Mit der Liebe, mit der ihr euch um uns kümmert und uns erzieht, mit dieser Liebe werden wir euch später pflegen" – so lautete vor Jahren ein Thema für eine Tagung der Deutschen Liga für das Kind. „Do ut des" nannte man diesen Lebensgrundsatz früher in der Politik. Mit der von der Politik verweigerten Wahlfreiheit zwischen Familienarbeit und Erwerbsarbeit wird der Pegel weiter sinken bis das Boot, in dem wir alle sitzen, auf dem Trockenen liegt. Auch die von der Politik – in allen Parteien – so eifrig betriebene angebliche Vereinbarkeit von Familie und Beruf, umgesetzt in teure Betreuungseinrichtungen und Ganztagsschulen, ist de facto eine Förderung der Doppelbelastung der Frau, sie bedeutet kein Ende des Sklavendienstes von Eltern für die Gesellschaft der „strukturellen Rücksichtslosigkeit". Die Förderung der Doppelbelastung zieht auch eine Belastung für das Miteinander, genauer: Gegeneinander von Jung und Alt nach sich. Die Politik ist gefordert. Friedrich Lists empörter Ruf („Wer Schweine erzieht, ist ein produktives, und wer Menschen erzieht, ein unproduktives Mitglied der Gesellschaft") ist vom Leben längst widerlegt. Die Politik sollte das endlich nachvollziehen. Jedem das Seine, sonst bleiben mit der Familie alle auf der Strecke.

Teil IV
Ausblick

Von Martine und Jürgen Liminski

Mythos Familienglück

Familie als Ort der Freundschaft und des Friedens

Alles Glück ist Liebe.

Josef Pieper

In der immer stärker anschwellenden Diskussion um Wohl und Wehe der Familien in Deutschland geht es meist um materielle Aspekte. Die Ungerechtigkeit gegenüber der Familie hat in unserem Gemeinwesen in der Tat zu tun mit der materiellen Ausbeutung der Familie durch das derzeitige Steuer- und Sozialsystem. Und wenn es mal um das Glück geht, das man in der Familie erfahren kann, dann herrscht Ratlosigkeit. Was ist Familienglück? Ist es eine Ware, kann man sie kaufen? Ist es ein Mythos, der mit dem Wandel der sozialen Strukturen und des Denkens in der Überflußgesellschaft in weite Ferne rückt wie alte Göttersagen? Oder ist es doch eine Tatsache von heute, eine Tatsache, die jenseits der Gerechtigkeitslücke das Leben in der Familie nicht nur erträglich, sondern auch als echte Lebensalternative, als pralles Leben erstrebenswert macht? Um es vorweg zu nehmen: Der Autor dieser Zeilen ist, auch dank eigener Erfahrung, davon überzeugt, daß die so oft totgesagte „traditionelle" Familie lebt und daß man in ihr das Glück finden kann.

Familienglück – ein Mythos? In der kurzen Frage stecken drei Begriffe. Der erste, das Glück. Über Glück ist viel geredet worden, seit der ursprüngliche Ort seiner Ausgestaltung, das Paradies, zwangsgeräumt wurde. Die Definitionen sind vielfältig. Relativ neutral ist die Begriffsbestimmung im Großen Brockhaus: „Glück – gesteigertes Lebensgefühl, in dem der Mensch mit seiner Lage und seinem Schicksal einig und sich dieser Einhelligkeit gefühlsmäßig bewußt ist. Er glaubt, seine wesentlichen Wünsche seien erfüllt, innere Unstimmigkeiten scheinen gelöst. Dieses Lebensgefühl kann alle Stufen vom Sinnlichen bis zum Sublim-Geistigen durchlaufen. In vertieftem Sinn erscheint es als wunschloses Glück, als ein Zustand unüberbietbarer

Erfülltheit. Im philosophischen Sprachgebrauch ist „Glückseligkeit" der Name für das höchste natürliche Ziel des Menschen."

Der zweite Begriff, die Familie. Hier wird die Begriffsbestimmung kompliziert. Zwar bietet der Brockhaus dem deutschen Bildungsbürger auch hier eine Definition, indem er sie bezeichnet als „die Lebensgemeinschaft der Eltern, meist als Ehepartner, und ihrer unselbständigen Kinder", aber er macht auch aufmerksam auf die zahlreichen Formen in der heutigen Welt. In diesem Zusammenhang lohnt es, einen interessanten Bildband durchzublättern, er heißt „1000 Familien". Aus ihm ist bildlich zu ersehen, daß, wie auch das „Lexikon der Politik" in Band 7 (Politische Begriffe), es definiert: „die Familie als kleinste Form des gesellschaftlichen Zusammenschlusses vielfach auch als Keimzelle der Gesellschaft selbst gilt". Im übrigen kennen die Ethnologen rund 100 Definitionen von Familie.

Lebensraum der Gefühlsbeziehungen

Im jüdisch-christlichen Kulturkreis galt lange Zeit unumschränkt die bereits zitierte Definition: „Ein Mann und eine Frau, die miteinander verheiratet sind, bilden mit ihren Kindern eine Familie. Diese Gemeinschaft geht jeder Anerkennung durch die öffentliche Autorität voraus; sie ist ihr vorgegeben. Man muß sie als die normale Beziehungsgrundlage betrachten, von der aus die verschiedenen Verwandtschaftsformen zu würdigen sind. Im Wort Beziehungsgrundlage klingt übrigens entfernt an, was Schelsky den Funktionsverlust der Familie nennt. Er meint damit, daß die Familie im Lauf der letzten 150 Jahre, also seit der Industrialisierung und der entstehenden Sozialgesetzgebung, mehr und mehr die Aufgaben der wirtschaftlichen Erhaltung, der Daseinsvorsorge bei Krankheit, Invalidität, Alter usw. verloren oder an den Staat abgegeben habe und daß sie sich zunehmend auf die Funktionen der Zeugung des Nachwuchses, seiner Sozialisation und auf die Pflege der innerfamiliären Intim-und Gefühlsbeziehungen beschränke. Darin könne man eine Entlastung der partnerschaftlichen Ehe sehen, aber auch eine Gefährdung der Stabilität der Familie als Institution. Die Beobachtung lohnt das Weiterdenken. Es geht in der Tat um die Hauptfunktion, die Pflege der Gefühlsbeziehungen.

Doch zunächst Mythos. Das ursprünglich griechische Wort bedeutet Erzählung, Rede, Sage. Aristoteles macht auf den Unterschied zwischen Mythos und Logos aufmerksam, wenn er dem Mythos die Erzählung und Vorstellung zuordnet, dem Logos, der Philosophie aber „das Reden in Beweisen". Der neue Brockhaus präzisiert: „Mythen sind meist Erzählungen, die letzte Fragen des Menschen nach sich und seiner als übermächtig und geheimnisvoll und von göttlichem Wirken bestimmt empfundenen Welt artikulieren und dieses Ganze von seinen Ursprüngen her verständlich zu machen suchen – ganzheitliches Weltverständnis ... So kreisen sie um zentrale Ereignisse und Situationen des menschlichen Lebens wie Geburt, Pubertät, Ehe und Familie, Liebe und Haß, Treue und Verrat, Strafe und Vergeltung, Krieg und Frieden, Krankheit und Tod ...".

Wir können Gemeinsamkeiten feststellen zwischen allen drei Begriffen: Glück, Familie und Mythos entspringen dem Herzen, Logos und Philosophie dem Verstand. Das Herz aber, so schreibt Blaise Pascal, kennt Gründe, die der Verstand nicht begreift. Im Herzen fallen die wesentlichen Entscheidungen des Menschen. Das Herz ist keine Gefühlsmaschine. Es ist, für Christen zumal, der Hort der Wahrheit, der Ort des Glaubens. Das Herz ist, als „die Entscheidungsmitte des Menschen", wie Josef Pieper sagt, oder als „Zentrum der inneren Persönlichkeit" nach einem Wort von Alfred Sonnenfeld, der eigentliche Ort des Glaubensaktes, die wahre Heimat des Glaubens in uns. Deshalb verlegt die Heilige Schrift die Gottlosigkeit nicht in den Verstand, sondern ins Herz. „Dixit insipiens in corde suo: Non est Deus – Es sprach der Tor in seinem Herzen: Gott ist nicht", so lesen wir im Psalm 13,1. Die Erfahrung oder Enthüllung der Wirklichkeit, also die Wahrheit und ihre persönlich geistige Verarbeitung ist eben nicht nur eine Sache des Verstandes. Aus dieser Klugheit des Herzens resultiert, was die Alten die Lebensweisheit nennen. Nicht selten ist es die Weisheit der Kleinen und Demütigen, jener, die im Gebet, manchmal auch im Studium, auf jeden Fall im persönlichen, vielleicht auch alltäglichen Umgang mit Christus, in ihrem Herzen die Liebe zur Wahrheit leben und erfahren. Und was für eine Tiefe lotet in diesem Zusammenhang das Wort aus „sie trägt das Kind unter dem Herzen"!

Urgefühl der Sicherheit

„Die Geschichte eines jeden Menschen ist vor allem in das Herz der eigenen Mutter eingeschrieben", schreibt Johannes Paul II. am 1. Januar 2000 in seiner Botschaft zum Jubeljahr. Das Herz ist auch das Zuhause der Liebe und hier ist die Wurzel für das ganzheitliche Weltverständnis, für den Mythos vom Familienglück. Familie ist eine Herzensangelegenheit, sie ist die Beziehungsgrundlage des Lebens, sie ist der Raum, in dem Liebe lebt. Für die Kirche ist sie das Abbild der Dreifaltigkeit, in der die Liebe selbst Person ist. Kann es eine größere Würdigung für die Bedeutung und Wirksamkeit der Liebe geben?

Der Bamberger Pädagoge und Psychotherapeut Reinhold Ortner formuliert die Bedeutung der Liebe für die konkrete Erziehung so: „Wenn die familiäre Atmosphäre eines Kindes destabilisiert wird oder zerfällt, hinterläßt dies in der Psyche des betroffenen Kindes Angst vor Geborgenheits- und Liebesverlust. Existentielle Angst frißt sich fest. Jeder von uns braucht zu seiner psychisch gesunden Entwicklung ein seelisches Immunsystem. Dieses baut sich durch eine Grundnahrung aus Liebe, Zuwendung, Verständnis, Geborgenheit und Nestwärme auf. Vater, Mutter, Geschwister, Großeltern und andere Bezugspersonen müssen Tag für Tag dem Kind diese Grundnahrung schenken. Ein Kind braucht liebende Menschen, die in Liebe und Treue eine enge Verbundenheit bilden, die es in ihrer Mitte annehmen und damit in sein Herz das Urgefühl existentieller Sicherheit einsenken."

Dieses Urgefühl beginnt schon vor der Geburt. Denn heute gibt es zwei Arten von Kindern: das gewünschte Kind und das unerwünschte. Übrigens heißt es auch: Das Wunschkind und der Kinderwunsch, einmal der Singular und dann der Plural. Sagen läßt sich auch dies: Geplant oder gewünscht ist nicht immer gleich geliebt. Die oft gehörte Behauptung, eine erfolgreiche Erziehung sei nur bei einem gewissen materiellen Minimum und der also entsprechend kleinen Zahl von Kindern möglich, ist nicht zu belegen. Materieller Wohlstand ist sicher notwendig, aber nicht hinreichend. Für den besten Beitrag zur familiären Herzlichkeit und Wärme sorgen die Kinder oft selbst.

Wir haben zehn Kinder. Denen, die uns fragen, ob wir die alle geplant hätten, sagen wir nein. Aber wir haben sie alle vom ersten Augenblick an geliebt, wenigstens willentlich. Und denen, die von der

Zahl beeindruckt meinen, das sei eine tolle Familie, sagen wir: Vielleicht. Denn es kommt nicht auf die Zahl an. Nicht die Zahl konstituiert Familie, sondern die Qualität der Beziehungen. Freilich gilt auch: Ohne Mehrzahl kaum oder keine Beziehungen. Bei einem Kind gibt es drei Beziehungen, bei zwei schon sechs, bei drei bereits zehn. Man muß der Familie, den Kindern, auch die Chance zur Qualität geben und deshalb ist eines der größten Geschenke, die Eltern ihrem Kind machen können, daß sie ihm Geschwister schenken. Damit schenken sie Beziehung, potentielle und reale Liebe, Nestwärme, Kraft zum Leben.

„Die Familie verfügt über große schöpferische Kräfte", schreibt der amerikanische Soziologe Robin Skynner, „zerfällt sie, wächst ihr ein ähnlich großes Potential an Zerstörungskraft zu". Es ist die Lebensform, die der Natur des Menschen entspricht, seinen Hoffnungen und Sehnsüchten, seinem Durst nach Liebe, seinem Hunger nach Anerkennung in der Gemeinschaft, seinem Bedürfnis nach Intimität, die Geborgenheit schenkt und Gefühl für existentielle Sicherheit.

Glück – Nebenwirkung der Sinnerfüllung

Die Meinungswissenschaftlerin Elisabeth Noelle-Neumann hat auf dem 19. Internationalen Familienkongreß in Luzern in einem beachtlichen Vortrag zu Familie und Glücksforschung darauf hingewiesen, daß Selbstbewußtsein die wichtigste Quelle des Glücks ist und daß starke Persönlichkeiten besonders intensive Familienmenschen sind. Die Familie ist, so formulierte es der schweizer Soziologe Professor Gross, „die Thermopumpe für die Gesellschaft". Umgekehrt ist zu konstatieren, daß eine Scheidungsrate von 40 Prozent ein ungeheures Zerstörungspotential freisetzt und Menschen in eine Eiswüste führt. Zahlreiche Umfragen in Amerika und von Allensbach in Deutschland haben ergeben, es unter Geschiedenen einen besonders hohen Anteil an Unglücklichen gibt. Aber auch ganz allgemein, daß verheiratete Menschen sich glücklicher fühlen als Unverheiratete und daß Menschen mit Kindern im Haushalt glücklicher sind als Menschen ohne Kinder.

Das erklärt sich auch aus den Kernbefunden der Glücksforschung. Demnach hängt Glück zusammen mit Freiheit, Aktivität, Interesse und Verantwortung, wie Wilhelm Haumann vom Institut für Demoskopie Allensbach bei einer Tagung der Konrad-Adenauer-Stiftung erläuterte. „Glücklich," so Haumann, „werden am leichtesten Menschen, die sich frei für etwas entscheiden können, die Verantwortung übernehmen und aktiv sind, sich dabei aber zugleich ein breites Interessenspektrum bewahren". Wo geschieht das mehr als in der Familie? In der Familie ist das Engagement sachlich und emotionell außerordentlich hoch. In der und für die Familie übernimmt der Mensch Verantwortung und entfaltet er Aktivitäten, die sich kaum mit Berufstätigkeiten vergleichen lassen. Deshalb läßt sich leicht erklären, warum bei allen Unwägbarkeiten des statistischen Materials nach Haumann eines ganz deutlich feststeht: „Glücklich werden eher die Engagierten, die sich informieren, die sich entscheiden und dann aktiv für etwas einsetzen. Bei diesem Einsatz geht es dann fast nie um den Hintersinn ‚ich will glücklich werden', sondern fast immer um die Sache selbst, die ganz einfach zum aktiv verwirklichten Selbstzweck wird." Das decke sich mit den Erkenntnissen des großen Psychologen Viktor Frankl, der das Glück aufgrund seiner Studien an Einzelfällen zu einer „Nebenwirkung" der Sinnerfüllung erklärte.

Es ist immer noch so, daß Glück im allgemeinen Bewußtsein mit Familie assoziiert wird. Für 71 Prozent der Deutschen gehört „ein glückliches Familienleben" zum Glück schlechthin. Übertroffen wird der Wert nur noch von der Freiheit von allen Sorgen, insbesondere der finanziellen. Ein Schaufenster dieses allgemeinen Bewußtseins ist die Werbung. Eine Bank wirbt seit einiger Zeit mit diesem Spruch: „Glück hat nicht primär etwas mit Geld zu tun. Aber mit der Gewißheit, daß sich Profis damit beschäftigen." Zwischen beiden Sätzen das Foto von einer Frau und einem Mann sitzend in einem Bett, im Schoß auf der Bettdecke ein Baby. Hier wird Familie, vielleicht sogar die traditionelle, dargestellt als das primäre Glück, die Bank liefert ein Stück Geborgenheit, indem sie für das materielle Wohlergehen sorgt. Man könnte vermuten, daß die Werbeleute, die diese Sätze entworfen haben, die Umfrage von Allensbach studiert haben.

Andere Umfrageinstitute kommen zu ähnlichen Ergebnissen. Nach Emnid sind den meisten Deutschen „ideelle Werte" wichtig. Und „die Familie vermittelt diese Werte am besten". Meist seien es kon krete, persönliche Erfahrungen, die zu diesem Urteil führten. Jedenfalls nennen die Deutschen auf die Frage „welche Menschen oder Institutionen sind Ihrer Meinung nach am wichtigsten, um Werte zu vermitteln" 96 Prozent „die Eltern" an erster Stelle und 69 Prozent „Lehrer" an zweiter. Abgeschlagen auf Platz drei bis fünf landen Vorgesetzte (29 Prozent), Kirchen (23 Prozent) und schließlich die Medien mit 18 Prozent, was eher beruhigend ist.

Familie führt zur wahren Freundschaft

Eine Feldumfrage im Hause Liminski bestätigt diese Einschätzung. Auf die Frage, was ist für dich Familienglück, antwortete Mimi, zehn Jahre alt: „Meine Geschwister", Gwenael, zwölf Jahre, („Ich bin die Nummer neun") schon etwas allgemeiner und abstrakter: „Ganz viele Brüder und Schwestern"; Momo, 15 Jahre und das schulische Ausnahmekind: „Familienglück, das ist Gemeinsamkeit und Bereicherung durch Lob und Kritik." Arnaud, 19 Jahre, meinte: „Kinder und Kommunikation", seine Freundin Ini, 17 Jahre: „Kinder und finanzielle Absicherung", David, 21: Zusammenhalt, gegenseitige Unterstützung, Schutz. Und Annabelle, heute 28, zusammenfassend und fast mit den gleichen Worten wie die Mutter: „Familienglück, das ist Geborgenheit und selbstlose Liebe. Man braucht nichts zu leisten, um geliebt zu werden, man hat Rollen, spielt aber keine. Man lebt in Beziehungen der Liebe, sie sind immer tiefer als Beziehungen zu Freunden." Vanessa, verheiratet und in Spanien lebend, ergänzt: „Vertrauen, vertrauliches Gespräch, Zärtlichkeit, Respekt vor dem anderen."

Es geht nicht nur um das genetische Bad. Hier kommen Aspekte und Verhaltensmuster um das Glück ins Spiel, die sich schwer messen lassen und die auch über das persönliche Empfinden und Befinden hinausgehen: Die selbstlose Liebe, das Angenommen-sein um der Person willen, ganz gleich was sie hat oder leistet, wie sie aussieht oder was sie tut; Geborgenheit, Vertrauen, Schutz. Es gibt ein menschliches Grundbedürfnis nach dieser selbstlosen Liebe. Die Erfüllung dieses natürlichen Grundbedürfnisses erzeugt ein Glücksgefühl. Es ist die Übereinstimmung der inneren Sehnsucht mit dem Sein. Diese Übereinstimmung schenkt die Liebe.

„Alles Glück ist Liebe", sagt Josef Pieper. Liebe ist eine schöpferische Tat, eine Beziehungstat. Sie prägt und gestaltet das Verhältnis von zwei Personen zueinander, sie schafft existentielle Nähe. Die dauerhafte Befriedigung dieses Naturbedürfnisses geschieht in der Familie. Es gibt keinen anderen Ort in der Gesellschaft, an dem eine so selbstlose und tätige Liebe möglich ist. Deshalb ist die Familie auch unverzichtbar für den Menschen und für die Gesellschaft.

Familie führt zur wahren Freundschaft. Auch diese ist ein Ergebnis selbstloser Liebe, man will das Gute für den anderen, bedingungslos. Thomas von Aquin beschreibt diese Liebe in seiner Aussage zur Freundschaft: „Nach dem Philosophen Aristoteles ist nicht jede Liebe auch eigentliche Freundschaft, sondern nur diejenige Liebe, welche mit Wohlwollen gepaart ist, d.h. wenn wir jemanden so lieben, daß wir Gutes für ihn wollen. Wenn wir aber den geliebten Wesen nicht Gutes wollen, sondern gerade ihren Eigenwert für uns haben wollen, wie man sozusagen den Wein liebt oder Pferde oder etwas dergleichen, so ist das nicht Liebe der Freundschaft, sondern irgendeines Begehrens, denn es wäre lächerlich zu behaupten, man habe Freundschaft mit dem Wein oder mit einem Pferd. Aber auch Wohlwollen genügt noch nicht zur Kennzeichnung der Freundschaft, sondern es ist ein gegenseitiges Sichliebhaben erforderlich … Ein solches gegenseitiges Wohlwollen aber gründet in Gemeinsamkeit."

Im Fall der Familie ist diese Gemeinsamkeit biologisch, ja genetisch. Sie umfaßt das Wesen und deshalb geht die familiäre Freundschaft auch so tief. Tiefer geht nur noch die Gemeinsamkeit der Lebensphilosophie, sofern sie, wie Thomas weiter ausführt, in der Gottesliebe gründet. Er bezeichnet die Gottesliebe auch als „eine Art Freundschaft des Menschen mit Gott". Und einige Quaestiones weiter sieht er in der Selbstlosigkeit der Mutterliebe ein Zeichen für die Liebe Gottes zu den Menschen, „weil die Mütter, deren Liebe die größte ist, mehr daran denken zu lieben, als geliebt zu werden".

Hier stehen wir an der Quelle des Familienglücks, des aktiv erworbenen und des passiv geschenkten. Die Liebe macht den Menschen aus und deshalb ist Erziehung auch in diesem Sinn „Beschenkung mit Menschlichkeit" und die Eltern „Lehrer ihrer Kinder in Menschlichkeit". Dieses Geschenk können Schullehrer oder Kindergärtnerinnen nicht geben. Allerdings gelangen auch viele Eltern zunehmend an die Grenze ihrer Schenkungskapazität, weil sie nicht genug

Zeit haben oder sie sich nicht nehmen, um ihren Kindern diese Liebe angedeihen zu lassen. Liebe braucht Zeit. Der große Pädagoge Pestalozzi hat wohl gewußt, was er sagte, als er sein Lebenswerk in den drei großen Z zusammenfaßte: Zeit, Zuwendung, Zärtlichkeit. Die Zeit ist dabei die Voraussetzung für die beiden anderen und die Kinder spüren, ob die Eltern Zeit widmen wollen oder nicht.

Familie versus Ich-Gesellschaft

Es gibt viele Arten von Gemeinschaftserlebnis. Das gemeinsame Essen zum Beispiel. Wenn Geschwister eine Mahlzeit vorbereiten, dann nicht nur der Gaumenfreuden wegen. Und es gehört zu den traurigen Erfahrungen von Kindern aus Mehr-Personen-Haushalten, daß man sie nicht versteht, wenn sie ihr Interesse für das Wohlbefinden von anderen bekunden. Ein anderes Solidarerlebnis ist das Gebet. Wer für andere betet, der ist solidarisch in einem Sinn, der an die Tiefe der Existenz rührt. Deshalb droht eine Gesellschaft, in der nicht mehr gebetet wird, zu verflachen und zu zerfallen. Eine Mutter, die mit ihrem Kind für andere betet, übt Solidarität, stiftet Gemeinsinn und Gespür für Selbstlosigkeit, wie es wohl keine andere Schule vermag.

Freundschaft, Intimität, Geborgenheit, Liebe – aus solchen Bändern des Herzens wird der Kranz der Ehe und der Familie geflochten. Daß das eine oder andere Band mal reißt, wer will darüber richten? Nur: Wenn alle Bänder reißen, richtet sich die Gesellschaft zugrunde. An der Familie liegt es nicht. Im Gegenteil, sie, die „Urzelle des gesellschaftlichen Lebens" (Katechismus 2207), oder der „natürliche und fundamentale Kern" der Gesellschaft, wie es in der Allgemeinen Menschenrechtserklärung heißt, sie könnte auch diese vom Virus des Individualismus bis aufs Mark geschwächte Gesellschaft retten – wenn man sie nur ließe.

Aber gleichzeitig mit der sich verändernden Sozialstruktur ist im Denken der Menschen – nicht nur in der Politik – die Bedeutung von Ehe und Familie gesunken. Anfang der 60er Jahre meinten 79 Prozent der Deutschen, man brauche eine Familie zum Glück und 17 Prozent meinten, alleine könne man genauso glücklich sein. Heute ist die Zahlenrelation 63 zu 37, auch wenn für 84 Prozent der Deutschen Familie kein Auslaufmodell sondern die angestrebte Lebensform im Leben ist. Gleichzeitig wächst die Zahl der nichtehelichen Gemeinschaften, in Deutschland sind es mittlerweile mehr als ein Drittel aller Partnerschaften. Die Soziologen sprechen von der „Pluralisierung privater Lebensformen" und dem „Monopolverlust der Familie". Rund 90 Prozent aller verheirateten Paare haben bereits vor der Hochzeit zusammengelebt, die sogenannte „Partnerfluktuation", die steigenden Scheidungszahlen (trotz sinkender Eheschließungen; der Anteil der nie in ihrem Leben Heiratenden liegt in Deutschland mittlerweile bei 40 Prozent) und die wachsende Zahl von Singles oder Ein-Personen-Haushalten besonders in den größeren Städten (bisweilen mehr als die Hälfte) sind alarmierende Zeichen einer „Ich-Gesellschaft". Ihr herausragendes Merkmal ist der Egoismus, die Ich-Bezogenheit ihrer einzelnen Mitglieder. Aber, auch das hat die Glücksforschung ergeben, die Kehrseite der Spaß- und Genußgesellschaft sind Langeweile, Lebenszweifel, Unglücksgefühle. Wer sich nur für sich selbst engagiert und nur die Genuß- und Lustmaximierung als Aufgabe betrachtet, der entbehrt eines Sinnes, der über das eigene Leben hinausweist und daher den Einsatz bremst. Das muß nicht gleich der Einsatz „um des Gottesreiches willen" sein, es kann auch das Engagement für soziale Ziele sein. Aber auch das muß der Mensch lernen.

Wegen der Geborgenheit in der selbstlosen Liebe ist die Familie auch der gesunde Nährboden für die Sozialisierung der Person, der „geistige Schoß" (Thomas von Aquin) des Menschen für das Hineingeboren-werden und Hineinwachsen in die Gesellschaft. Es ist der Ort der Solidarität, eine Chiffre der Soziologen für Liebe. „Aus der Familie erwächst der Friede für die Menschheitsfamilie", schrieb Papst Johannes Paul zum Jahr der Familie 1994. Es mag pathetisch klingen, aber es geht mit der Familie auch um die Zukunft der Nationen. Johannes Paul II. sagt es so: Die innere Freiheit und Souveränität der Familie „ist für das Wohl der Gesellschaft unerläßlich. Eine wahrhaft souveräne und geistig starke Nation besteht immer aus starken Familien, ... Die Familie in eine untergeordnete und nebensächliche Rolle zu versetzen, sie aus der ihr in der Gesellschaft gebührenden Stellung auszuschließen, heißt, dem echten Wachstum des gesamten Sozialgefüges einen schweren Schaden zufügen".

Hier ist der Zusammenhang angezeigt zwischen dem Glück der Familie und dem der Gesellschaft. Die Utilitaristen, allen voran der Brite Bentham, aber vor ihm auch schon der große Ökonom Adam Smith, begründen ihr Konzept vom Sittengesetz mit einer numerischen Idee vom Gemeinwohl, wenn sie sagen, daß „das größte Glück der größten Zahl" der Inbegriff der verwirklichten Sittlichkeit sei. Wie immer man zu dieser Theorie steht, sie hat den Begriff des Glücks, happiness, im politischen Diskurs verankert – in Amerika sogar in der Verfassung als pursuit of happiness – und ist heute das beherrschende Prinzip im demokratischen Wohlfahrtsstaat.

Die Wahrheit macht frei – und glücklich

In der alten Lehre vom Gelingen des Menschseins war der Glücksbegriff freilich immer vorhanden. Aristoteles geht bei seinen Überlegungen über Ethik vom Streben nach Glückserfüllung aller Menschen aus. Aber er unterscheidet auch zwischen den sittlichen Persönlichkeitswerten, den Tugenden, und den Lustwerten. Lustwerte, so der Grieche, sind Glückswerte nur im Einklang mit den Persönlichkeitswerten. Das ist auch immer zugleich die Frage nach dem Sinn des menschlichen Lebens. Auch Augustinus geht solchen Fragen nach und kommt zu dem Ergebnis, daß der Mensch dadurch glücklich wird, wodurch er gut wird. Mit anderen Worten: Der Mensch kann nicht gegen die ihm in seiner eigenen Natur vorgegebenen Lebenszwecke oder gegen seine Natur als Mensch zur Lebenserfüllung gelangen.

Aber was passiert, wenn die Natur nicht anerkannt wird? Wenn die Natur des Menschen nicht existiert?, wie Sartre sagt, «la nature de l'homme n'existe pas». Dann gibt es kein Humanum und dann ist alles möglich. Schon Romano Guardini wies auf die Gefahr des „unmenschlichen" oder des „nicht-humanen Menschen" hin. In einer Studie, die Hans Urs von Balthasar Romano Guardini widmete, sieht der große Denker die „Unmenschlichkeit des Menschen" in einem unmittelbaren Zusammenhang mit dem Vergessen Gottes und der Anwendung einer nahezu gebieterischen aber auch irreführenden Technologie. Guardini schrieb mit einem Hauch von Prophetie: „Es ist für mich als ob unser ganzes kulturelles Erbe von den Zahnrädern einer Monstermaschine erfaßt würde, die alles zermalmt. Wir werden arm, wir werden bitterarm." Auch in seinem posthum erschienenen Werk „Die Existenz des Christen" beobachtet Guardini, wie der Geist als solcher krank werden kann. „Das geschieht nicht unbedingt nur dann, wenn der Geist sich irrt, sonst wären wir ja alle geistig krank, denn wir täuschen uns alle mal; noch nicht einmal, wenn der Geist häufig lügt; nein, der Geist wird krank, wenn er in seinem Wurzelwerk den Bezug zur Wahrheit verliert. Das wiederum geschieht, wenn er keinen Willen mehr hat, die Wahrheit zu suchen und die Verantwortung nicht mehr wahrnimmt, die ihm bei dieser Suche zukommt; wenn ihm nicht mehr daran liegt, zwischen wahr und falsch zu unterscheiden. Deshalb ist eine ‚Gehirnwäsche' auch ein Verbrechen von besonderer Grausamkeit, mehr zu fürchten als der Mord." Denn es ist die Menschlichkeit, die ermordet wird. So wie es die Menschlichkeit ist, die durch eine selbstlose Liebe geschenkt wird. Die Wahrheit macht frei, mithin glücklich.

Kein Papst der letzten Jahrhunderte hat sein Pontifikat so sehr der Familie gewidmet wie Johannes Paul II. Das hat natürlich mit der Notwendigkeit zu tun, die Familie vor der Auszehrung zu retten und zu revitalisieren. Seinem Impetus sind zahlreiche geistliche Bewegungen gefolgt, vor allem die Schönstatt-Bewegung. Sie haben erkannt, daß eine moderne Evangelisierung ohne Familienpastoral nicht auskommt, daß ein Apostolat ohne Bezug zu Ehe und Familie austrocknet, daß wahre Freundschaft auch ein eigenes Ziel der Liebe ist und kein Instrument für geistliche Ziele. Die Familie schafft die natürliche Synthese zwischen der antiken oder klassischen Ethik vom Gelingen des eigenen Lebens (eudaimonia) und einer universalistischen Sollensethik, wie wir sie seit Kant und der Aufklärung her kennen. Sie steht im Zentrum, sie ist die Brücke zwischen personalistischem und kollektivistischem Menschenbild. Deshalb ist sie auch der Ort, wo die Beziehung des einzelnen zur Gemeinschaft tief und rein sich zur Freundschaft, zum bedingungslosen Wohlwollen entwickelt.

Der Mythos vom Familienglück ist der Mythos vom gelungenen Lebensentwurf, ist die Vorstellung vom verwirklichten Lebenssinn. Das kann man erst am Ende des Lebens mehr oder weniger abschließend beurteilen. Deshalb bleibt es beim Mythos. Aber daß die Familie ein privilegierter Ort des Glücks ist, das ist eine Realität, eine naturgegebene Wirklichkeit.

Zu guter Letzt – eine kleine Literaturempfehlung

Das Themenpaar Familie und Erziehung gehört zu den Dauerbrennern der wissenschaftlichen und Lebenshilfe-Literatur. Auch im Hause Liminski wird einiges dazu gelesen, neuerdings nicht nur von den Eltern. Einer der pubertierenden Jungs nannte das mal „Feindbeobachtung". Wir halten es aber nicht für sinnvoll, eine lange Liste von Publikationen zu präsentieren. Vielmehr möchten wir hier nur eine kleine Handvoll Empfehlungen aussprechen, die freilich nicht erschöpfend ist. Aber die Autoren, von denen wir hier das eine oder andere Buch aufführen, finden wir gut.

Da wären zunächst aus dem Bereich der (Sinn-)Psychologie ganz summarisch zu nennen die späteren Wiener Schulen und ihre Ableitungen, also Viktor Frankl, Erich Fromm, Elisabeth Lukas. Expressis verbis aber und für einen weitestmöglichen Themenkreis die Autoren:

Reinhold Ortner: *Jeder Mensch – eine einmalige Liebesidee Gottes. Impulse zu religiösen Erziehung,* 96 S., Buttenwiesen 2001, *Kinder in psychischen Nöten. Wie können Eltern, Lehrer und Erzieher helfen?,* 128 S., Nettetal 1989;

Christa Meves: von ihren rund hundert Büchern seien genannt: *Erziehen lernen. Was Eltern und Erzieher wissen sollten,* 288 S., Gräfelfing 2. Aufl. 2000, *Eltern-ABC, Elemente einer christlichen Erziehung,* 180 S., Freiburg 3. Aufl. 1998, *Charaktertypen. Wer paßt zu wem?,* 160 S., Gräfelfing 2000;

Ross Campbell: *Kinder sind Persönlichkeiten. Hilfen zur geistlichen Reife,* 188 S., Marburg a.d. Lahn 2. bearb. Aufl. 2000, *Kinder sind wie ein Spiegel. Ein Handbuch für Eltern, die ihre Kinder richtig lieben wollen,* 120 S., Marburg a.d. Lahn 1999, *Teenager brauchen mehr Liebe. Ein Handbuch für Eltern, die ihre Teenager richtig lieben wollen,* 128. S, Marburg a.d. Lahn 1999.

Natürlich sind große Geister wie Pestalozzi, Montessori, Piaget, **Theodor Hellbrügge** (zusammen mit G. Döring): *Das Kind von 0–6,* München 9. Aufl. 1994 (vergriffen) oder (zusammen mit J. H. von Wimpffen): *Die ersten 365 Tage im Leben eines Kindes,* München 1976, aber auch Autoren wie

Thomas Gordon: *Familienkonferenz. Die Lösung von Problemen zwischen Eltern und Kind,* München 1989,

James Dobson: *Der große Familien- und Erziehungsratgeber,* 600 S., Stuttgart 1998,

Helmut Zöpfl: *Der kleine Erziehungsratgeber,* 175 S., Augsburg 1996 (vergriffen),

und, nicht zu vergessen, Josef Pieper mit seinen Büchern über christliche Tugenden, immer mit Gewinn zu lesen. Manche dieser Autoren brauchen viel Zeit. Am besten fährt der Leser aber, wenn er sich nicht nur Zeit zum Lesen, sondern vor allem zum Gespräch mit den Kindern und Jugendlichen nimmt, dann darüber nachdenkt und das Gesagte in seinem Herzen bewegt.

JANNE HAALAND MATLÁRY

Blütezeit
Femininsmus im Wandel

Janne Haaland Matláry, Professorin für internationale Politik, Politikerin, Mutter von vier Kindern und Mitglied des päpstlichen Rates für die Familie, fordert eine radikale Erneuerung der Weiblichkeit, einen neuen Feminismus, dessen Ausgangspunkt die Tatsache ist, „daß die meisten Frauen Mütter sind und dies auch sein wollen; daß Frauen anders sind als Männer und andere Fähigkeiten haben als Männer; und daß jede Art von Gleichstellung, die diese Unterschiede berücksichtigt, darauf hinausläuft, daß wir nicht länger die Männer einfach nur imitieren. Dieses Buch will ein erster Schritt in Richtung eines solchen Feminismus sein."

13,5 x 21,5 cm, Geb., 192 Seiten
ISBN 3-929246-74-0